Krise und Erneuerung der Kirche
Theologische Ortsbestimmungen

Konrad

Schriften der Katholischen
Akademie in Berlin, Band 3
Verantwortlich: Johannes Brune

Krise und Erneuerung der Kirche

Theologische Ortsbestimmungen

Hrsg.: Matthias Lutz-Bachmann
Bruno Schlegelberger

Morus-Verlag · Berlin
Bernward-Verlag · Hildesheim

ISBN 3-87554-225-8 Morus
ISBN 3-87065-507-0 Bernward

Umschlaggestaltung: Paul König
Druck: Enka-Druck GmbH, Berlin
Buchbindearbeiten: Buchbinderei Stein, Berlin

Inhalt

Vorwort

Das Erscheinungsbild der katholischen Kirche weist sehr unterschiedliche, ja zum Teil auch gegenläufige Tendenzen und Entwicklungen auf. Nicht nur im Verhältnis der jungen Kirchen Amerikas, Afrikas und Asiens zur europäisch-lateinischen Kirche, sondern auch innerhalb der Kirche des westlichen Europa sind Spannungen sichtbar, die zumindest unterschiedlich akzentuierte Auslegungen von Wesen und Auftrag der Kirche angesichts der Herausforderungen der Moderne und der weltweiten Krisen der Gegenwart verraten.

Die Konzentration von Theologie und Kirche auf die „ekklesiologische Fragestellung" ist nicht neuen Datums. Seit der Mitte des 19. Jahrhunderts steht im Raum der katholischen Theologie die Frage nach Wesen und Auftrag der Kirche im Zentrum der Reflexion. Die Ekklesiologie bündelt gleichsam die Auseinandersetzungen, die im Zuge der neuzeitlichen Aufklärung zwischen christlichem Glauben und aufgeklärter Vernunft aufgebrochen sind. Auf diese Herausforderung und Krise reagiert die katholische Theologie, nicht zuletzt auf dem Hintergrund der für sie bitteren Erfahrungen mit der bürgerlichen Revolution, zunächst mit dem Konzept einer Erneuerung der theologischen Lehre von der Kirche, die zunächst vor allem die Gestalt der sichtbaren Kirche in ihrer inneren Einheit unter der Leitung des päpstlichen Amtes favorisiert. Das Erste Vatikanische Konzil ist als ein verbindliches Dokument dieser Entwicklung zu betrachten. Im Gefolge einer zunehmenden Ausdifferenzierung der westlichen Gesellschaften im 20. Jahrhundert und einer durch Industrie, Technik und Bürokratie einsetzenden Umwälzung der traditionalen Lebenskonzepte setzt jedoch eine neue innerkirchliche Entwicklung ein. Zunehmend wächst nun die Bedeutung von Bewegungen im Raum der Kirche, in denen sich Laien und Priester, gleichsam „von unten" her, zusammenfinden, um so in einer unübersichtlicher werdenden Welt die Fragestellungen der Zeit aufzugreifen und als Antwort hierauf ein wirksames Zeugnis von ihrem christlichen Glauben zu geben. Die innerkirchliche Rezeption dieser Aufbrüche und Entwicklungen führt im Zweiten Vaticanum schließlich zu einer Weiterentwicklung der Ekklesiologie. Hier vollzieht sich nun kirchenamtlich der Prozeß einer Öffnung der Kirche „zur Welt" und einer theologischen Anerkennung einer legitimen „Vielfalt in der Einheit" der Kirche.

„Krise und Erneuerung der Kirche" bezeichnen also keineswegs Problemstellungen, mit denen die katholische Kirche und Theologie erst seit den Tagen des Zweiten Vatikanischen Konzils konfrontiert ist. Doch es kann nicht geleugnet werden, daß sich seitdem die Krise der Kirche und die Frage nach der Gestalt ihrer Erneuerung verschärft haben. An dieser Entwicklung wird deutlich, in welchem Umfang die durch den Rationalisierungsprozeß ausgelöste Krise der westlichen Gesellschaften, die schon längst weltweite Dimensionen angenommen hat, auch auf die Kirche und deren Stellung „zur Welt" durchgeschlagen hat. Die Aufsätze des vorliegenden Bandes verstehen sich als theologische Reflexion auf diesen Zusammenhang. Sie fragen nach Ursachen der Krise, diskutieren die Rolle der Kirche und suchen so einen Beitrag zur Erneuerung der Kirche aus dem Geist des Zweiten Vatikanischen Konzils zu leisten. Sie gehen zurück auf eine Vortragsreihe, die 1987/88 am *Seminar für Katholische Theologie der Freien Universität Berlin* in Zusammenarbeit mit der *Katholischen Akademie Berlin* veranstaltet wurde. An dieser Stelle möchten die Herausgeber der Katholischen Akademie und der Diözese Berlin für die gute Zusammenarbeit und die Unterstützung der Drucklegung dieses Bandes sehr herzlich danken.

Matthias Lutz-Bachmann — Bruno Schlegelberger

Klaus Schatz

Die kirchliche Krise nach dem 2. Vatikanum in historischer Perspektive

Der Umbruch und Aufbruch, der mit und nach dem 2. Vatikanum in der römisch-katholischen Kirche geschehen ist, ist keineswegs ohne kirchengeschichtliche Parallele. Er reiht sich vielmehr ein in eine Abfolge ähnlicher Aufbrüche und zugleich Krisenphänomene seit dem Spätmittelalter; er ist der dritte oder vierte größere Vorgang dieser Art, von den kleineren nicht zu reden. Bei all diesen Reformbewegungen, die jeweils wieder sehr unterschiedlich und auch in sich äußerst vielschichtig sind, sind doch ganz bestimmte gemeinsame Determinanten auszumachen. Dazu gehört negativ-kritisch eine mehr oder weniger starke Problematisierung der überkommenen Gestalt der Kirche und ihrer Lebens- und Frömmigkeitsformen, ganz besonders ihrer päpstlich-zentralistischen Autoritätsstruktur. Positiv gehört dazu eine Erneuerung unter Rückgriff auf die Heilige Schrift und die ältere kirchliche Tradition, aber auch im Anschluß an die mehr positiv bejahte Freiheitsgeschichte der Neuzeit. Jedesmal geht es um Strukturreform, aber auch wesentlich um Vereinfachung einer überkommenen Tradition, die in ihrer Vielfalt und Verästelung unassimilierbar geworden ist, um Konzentration auf das Zentrale, um einen einfacheren Glauben. Die bisherige, insbesondere mittelalterliche, dann vor allem anti-reformatorische, schließlich anti-revolutionäre und anti-liberale Entwicklungslinie der Kirche wird mehr unter kritischem Vorzeichen gesehen; jedenfalls will man sie nicht geradlinig in derselben Richtung weiterführen.

Der erste dieser Aufbrüche ist die *konziliare Bewegung* des 14./15. Jahrhunderts als Antwort auf das Papst-Schisma (1378–1417) und die strukturellen Mißstände einer Kirche, deren sich ausbildender Papst-Absolutismus gerade eine Heilung verhinderte. In ihr geht es um Strukturreform der Kirche in synodalem Sinne, d. h. durch permanente Konzilien und Machtbeschränkung des Papsttums, ferner um eine „Reform an Haupt und Gliedern" unter starkem Rückgriff auf die alte Kirche.

Der zweite Aufbruch ist im 16. Jahrhundert der der *Reformation,* ebenso jedoch die in der ersten Hälfte des 16. Jahrhunderts sehr starke *humanistische Reformbewegung* eines Erasmus, eine Bewegung, die in dem Ruf „Zurück zu den Quellen" mit der Reformation übereinkam, jedoch stärker vom Geist der beginnenden Neuzeit bestimmt war, also offener, toleranter, freiheitsbetonter, anthropozentrischer - ein Aufbruch, der gerade auch in seinem „ökumenischen“ Elan, also in seinem Willen zur Vermittlung, dann zwischen den Polen der Reformation und Gegenreformation zerrieben wurde.

Der dritte dieser Aufbrüche ist schließlich die *katholische Aufklärung* der zweiten Hälfte des 18. und des beginnenden 19. Jahrhunderts. Es ist eine innerkirchlich vor allem in Deutschland und Frankreich sehr starke Reformbewegung, die sich z. T. mit älteren kirchlichen Reformströmungen (Jansenismus) oder zentrifugalen kirchlichen Tendenzen (Episkopalismus, Gallikanismus, Staatskirchentum) verband und diese noch radikalisierte. Diese in sich äußerst komplexe und nicht auf einen Nenner zu bringende Bewegung würde sicher durch das einseitige Etikett „rationalistisch“, so sehr dies auf viele einzelne Momente und Vertreter zutreffen mag, nicht als Gesamttendenz vollständig erfaßt. Ebenso wie durch die Ausrichtung an dem „Zeitalter der Vernunft“ ist sie ebenfalls durch den Ruf „Zurück zu den Quellen“ charakterisiert. Dabei ist erstaunlich, wie weit die inhaltlichen Parallelen zu Reformanliegen des 2. Vatikanums, aber auch mit seinen typischen Krisenerscheinungen, reichen.

Diese Bewegungen waren zugleich Krisenphänomene, bzw. sie sind selbst Ausdruck einer kirchlichen Krise gewesen, die sie sicher nicht einfach geschaffen haben. Sie haben aber durch Bewußtmachen diese Krise sicher noch verstärkt. Es war jedesmal eine Krise, die an die Identität der Kirche rührte, für die erste, die konziliare Bewegung, wenigstens im Hinblick auf ihre institutionelle Einheit. Und sie hatte jedesmal eine fundamentale Verunsicherung, Ratlosigkeit und Orientierungskrise zur Folge.

Diese Orientierungskrise ist nun jeweils wieder in einem längeren Prozeß des Zusammenwirkens von kirchlicher Führung mit neuen Kräften von unten her überwunden und zugleich damit sind diese Aufbrüche zurückgedrängt worden. Dies geschah freilich um den Preis erheblicher Verluste und Trennungen von der Kirche. Gerechterweise ist dazu freilich zu sagen, daß diese Trennungen der innerkirchlichen Abgrenzungspolitik meist mehr vorangingen, als daß sie von ihr herbeigeführt wurden, und daß eine stärkere „Öffnung“ ihnen in den meisten Fällen nur weiteren Vorschub leistete. Es folgte dann jeweils innerkirchlich eine Stabilisierung des verbleibenden Restes: in der Behauptung des Papsttums gegenüber dem Konziliarismus seit der Mitte des 15. Jahrhunderts - in der Gegenreformation des 16. und 17. Jahrhunderts - in der katholischen Restauration des 19. Jahrhunderts. Es war eine Stabilisierung, die jedoch nicht ausschließlich restaurativ und rückwärtsgewandt und nicht einfach in jeder Hinsicht auf Wiederherstellung der früheren Verhältnisse ausgerichtet war. Wenn wir absehen von dem päpstlichen Sieg über den Konziliarismus, einer äußeren Restauration ohne Lösung der Probleme, bei der das Reformanliegen auf der Strecke blieb, dann erfolgte jedesmal eine *zentralistisch-autoritätsbetonte Reform.* Das Gesicht der Kirche, wie es sich am Ende der Krise darbot, war religiöser, frommer, weniger verweltlicht, pastoraler, mehr auf Seelsorge und Dienst an den Menschen konzentriert. Dies gilt tendenziell für die tridentinische Reform; es gilt für das 19. Jahrhundert, das z. T. erst das Reformwerk von Trient dort konsequent zu Ende führte, wo bis zur Französischen Revolution der Widerstand politischer und sozialer Strukturen eine volle Verwirklichung des tridentinischen Ideals nicht zugelassen hatte. Vieles an Mißbräuchen und überflüssigem Ballast, das dem geistlichen Auftrag der Kirche im Wege gestanden hatte, wird beseitigt. Zugleich damit kommt es zu einer Verstärkung der innerkirchlichen Autoritätsstrukturen und allgemein der innerkirchlichen Kohäsion. Die katholische Kirche, die aus dieser Krise hervorgeht, ist monolithischer, weniger pluralistisch, weist weniger an Vielfalt auf, ist dafür innerlich geschlossener als vorher. Die Richtung der Öffnung und Kritik, der systemkritischen Impulse wird nicht weitergeführt. Jedesmal geschieht zwar eine Hineinnahme und Integration auch spezifisch neuzeitlicher Anliegen, Methoden und Werte, insbesondere des neuzeitlichen Subjektbewußtseins sowie neuer gesellschaftlicher und politischer Kräfte; der Freiheitsimpuls der Neuzeit wird jedoch in seinem entscheidenden Kern wenigstens innerkirchlich eher zurückgewiesen. Und jedesmal ist der große Sieger des Umbruchs das Papsttum, selbst dann, wenn es, wie in Trient, seine innerkirchlichen Ansprüche noch keineswegs durchzusetzen vermag. Der eigentliche Grund dafür ist, daß in Umbrüchen und harten Konflikten ein zentralistisches Papsttum sich als effizienter erwiesen hat. Das, was man heute als „Dialog“ bezeichnen würde, also damals der „Consensus“ der Konziliaristen, die irenische Vermittlungstheologie des Humanismus und der Erasmianer, der optimistische Glaube der Aufklärungstheologen an die Durchsetzungskraft „geläuterter Religionsbegriffe“, ist jeweils dort, wo es hart auf hart ging, mit den Problemen nicht fertig geworden. Eine in sich geschlossenere, mehr auf das Papsttum fixierte Kirche hat sich als effizienter erwiesen. Das 1. Vatikanische Konzil (1869/70) sollte in seinen Dogmen der Unfehlbarkeit des päpstlichen Lehramtes und des päpstlichen Jurisdiktionsprimats diese historische Erfahrung, die auch in der Argumentation ständig präsent ist, besiegeln.

Soweit der historische Befund. Damit drängt sich freilich die naheliegende Frage auf: Zeichnet sich nicht etwas Ähnliches auch heute ab? Gewiß ist vieles nicht vergleichbar. Keine der vorherigen Bewegungen ist in vergleichbarer Weise zu einem Gesamtphänomen auch nur der damaligen europäischen Kirche geworden. Der universal-weltkirchliche Charakter der Reform des 2. Vatikanums ist ein einmaliges Phänomen, sowohl in seiner räumlichen Universalität, wie auch qualitativ in der Bündelung und Zusammenfassung sämtlicher lebendiger und zukunftsträchtiger Fermente der Kirche seiner Zeit. Gerade diese Momente finden sich nicht in diesen „Vorläuferbewegungen". Sie blieben partiell, auf bestimmte Länder oder soziale Schichten beschränkt, und wurden höchstens regional zu einer Bewegung oder Verunsicherung des gesamten Volkes. Und es gelang ihnen nicht, alle lebendigen Fermente der Kirche in sich zu integrieren. Gerade deshalb blieben die Widerstandskräfte auch immer sehr stark, ungleich stärker als z. B. heute in der Lefèbvre-Bewegung.

Nun wird der Historiker vorsichtig mit einer apodiktischen Behauptung der Art sein müssen, wenigstens eine offizielle Revision des 2. Vatikanums sei prinzipiell und absolut unmöglich. Wir haben hier durchaus einen Präzedenzfall: nämlich den des Konzils von Konstanz, seiner konziliaristischen Dekrete, vor allem des Dekrets „Frequens", das regelmäßige Konzilien für alle zehn Jahre verordnete. Männer wie der Konzilstheologe Jean Gerson waren damals auch der Auffassung, daß es dahinter kein Zurück mehr gebe und sich die absolutistische Gestalt des Papsttums nun endgültig ad absurdum geführt habe; und die geschichtliche Erfahrung hat ihnen Unrecht gegeben. Aber eine solche offizielle Revision, wie sie die Lefèbvre-Bewegung fordert, ist, wenn auch nicht gerade unmöglich, so doch denkbar unwahrscheinlich. Sie wäre auch im Interesse einer größeren innerkirchlichen Beruhigung und Stabilisierung denkbar töricht, weil sie die de facto einzig mögliche Plattform einer solchen Stabilisierung zerstören und eine Autoritätskrise größten Ausmaßes provozieren würde. Das damit verbundene Eingeständnis, daß die Kirche geirrt habe, und zwar nicht in diskutablen Einzelentscheidungen, auch nicht in eigentlichen Glaubensfragen, aber doch in der grundlegenden geschichtlichen Richtung der Kirche für über zwei Jahrzehnte, wäre tatsächlich katastrophaler und mehr jedes Vertrauen zerstörend als die implizite Kritik an den Weichenstellungen vor allem des 19. Jahrhunderts, wie sie sich aus der Richtigkeit des 2. Vatikanums ergibt. Es ist einsichtig, daß, wenn das 2. Vatikanum zerstört würde oder nur noch unter Vorbehalt gelten würde, jegliche innere Autorität schwinden und nur noch die nackte administrative Macht übrigbleiben würde. Man mag das 2. Vatikanum konservativ und restriktiv interpretieren; man wird aber deshalb nie einer Berufung auf seine Aussagen ihre prinzipielle

Legitimität abstreiten können. Es bleibt ein Stachel im Leben der Kirche.

Dennoch kann man wohl nicht ausschließen, daß sich partiell eine ähnliche Entwicklung auch heute vollziehen kann. Und es gibt sicher schon eine Reihe von Phänomenen, die in diese Richtung weisen. Dazu gehört einmal die Tatsache, daß, entgegen vielen Erwartungen in der Konzilszeit, das, was sich faktisch völlig ungebrochen durchgehalten hat, ja eigentlich durch den neuen Codex von 1983 noch verstärkt worden ist, der römische Zentralismus ist. Damit hängt die Tatsache zusammen, daß trotz oder gerade wegen des Ablegens antiquierter Herrschaftssymbole das Papsttum nicht nur keine Machtbeschränkung und Redimensionierung erfahren hat, sondern durch Massenkontakt und Reisepapsttum zusätzlich zu einer Art von Omnipräsenz in der Kirche geworden ist. David Seeber hat mit Recht festgestellt, daß man oft den Eindruck hat, daß einem „starken Papsttum" eine in Glauben und Leben „schwache Kirche" gegenübersteht[(1)]. Wenn das Papsttum im 1. Vatikanum alles Amtliche und Hierarchische in sich absorbiert zu haben scheint, so hat man nun den Eindruck, daß dies auch für das Charismatische geschieht. Ursprung sind natürlich die überzogenen und hochgesteigerten Erwartungen an den Papst, der unbedingt die Glaubwürdigkeit und Aktualität der Kirche in Person darzustellen hat, von dem man auf seinen Reisen jeweils das hilfreichste und geisterfüllteste Wort über die Kirche des jeweiligen Landes erwartet, der also nicht nur Wächter der kirchlichen Einheit, sondern auch oberster Charismatiker sein soll. Ursprung ist der Drang einer verunsicherten und von der Unüberschaubarkeit und Kompliziertheit aller Lebensverhältnisse abgestoßenen Zeit nach einer starken und verläßlichen Führerpersönlichkeit, die oberhalb der machtpolitischen Interessen steht und einen geistlich-religiösen Nimbus ausstrahlt - ein Drang, dem die Kirche hier zu einfach und selbstverständlich nachgibt. In denselben Rahmen gehören aber viele innerkirchliche Tendenzen, die auf stärkere Absicherung und Sich-klammern an scheinbar feste Normen und Gewohnheiten hinauslaufen und bei denen generell kritische Reflexion und ökumenische Öffnung zurückgedrängt werden. Natürlich ist dies keineswegs die ganze Wirklichkeit oder die ganze Richtung der kirchlichen Entwicklung heute, nicht einmal bei uns, geschweige denn in der Weltkirche. Es gibt durchaus gegenläufige Entwicklungen, wie es denn überhaupt kaum möglich ist, bestimmte Perioden nach dem Konzil als solche der „Öffnung" von späteren der „restaurativen Phase" abzugrenzen: Abgesehen von der mangelnden Eindeutigkeit solcher allgemeinen Begriffe, denen jeder nach seinen persönlichen Optionen einen anderen, meist sehr emotionsgeladenen

Inhalt zu verleihen pflegt, sind beide Tendenzen die ganze Zeit da, nebeneinander, miteinander und gegeneinander.

Wird aber eine Tendenz, die die geschichtlich neuen Akzente des 2. Vatikanums nicht in derselben Richtung weiterführt und statt dessen stärker bei den spezifischen Weichenstellungen des 19. Jahrhunderts anknüpft, aller Voraussicht nach stärker werden? Eine Antwort setzt zunächst einmal eine kritische und nüchterne Analyse der sehr disparaten Mentalitäten und Haltungen voraus, die in dem zusammengewachsen sind, was man gewöhnlich als „Geist der konziliaren Öffnung" bezeichnet. Dabei ist gleich zu sagen, daß eine solche Betrachtung hier nur beschränkt auf dem Bereich der westlichen Welt geschehen kann. Was für sie gilt, gilt nicht unbedingt und in derselben Weise für Lateinamerika, für die Kirche in den kommunistischen Ländern, für die jungen Kirchen in den Großräumen Schwarzafrika, Indien oder Ostasien.

Dann muß man sich zunächst einmal nüchtern und ohne falsche Abwehrreaktionen der Tatsache stellen, daß bei uns das wenigstens äußerlich *dominierende Phänomen* der Kirche nach dem 2. Vatikanum das der *Krise* ist, d. h. der tiefgreifenden Verunsicherung in Glauben, kirchlichem Bewußtsein und kirchlichem Leben. Das ist keine Verurteilung und Abwertung all dessen, was aus echter Glaubenshaltung und ehrlichem Ringen an Positivem geschehen ist und geschieht. Es ist keine Aussage darüber, wie der Wert einer Zeit und der Menschen in der Kirche einer Zeit im Lichte Gottes steht. In der Krise und Anfechtung kann ja ein in seiner äußeren Gestalt und auch in seinen Werken schwach erscheinender Glaube, der in „winterlicher Zeit" durchhält, vor Gott wertvoller und stärker sein als ein unangefochtener Glaube in relativ ruhigen Zeiten.

Etwas anderes ist es freilich, diese Tatsache nüchtern festzustellen und der beliebten *kirchlichen Dolchstoßlegende* zu verfallen, welche übrigens frappant der nationalen Dolchstoßlegende der nationalen Rechten nach dem Ersten Weltkrieg ähnelt. Was damals die „Novemberverbrecher" waren, die dem siegreichen deutschen Heer in den Rücken gefallen wären und damit die Niederlage verschuldet hätten, das sind jetzt der „Ungeist des Konzils" oder die progressiven Theologen, die eine bis dahin florierende und in ihrer Geschlossenheit imponierende Kirche in Krise und Verwirrung gestürzt hätten. Daß das alte System sich selbst ad absurdum geführt hatte und zusammenbrechen mußte, daß nicht die neue Ordnung an der Niederlage schuld war, sondern in dieser Situation die einzige Möglichkeit darstellte, noch zu retten, was zu retten war, dies wird in beiden Fällen bewußt oder unbewußt übersehen.

Was hier in jedem Fall verkannt wird, ist die Tatsache, daß zunächst einmal der entscheidende Faktor der Krise kein spezifisch innerkirchlicher ist, sondern die *fortschreitende Säkularisierung,* welche, z. B. in der Jugendarbeit, in der Krise der Verbände, in dem Versickern des religiösen Aufbruchs unmittelbar nach dem Krieg schon seit den späten 50er Jahren deutlich machte, daß es in der bisherigen Weise nicht mehr weiterging. Sind auch alle Spekulationen, „was geschehen wäre, wenn . . .", sehr müßig, so lassen sich doch eine Reihe von Gründen dafür anführen, daß diese Einbrüche ohne Konzil leicht noch verheerender hätten wirken können. Jedenfalls wären viele Konflikte zwischen Kirche und modernem Lebensgefühl dann schlechthin unlösbar geworden: man denke in wissenschaftlicher Beziehung an die seit der Modernismus-Krise schwelenden Probleme von Lehramt und historisch-kritischer Forschung, Stabilität des Dogmas und Geschichtlichkeit, in praktischer Beziehung an die Konflikte überkommener kirchlicher Normen und Gesetze mit selbstverständlichen modernen Freiheitsforderungen, ganz besonders in Priestererziehung und Ordensleben. Vieles heute einfach Selbstverständliche mußte zu Beginn des Konzils unter größten und verlustreichen Kämpfen errungen werden; und selbst von den heutigen „Konservativen" könnten die wenigsten mehr in der Enge offizieller kirchlicher Vorschriften und Normen bis 1962 leben; sie wählen vielmehr meist aus, was auch für sie unverzichtbarer Durchbruch aus Enge und Kleinlichkeit darstellt, und wo man umgekehrt das Kind mit dem Bade ausgeschüttet habe.

Häufig steht übrigens bei einer solchen „Dolchstoßlegende" eine bestimmte stillschweigende Voraussetzung Pate. Es ist die unausgesprochene Vorstellung, die Kirche müsse eigentlich, wenn sie sich richtig verhalte, die Zeit gleichsam im Griff haben und ihre vorherrschenden Tendenzen umpolen können. Massenabfälle von der Kirche müssen dann also in jedem Falle auf das Konto eines geschichtlich identifizierbaren „Versagens" der Kirche oder kirchlicher Personen gehen. Diese rechts wie auch links weitverbreitete Vorstellung, die bei so vielen Anklagen zugrunde liegt, ist aber auch theologisch höchst fragwürdig. Denn sie ist doch irgendwie an einer Kirche der Macht und nicht am irdischen Jesus und am Kreuz orientiert. Eine Kirchengeschichte, welche meint, Versagen und Verhängnis einander zuordnen zu können, so daß jede Schuld ihre Quittung empfängt und Niedergang immer Folge von Schuld ist, wäre billige ideologische Verkleisterung eines moralistischen Aktivismus menschlicher Selbsterlösung. Es gibt eben Katastrophen, bei denen man nicht Lebende oder Tote auf die Anklagebank setzen und nicht sagen kann, was man anders und besser hätte machen können –

was vielleicht ein Trost ist für viele, die in schwerer Übergangszeit, wo niemand richtig wußte, wie es weitergehen soll, die Entwicklung zu steuern suchten und sehr oft auch Enttäuschungen und Niederlagen erlitten. Dies nüchtern zu sehen, heißt auch anerkennen, daß Gott Lenker der Geschichte und zugleich ihr verborgenes Geheimnis ist, nicht wir Menschen und auch nicht die Leiter der Kirche.

Darüber hinaus kann freilich nicht ganz geleugnet werden, daß das 2. Vatikanum indirekt, d. h. durch Verbindung mit anderen zeitgeschichtlichen Faktoren, die nicht in der Gewalt der Kirche lagen, mit zu dieser Krise beigetragen hat. Es sind vor allem drei Ursachenkomplexe der nachkonziliaren Krise, die hier zu nennen wären:

1) Das 2. Vatikanum hatte es mit einem ungeheuren *Problemstau* zu tun. Es war ein Konzil, das sich mit der Vielfalt seiner Themen und Probleme notwendig überfordern und übernehmen mußte. Dies ist nun freilich ebenso wenig die Schuld der Konzilsväter wie es vermeidbar gewesen wäre. Es war gleichsam eine notwendige Operation; und wenn der Patient immer noch im Krankenhaus liegt, dann nicht deshalb, weil die Operation verpfuscht wurde, sondern weil sie so lange verschleppt worden ist. Im 2. Vatikanum war es einmal darum gegangen, in den verschiedensten Bereichen frühere geschichtliche Verfestigungen und Vereinseitigungen aufzubrechen und die ursprüngliche, volle und ganze Tradition der Kirche wiederzugewinnen. Es ging darum, jene Sicht zu überwinden, die sich gegen Konziliarismus, Reformation, Jansenismus, Aufklärung und Modernismus im herrschenden kirchlichen Bewußtsein durchgesetzt hatte: daß kirchliche Tradition immer nur in ihrer Vermittlung durch das kirchliche Bewußtsein späterer Zeiten anzunehmen und nicht als kritische Instanz gegen spätere Deformierungen angerufen werden dürfe. Das 2. Vatikanum hatte also die spezifischen Weichenstellungen des zweiten Jahrtausends zu relativieren. Dies waren jene Weichenstellungen und Akzentsetzungen, aus denen die kirchliche Richtung vor allem lebte, die üblicherweise, aber keineswegs ganz zutreffend, „konservativ" genannt wird, also die gregorianisch-hochmittelalterliche, die gegenreformatorische, die anti-aufklärerische, anti-revolutionäre und anti-liberale des vorigen Jahrhunderts, die anti-modernistische vom Anfang dieses Jahrhunderts. Es sind gleichfalls jene Weichenstellungen, die in einem engen konfessionellen Sinne als „spezifisch katholisch" gelten, an denen sich also – was bekanntlich die eigentliche Brisanz und Sprengkraft ausmacht – konfessionelle Identität festklammert. Sowohl Reformation wie Aufklärung mußten in ihren positiven Anliegen rezipiert werden. Das Konzil mußte also mit Verfestigungen fertig werden,

die teilweise gegen-reformatorisch, teilweise anti-revolutionär oder antimodernistisch waren, teilweise aber auch in dem Übergang des Christentums aus der antiken Stadtkultur in die archaische und agrarisch-feudale Welt des Frühmittelalters wurzelten, die ja ebenfalls nicht nur Gewinn, sondern auch Verlust wesentlicher Traditionselemente bedeutete, z. B. im Liturgiebewußtsein, im Verständnis von Kirche als Communio. Jahrhundertealte Fixierungen, Reformen und Probleme, die seit langer Zeit überfällig und immer wieder verschleppt worden waren, all das sollte nun in wenigen Jahren aufgearbeitet werden. Das eigentliche Problem stellte dabei nicht die theologische Aufarbeitung dar, die seit Jahrzehnten vorbereitet war, sondern die Breitendurchsetzung und die Umpolung des kirchlichen Gesamtbewußtseins. Und es war auch z. T. unmöglich, zu all diesen Fragen schon eine gültige und ausgereifte Antwort zu finden. Manchmal war es unvermeidlich, daß das Konzil auf halbem Wege stehenblieb und Aussagen, die nur schwer miteinander in Einklang zu bringen waren, unvermittelt nebeneinander stehen ließ. Immerhin hatte die Konzilszeit den Mut, Probleme nicht nur zu sehen, sondern auch zu beantworten, während man heute häufig den Eindruck hat, daß die Fähigkeit und der Mut zur Problemlösung überhaupt abhanden gekommen sind. Nun konnte das Konzil dabei meist nur sehr schonend und vorsichtig sprechen, um, was für seine eigene Autorität äußerst wichtig war, das Prinzip der moralischen Einstimmigkeit nicht zu verletzen und am Schluß immer eine Quasi-Einmütigkeit zu erreichen. Die Fähigkeit zur realen Umstellung und zur Problemlösung, zumal bei einer weltweiten Institution, konnte dabei selbst beim besten Willen nicht mit dem Wachsen des Problembewußtseins Schritt halten. Dies bedeutete zwangsläufig, wie dies meist in revolutionären Prozessen geschieht, daß die Schere zwischen der realen Gemeinschaft und dem Bewußtsein der äußersten Gruppen nicht abnahm, sondern trotz Reformbereitschaft der Institution ständig zunahm. Eine psychologische Rettung durch Finden der eigenen Identität im betonten Anderssein-wollen gegenüber dem Zeitgeist aber schien nun das gute Gewissen verloren zu haben. Kurz: ein solcher Problemstau geht, wie die Erfahrung der Geschichte zeigt, nicht ohne gewaltsame Explosionen ab. Und nur wenn man diesen Problemstau nicht sieht, kann man zur Auffassung kommen, die Kirche hätte eine Wahl gehabt oder die „Öffnung" des 2. Vatikanums sei vermeidlich gewesen.

2) Damit hängen die *inneren Spannungen des 2. Vatikanums selbst* zusammen. Mehrere ließen sich hier aufzählen. Dazu gehört, daß sich in den Dokumenten des Konzils einmal das Anliegen des primär positiven Zugehens der Kirche auf die „Welt von heute" ausdrückt, dann aber auch

ebenso stark, besonders in „Lumen gentium“, im Liturgiedekret, in „Verbum Dei“ und im Ökumenismus-Dekret, die Besinnung auf die Tradition, freilich nicht in traditionalistischer Verengung, nicht als Absolutsetzung der Tradition der letzten Jahrhunderte, sondern als Wiedergewinnung der volleren und reicheren, dynamischeren ganzen Überlieferung der Kirche. Beides steht zwar an sich nicht in Widerspruch zueinander, muß sich vielmehr ergänzen. „Modernität“ und „Traditionsverhaftetheit“ geraten dann aber doch oft, je nachdem wie sie akzentuiert werden, in der Praxis in Konflikt. Evident ist dies bei der nachkonziliaren Liturgiereform, bei Tendenzen zur kirchlichen Demokratisierung, schließlich bei der Frage, welcher theologische Stellenwert einer Tradition zukommt (z. B. der Nicht-Zulassung der Frau zum Amtspriestertum), die faktisch einhellig, jedoch modernem Bewußtsein kaum mehr zu vermitteln ist. Damit zusammen hängt die Spannung zwischen der ekklesiozentrischen Sicht, wie sie in der Kirchenkonstitution „Lumen gentium“, in den Dokumenten der Liturgie, Offenbarung und Ökumenismus ihren klassischen Ausdruck findet, und jener Relativierung der Kirche auf die Welt hin, wie sie sich in der Pastoralkonstitution „Gaudium et spes“ findet. Viele ungelöste Probleme, nicht zuletzt die Auseinandersetzungen um die „Theologie der Befreiung“, sind im Grund Teilaspekte dieser Spannung. Für die kirchliche Realität am konfliktträchtigsten ist jedoch innerhalb der Kirchenkonstitution selbst das ungelöste - und vielleicht auch nicht lösbare - *Nebeneinander zweier Kirchenbilder.* Dies ist einmal die im 1. Vatikanum schärfstens akzentuierte Ekklesiologie, deren beherrschende Stichwörter *Jurisdictio* und *Autorität* sind. Hier wird Kirche primär als durch das Amt bzw. hierarchische Über- und Unterordnung konstitutiert verstanden. Für Kirchlichkeit und „Sentire cum ecclesia“ ist übergreifende Haltung der Gehorsam gegenüber dem Lehr- und Leitungsamt der Kirche und letzten Endes gegenüber dem Papst; so sehr auch vielleicht noch andere Haltungen gepflegt und betont werden, sind sie doch der des Gehorsams zumindest im Konfliktsfalle nachgeordnet und untergeordnet. Daneben steht nun das Verständnis der Kirche als *Communio.* Hier ist das Miteinander ursprüngliche Dimension. Auch die besondere Funktion des Amtes wird dann nicht oberhalb dieses Miteinander konzipiert, sondern *in* diesem Miteinander; das Amt ist Einheitspunkt und Zentrum einer primär brüderlich und daher auch kollegial und synodal verfaßten Kirche. Übergreifende Haltung ist dann gerade die Verantwortung aller für das Ganze, der Gehorsam Ordnungsprinzip der Koordination der Charismen innerhalb dieser Verantwortung aller, die nicht alle denselben Dienst haben können (vgl. 1 Kor 12). Nun hat das 2.Vatikanum zwar auf den vielen Ebenen diese Communio-Ekklesiologie hineingebracht, beides aber weder theologisch noch erst recht praktisch-rechtlich in eine Synthese zu bringen vermocht. Dies wird besonders deutlich im Kollegialitätsbegriff von „Lumen gentium" einerseits (im Text selbst schon wieder stark neutralisiert durch eine überstarke Betonung des Primats) und der beigefügten „Nota praevia explicativa" anderseits. Beides steht unverbunden nebeneinander, wie Bauelemente aus ganz verschiedenen Stilepochen, und bietet genügend Sprengstoff für nachkonziliare Konflikte. Mehr noch: da bei der Kollegialität immer wieder in ermüdender Eindringlichkeit betont ist, daß sie in keinem Falle gegen oder ohne den Primat funktionieren kann, kann sie nicht recht als kritisches Element in Funktion treten, was sie doch in der Geschichte immer wieder auch gewesen ist. Hier geht das 2. Vatikanum, ganz anders als das 1. Vatikanum, von einem Harmonie-Modell aus, das den wirklichen Konflikten der Kirchengeschichte nicht gerecht wird. Erst recht gilt dies für den neuen Codex. Vor allem dort, wo es rechtlich hart auf hart kommt, etwa bei dem Modus von Bischofsernennungen, bleibt dann alles beim Alten. Verschärft wird diese Spannung noch durch die verständliche römische Politik, keine Schwächung der eigenen Autorität zuzulassen und „Kollegialität" mehr oder weniger nach Bedarf in den Dienst effizienterer Kirchenleitung zu stellen, nicht jedoch als störendes kritisches Element und als Risikofaktor zuzulassen. Kollegiale Entscheidung ist dort erwünscht, wo von ihr keine unangenehmen Überraschungen zu erwarten sind, nicht jedoch da, wo die Gefahr besteht, daß sie unabsehbare Entwicklungen auslösen könnte.

Nun wäre es sicher verfehlt, das Konzil deshalb anzuklagen, weil es hier nicht die eindeutige Synthese fertigbrachte. Denn die hätte es gar nicht leisten können; und wenn es um jeden Preis versucht hätte, gefährliche Spannungsmomente zu eliminieren, hätte dies sicher zur Unschädlichmachung des neuen Ansätze geführt. Man muß eher begrüßen, daß das 2. Vatikanum den Mut hatte, disparate Momente der katholischen Tradition stehenzulassen, selbst um den Preis, daß dies den Keim von Konflikten in sich birgt. Das hat nun einmal die katholische Wahrheit in sich. Kirche und Katholizismus konnten sich nicht mehr in monolithischer Form darstellen, weil dies im Grunde eine Verengung und Verarmung bedeutete. Nur muß man nüchtern sehen, daß dann die Spannung und der innere Konflikt ebenso normal zum Leben der Kirche hinzugehörten und daß man auch nicht von vornherein erwarten kann, daß solche Konflikte immer mit Samthandschuhen oder unter Ausschluß der Öffentlichkeit ausgetragen werden.

3) Entscheidend ist nun weiter, daß die Vulgär-Rezeption des Konzils, also das, was weithin als „Geist des Konzils" bewußt realisiert wurde, *im Sog bestimmter Tendenzen der säkularisierten Gesellschaft* stand. Zumindest unbewußt wurde das Konzil als Bestätigung jener Tendenzen verstanden, während Äußerungen oder Normen, die zu diesen Tendenzen offensichtlich in Kontrast standen, in Gefahr waren, als „reaktionär" und „vorkonziliar" verschrieen zu werden. Mit der Herausstellung dieser Elemente decken sich diese Ausführungen in wesentlichen Punkten mit Äußerungen von Kardinal Ratzinger. Ich halte diese in sich für zutreffend, unterscheide mich freilich darin von ihm, daß ich die erstgenannten Momente (Problemstau und innere Spannungen des Konzils selbst) für ebenso wichtig halte.

a) Zunächst einmal ist hier die in den späten 60er Jahren zum Höhepunkt kommende *Reform- und Fortschrittseuphorie* zu nennen. Es ist die damals vorherrschende Grundstimmung der unbegrenzten Machbarkeit und Reformierbarkeit, zugleich mit dem Glauben, daß Entspannung und Dialog alle Blöcke und ideologischen Systeme aufbreche, also mit dem Glauben an die unbegrenzte systemüberwindende Macht der rationalen Diskussion. Dem entsprach innerkirchlich ein Verständnis des Konzils und seines Geistes als Offenheit schlechthin, Schleifung aller Bastionen und ständiger Aufbruch zu neuen Ufern. Es entsprach ihm der Glaube an den unbegrenzten Dialog als universale Problemlösung, an die Überflüssigkeit gesetzlicher oder dogmatischer Grenzziehungen, an die unbegrenzte Offenheit der Kirche gegenüber der Welt als einzig legitimer Form christlicher Liebe.

b) Weiter ist speziell in unseren Breiten die zunehmende Prägung auch der kirchlichen Erwartungen durch *liberal-individualistisches Konsumdenken* zu nennen. Dazu gehört weitgehend das Verhältnis zu den Sakramenten, die sehr oft in einer Art Service-Haltung beansprucht werden[(2)], aber auch die „partielle Identifikation" selbst von praktizierenden und engagierten Katholiken mit dem Glauben der Kirche, und dies keineswegs nur in Randbereichen, sondern in zentralen Aussagen wie Auferstehung Christi und ewiges Leben nach dem Tode. Hier gelten Glaubensverkündigung und sakramentale Praxis der Kirche auch bei Katholiken, die aktiv am kirchlichen Leben teilnehmen, weitgehend als „Angebot" analog zum Warensortiment eines Kaufhauses. Es war aber fast unvermeidlich, daß der vom Konzil eröffnete größere Freiheitsraum, die ökumenische Offenheit, der offizielle oder doch faktische Abbau fester Verhaltensnormen und starrer Glaubensvorstellungen im Sinne der Denkkategorien und Lebensgewohnheiten der liberalen Wohlstandsgesellschaft rezipiert wurden. Dies wurde und wird sicher in dem Maße verstärkt, wie die kirchliche Leitung (vgl. „Humanae vitae“) Normen zu urgieren sucht, die nicht mehr plausibel zu machen sind und auch innerkirchlich auf breiten Widerspruch stoßen. Wenn dann auch von bischöflicher Seite offiziell den Gläubigen das Recht attestiert wurde, hier anderer Meinung zu sein, hätte es eines sehr ausgebildeten Bewußtseins der Unterscheidung zwischen Zentralem und Peripherem in Glaube und Kirche bedurft, damit den Gläubigen klar geworden wäre, inwiefern sich diese Freiheit von einer Haltung unterscheidet, die grundsätzlich nach subjektiven Kriterien im kirchlichen Normen- und Glaubensangebot „auswählt“.

c) Schließlich ist ein äußerst wichtiges Moment die *westliche „Kulturrevolution“ des Endes der 60er Jahre,* kulminierend in der „Studentenrevolution“ von 1968. Die faktische Vulgär-Rezeption des Konzils und seines Aufbruchs stand in großen Teilen vor allem der jüngeren Priestergeneration weitgehend im Sog jener Mentalität und wurde durch die Brille jener Zeitströmung aufgenommen. Dem entsprach positiv die Forderung nach innerkirchlicher „Demokratisierung“ und Strukturveränderung, die ausschließliche Ausrichtung auf Gesellschaftsveränderung, negativ die „negative Besetzung“ von allem, was mit Autorität, Ordnung, Tradition und Gesetz zu tun hat, ferner die ablehnende Haltung gegenüber Geschichte und Vergangenheit, die a priori als einengend, belastend und als das Gegenteil von befreiend verstanden wurde. Dazu gehört weiter die Gleichsetzung des vielfach überstrapazierten Volk-Gottes-Begriffs des 2. Vatikanums mit einer vulgär-marxistischen Basis-Vorstellung, damit zusammenhängend der Mythos von der erlösenden und normierenden Kraft der sogenannten „Basis“, von ihrer Unschuld und Heilskraft, und die Denunzierung jedes Elite-Denkens. Und ist die 68er-Welle auch inzwischen längst in ihren kurzfristigen revolutionären innerkirchlichen Nebenwirkungen verebbt, so sind doch ihre Langzeitwirkungen nach wie vor spürbar, vor allem was die Geschichts- und Institutionsfeindschaft und die damit gegebene auflösende Wirkung auf Kirchenbewußtsein in katholischem Sinne angeht.

Nun trifft auf diese Tendenzen seit den 70er Jahren das zunehmende Phänomen der *Verhärtung der ideologischen Fronten.* Die Hoffnung, durch Dialog, Schleifung der Bastionen und Abbau von eigenen Anti-Haltungen in wenigen Jahren Fortschritte und Annäherungen zu erzielen, hat sich als reichlich optimistisch und naiv erwiesen. Es weht generell ein härterer Wind, innerkirchlich und außerkirchlich. Das Steckenbleiben und Auf-der-Stelle-treten des ökumenischen Dialogs, sicher nicht auf die Schuld bloß einer Seite zurückzuführen, eher in dem generellen Drang wurzelnd, die schwindende eigene Anhängerschaft durch Betonung des Konfessionsspezifischen zusammenzuhalten, die Enttäuschung der Hoffnungen, durch kirchliche Gesprächsbereitschaft in kommunistischen Systemen mehr Religionsfreiheit zu gewinnen, die Verstärkung aggressiv-intoleranter Tendenzen im Islam, in der westlichen säkularisierten Gesellschaft schließlich eine immer geringer werdende Bereitschaft, sich überhaupt noch mit Christentum und Kirche innerlich auseinanderzusetzen, all das trifft auf ein Christentum und einen Katholizismus der wehrlos ist, weil er sich nun einmal auf Dialog eingestellt hat und es verlernt hat, in Abgrenzung und betontem Anderssein seine Identität zu finden. Dies führt aber erst recht zu Verunsicherung und Selbstzweifel - vielleicht aber auch in einer zweiten Phase zur Wiederkehr einer Haltung, die notwendigerweise wieder mehr aus der Abgrenzung lebt. Niemand kann eben auf die Dauer mit schlechtem Gewissen leben; und jemand, dem gleichsam immer eingehämmert wird, er solle so Katholik und Christ sein, daß er sich immer im selben Atemzug für sein Katholisch-sein entschuldigt und noch dazu für alle Sünden der Kirche in der Vergangenheit, wird auf die Dauer einen Katholizismus über Bord werfen, der ihm nicht Freude und Lebensdimensionen, sondern nur Schuldgefühle verleiht.

Mit der Darstellung jener Zusammenhänge ist nun noch nicht gesagt, daß alles, was an inhaltlichen Anliegen und Reformvorschlägen dabei zur Sprache kommt oder kam, falsch und illegitim ist und nicht auch einen berechtigten Sinn haben könnte. Wohl aber ist damit angedeutet, daß vieles innerhalb von Kontexten und Erwartungshorizonten präsentiert wurde, die in christlicher Perspektive doch zumindest fragwürdig und z. T. inzwischen auch durch entgegengesetzte Trends abgelöst sind.

Nun ist es natürlich, daß in dem Maße, als generell die Zeit des Konzils mit ihren spezifischen Erwartungshorizonten ferner rückt, gegenläufige Tendenzen die Oberhand gewinnen. Daraus ergibt sich zwar nicht, daß pauschal die nachkonziliare Entwicklung rückgängig gemacht wird, was so sicher kaum geschehen kann, wohl aber, daß die im guten Sinne kritische Funktion des Konzils, seine ökumenische Öffnung, die hier gespürte Notwendigkeit des jeweiligen Zeitbezuges des eigenen Erbes, nicht positiv weitergeführt wird. Die inhaltlichen und theologischen Reformen, soweit sie durch das 2. Vatikanum oder nachher durch die römische Führung sanktioniert sind, würden bleiben, nicht jedoch die Dynamik des Konzils, und zwar deshalb, weil diese ganz überwiegend als auflösend und kirchliche Identität sprengend erfahren wurde. Es würde hier mehr oder weniger das geschehen, was sehr oft, ja meist in der Geschichte bei Neuaufbrüchen geschehen ist: Die „Bewegung", die Dynamik hört auf; es kommt die feste Form, aber auch deshalb, weil sie als der einzige Modus erscheint, dem Anliegen dieser Bewegung historische Dauer und Konsistenz zu verleihen.

Muß man also endlich aufhören, dem Patienten „Geist des Konzils" und all denen, die nur noch in der Hoffnung auf seine Heilung in der Kirche durchhalten, trügerische Hoffnungen vorzuspiegeln und ihn statt dessen ehrlich über die Unheilbarkeit seiner Krankheit aufklären? Eine solche sichere Diagnose ist dem Kirchenhistoriker genauso verwehrt wie die positive Voraussage der Rückkehr der Kirche in eine Reformphase. Denn die Geschichte verläuft nicht mit der Unentrinnbarkeit biologischer Prozesse, sondern ist der Raum des Unvorhersehbaren und der Freiheit, einer Freiheit, an der gute Ansätze scheitern können (der „Rat des Gamaliel" nach Apg 5,38 f. wird durch die Erfahrung der Kirchengeschichte nicht in dieser simplen Form gedeckt!), wie auch einer Freiheit aus der Gnade, die den Determinismus des Bösen und der Hoffnungslosigkeit immer wieder unerwartet durchbricht. Und speziell die Konziliengeschichte zeigt, daß die Wirkungsgeschichte eines Konzils nie eine kurzfristige Sache von Jahren ist. Die beliebte Frage nach den „Früchten" des Konzils oder was aus dem „Geist des Konzils" geworden, ob er nicht schon verdunstet sei, läßt sich niemals bereits aus dem Abstand von zwei Jahrzehnten beantworten. Eine solche Wirkungsgeschichte ist voll von Überraschungen. Es kann hier eine Zeit selektiver Rezeption geben, dann Entdeckung ganz neuer Seiten, Ergänzung und auch Korrektur. Die geistliche Pflanzung eines Konzils pflegt jedenfalls ein sehr langsam wachsender Baum zu sein. Hier gilt biblisch das Gleichnis von der selbstwachsenden Saat, deren Entwicklung wir nicht planend in der Hand haben - oder auch vom Unkraut im Weizen.

Darüber hinaus gilt: entscheidend für das Fortwirken des konziliaren Impulses und gleichzeitig für die Überwindung der Krise, in die dieser Impuls durch die Verquickung mit dem westlichen Säkularisierungstrend geraten ist, ist einerseits, wie weit es gelingt, die Erneuerung aus dem Geist des 2. Vatikanums mit einem *Mehr an Spiritualität* zu verbinden. Die Geschichte zeigt, daß immer wieder Reformbewegungen versandet sind, die zwar von guten und auch theologisch richtigen Ideen erfüllt waren, auch eine Reihe integrer und persönlich frommer Vertreter hatten, als ganze jedoch nicht deutlich und sichtbar aus einem Mehr an Spiritualität und Glaubenstiefe ihre Kraft bezogen. Dies gilt etwa von der konziliaren Reformbewegung von Konstanz und Basel, von dem humanistischen Reformkatholizismus eines Erasmus, von der katholischen Aufklärung. Es gilt umgekehrt nicht für die tridentinische Reform, auch nicht für die katholische Erneuerung des 19. Jahrhunderts. Es gilt aber auch, daß Vertreter von Minderheitsrichtungen, die spirituellen Tiefgang hatten, etwa ein Sailer, Rosmini oder Newman im vorigen Jahrhundert, auf die Dauer dazu beigetragen haben, ihre Anliegen durch Durststrecken hindurch zu retten. Eine solche Spiritualität der Kirchenreform kann nicht aus dem Geist der Kritik als solchem leben. Sie kann nur leben aus der Hingabe an den immer größeren Gott in der jeweils größeren Nachfolge des Gekreuzigten, also aus einer Mystik, die die menschliche Enge der Kirche immer übersteigt und doch im Dienst an dieser Kirche sich verzehrt, nicht weil sie menschlich imponierend oder perfekt wäre, sondern weil sie aus der Kreuzeshingabe Jesu lebt. Sie kann nur leben aus dem Bewußtsein, daß der größere und gleichzeitig verborgene Gott größer ist als seine Kirche – und doch im Menschgewordenen klein geworden ist und durch Kreuz und Auferstehung dem immer armseligen Häufchen seiner Jünger seine Treue und Liebe für alle Zeiten geschenkt hat.

Und noch ein zweites: eine solche von einem Mehr gelebter Spiritualität getragene Erneuerung ist auf die Dauer nur dann aussichtsreich und wirksam, wenn sie von *kleinen Gruppen* getragen wird, die eine intensive Spiritualität pflegen, hohe Anforderungen stellen und als Beispiel gelebten Glaubens anderen vorangehen. Erneuerung in der Kirche beginnt nie in der Breite, sondern setzt zunächst hier an und dringt erst in einem zweiten Schritt in die Breite. Alle Erneuerungsbewegungen in der Kirchengeschichte haben solche kleinen Gruppen als Motoren gehabt, entweder Ordensbewegungen oder auch – wie im 19. Jahrhundert – lockere Freundeskreise und Laiengruppen. Es ist sicher fatal, daß solche geistlichen Bewegungen in Deutschland bisher nur ansatzweise und verstreut existieren. Die vorhandenen Ansätze, etwa in den charismatischen Bewegungen oder in der Integrierten Gemeinde, sind außerdem nicht immer frei von einer gewissen pietistischen oder integralistischen Schlagseite. Anderseits ist ein nicht selten anzutreffendes prinzipielles Mißtrauen, welches alles mit Argwohn betrachtet, was nicht reibungslos in die Pfarrgemeinde oder in die Diözesanplanung einzufügen ist, der Tod jeder echten charismatischen Vielheit in der Kirche. Diese Exklusivität der Pfarrgemeinde, die gleichsam als Skelett aller kirchlichen Lebensvollzüge allein übrigbleibt, ist im Grunde ein später Sieg der kirchlichen Aufklärung und gerade ihres schlechtesten Erbes, nämlich ihrer Normierungs- und Regulierungsmanie. Sie ist im Grunde der Tod echter Lebendigkeit, die davon lebt, daß es in der Kirche Gefälle und freie Gruppen gibt. Die Kirche lebt entscheidend von Gruppen intensiveren geistlichen Lebens und schöpft daraus ihre Zukunft.

Anmerkungen

(1) David M. Seeber, Entwicklungen im Gegenwartskatholizismus, in: Die römisch-katholische Kirche, hrsg. v. W. Löser (Die Kirchen der Welt 20, Frankfurt 1986), 115-137, hier 120.

(2) Erhellend und alarmierend dazu: L. Pohle, Zwischen Verkündigung und Verrat. Zur Gewissenskrise des Priesters heute: Geist und Leben 60 (1987), 334-354.

Walter Kasper

Kirche - Werk des Heiligen Geistes

I. Geistvergessenheit als Grundproblem der Kirche und der Gesellschaft

Die Apostelgeschichte berichtet, daß Paulus in Ephesus einige Jünger traf und sie fragte: „Habt ihr den Heiligen Geist empfangen, als ihr gläubig wurdet?“ Sie antworteten: „Wir haben noch nicht einmal gehört, daß es den Heiligen Geist gibt.“ (Apg 19,2). Viele heutige Christen würden wohl sagen: „Wir haben im Religions- und Firmunterricht sowie in Pfingstpredigten zwar vom Heiligen Geist gehört, aber verspürt haben wir davon wenig, am wenigsten in der Kirche.“

In der Tat, der durchschnittliche Zeitgenosse kann mit dem Thema „Kirche - Werk des Geistes“ wenig anfangen. Mit seiner Vorstellung von Kirche verbindet sich kaum die des Heiligen Geistes, sondern vielmehr die einer fest gefügten, insgesamt gut funktionierenden Institution hierarchischer Art. Der Eindruck, den auf ihn die Kirche macht, bestätigt noch immer das Wort des großen Tübinger Theologen Johann Adam Möhler, dessen 150. Todestag wir dieses Jahr begehen: „Gott schuf die Hierarchie, und für die Kirche ist nun bis zum Weltende mehr als genug gesorgt“(1). Dies war von Möhler kritisch und spöttisch auf die Aufklärungstheologie seiner Zeit gemünzt. Nicht als ob Möhler selbst gegen die hierarchische Struktur gewesen wäre; ganz im Gegenteil, er hat sie nachdrücklich herausgestellt. Möhler wußte jedoch, daß nicht der Buchstabe, sondern der Geist lebendig macht. Er ist gleichsam Lebensprinzip, Seele der Kirche.

Damit stehe ich bereits bei der ersten These, welche ich gleich noch etwas ausführlicher begründen und entfalten möchte. Die These lautet: Das Problem, an welchem die Kirche vor allem leidet, besteht nicht in institutionellen Schwächen; wir haben eher ein Übermaß an Institutionen. Es besteht auch nicht etwa darin, daß die Kirche nicht hinreichend zeitgemäß wäre; sie gleicht unserer verwalteten Welt und ihren Organisationen nur allzusehr. In ihren Institutionen und Verbänden gelten weithin die gleichen institutionellen Verhaltensregeln, Rücksichten und Zwänge, die wir auch sonst finden. Die Institution Kirche ist in dieser Hinsicht nur allzugut angepaßt. Das Grundproblem, an dem sie leidet, ist ihre Geistvergessenheit.

Das Problem der Geistvergessenheit ist alles andere als neu; es hat Wurzeln, welche weit in die Kirchengeschichte zurückreichen. Am

Anfang der Kirche steht die Ausgießung des Heiligen Geistes an Pfingsten. Sie ist gemäß der „Pfingstpredigt“ des Petrus Zeichen dafür, daß die alttestamentliche Verheißung in Erfüllung gegangen und die messianische Zeit angebrochen ist (Apg 2,16 ff.). Geisterfahrung und Christentum gehören vom Ursprung und vom Wesen her notwendig zusammen. Die Kirche versteht sich als fortdauerndes Pfingsten. Sie ist Bau im Heiligen Geist, Tempel des Heiligen Geistes (1 Kor 3,16 f.; 2 Kor 6,16; Eph 2,21) und Gemeinschaft des Heiligen Geistes (2 Kor 13,13). Christ ist für Paulus, wer vom Geist bewegt, ja wer vom Geist umgetrieben wird. Wer dagegen den Geist Christi nicht hat, der gehört ihm auch nicht an (Röm 8,9/14). Weil Paulus wußte, daß allein der Geist lebendig macht, der Buchstabe des Gesetzes aber tötet (2 Kor 3,6), reagierte er so hart gegen den drohenden neuen Einbruch der Gesetzesfrömmigkeit, des Legalismus in der Kirche. Er widerstand dem Petrus ins Angesicht (Gal 2,11).

Paulus machte indes schon bald auch die gegenteilige Erfahrung. Besonders in der Gemeinde von Korinth gab es Leute, welche sich so geisterfüllt glaubten, daß sie sich in ihrer christlichen Freiheit an keine kirchliche und weltliche Ordnung mehr gebunden fühlten. Sie meinten aufgrund ihres Geistbesitzes schon jetzt ganz im neuen Äon zu leben. Ihr Schlagwort scheint gewesen zu sein: „Alles ist mir erlaubt“ (1 Kor 6,12; 10,23). Paulus wußte zwar charismatische Freiheit und die Gaben des Geistes hoch zu schätzen. Im 12. Kapitel des 1. Korintherbriefs zählt er den ganzen Reichtum der Geistgaben auf, und er beansprucht, selbst den Geist Christi und die Gaben des Geistes zu besitzen. Er sieht aber auch die Gefahr, daß die christliche Freiheit selbstsüchtig mißbraucht wird, daß man den Heiligen Geist mit dem eigenen Geist verwechselt. So mahnt er zur Nüchternheit. Sensationelle ekstatische Phänomene, subjektive Erfahrungen und persönliche Freiheitsdemonstrationen waren für ihn noch kein Zeichen des Heiligen Geistes. Nach Paulus gilt es die Geister zu unterscheiden (1 Thess 5,21; 1 Kor 12,10; vgl. 1 Joh 4,2).

Für diese Unterscheidung der Geister stellt Paulus zwei Kriterien heraus: Einmal das Kriterium des Christusbekenntnisses; keiner kann sagen, er besitze den Heiligen Geist, wenn er sich nicht zu Jesus Christus als dem Kyrios bekennt (1 Kor 12,3). Damit, daß Paulus hier eine Glaubensformel zitiert, macht er das Feststehen im verbindlichen Glauben der Kirche zum Kriterium wahren Geistbesitzes. Das zweite Kriterium besteht in der Haltung des Dienens, in der Auferbauung der Gemeinde, im Dienst an der Einheit der Kirche (1 Kor 12,4 ff.). Streit, Parteienwesen, Spaltung dagegen sind Zeichen des Ungeistes. Die höchste Geistgabe ist für Paulus die Liebe (1 Kor 13).

So versucht Paulus, die Spannung zwischen Legalismus einerseits und Enthusiasmus andererseits durchzuhalten. Später ist diese Balance nicht mehr immer gelungen. In den späteren Auseinandersetzungen mit den Schwärmern, mit den Montanisten im 2. Jahrhundert, mit den Donatisten im 4. Jahrhundert und vollends mit den mittelalterlichen Schwarmbewegungen stellte die Kirche oft einseitig die institutionelle Dimension in den Vordergrund. Die charismatische Dimension wurde oft durch übermächtige hierarchische Strukturen verdeckt. Der Kampf gegen das Schwärmertum, so berechtigt er war, hatte also seinen Preis. Die Charismen, so lautete die übliche apologetische Auskunft, gehören nur zur Anfangszeit der Kirche. Gottlob war die Praxis in der Kirche besser als solche theologischen Theorien. Im Mönchtum und in den Martyrern erkannte die alte Kirche das Fortleben der Charismen. Ja, zu allen Zeiten verkörperten die großen Heiligen das charismatische Element in der Kirche. Sie waren und sind es, welche die Kirche vor allem glaubwürdig und überzeugend machen, und wenn sich heute viele Zeitgenossen enttäuscht von der Kirche abwenden, dann deshalb, weil sie diese charismatische Dimension in ihr nicht oder kaum entdecken zu können meinen.
Weil der Geist in der Kirche oft institutionell domestiziert wurde, kam es zur Auswanderung des Schwärmertums aus der Kirche. Das dynamische Element wanderte aus der Kirche aus, der Geist wurde säkularisiert. Dies geschah vor allem seit dem hohen Mittelalter. An der Wende vom 12./13. Jahrhundert entwickelte sich bei Joachim von Fiore, einem Abt aus Kalabrien, eine seltsame neuartige Trinitätslehre. Er ordnete Vater, Sohn und Geist drei aufeinander folgenden, sich ablösenden Zeitaltern zu. Das Alte Testament war für ihn die Zeit des Vaters; es ist die Zeit des Gesetzes. Als Zeitalter des Sohnes verstand er die hierarchische Kirche. Sie wird nach der Vorhersage Joachims durch ein drittes Reich, ein drittes Zeitalter, das Zeitalter des Geistes, für Joachim zugleich das Zeitalter der Mönche und der vollkommenen Verwirklichung der Bergpredigt, abgelöst werden. Was hier vorliegt, ist eine ausgesprochen progressive, d. h. fortschreitende, zukunftsorientierte Ekklesiologie, in welcher die verkrusteten hierarchischen Strukturen durch eine bald anbrechende reine Geistkirche abgelöst werden. Doch zu Recht wurde diese Lehre von den meisten Theologen mit der Begründung zurückgewiesen, es könne keinen heilsgeschichtlichen Fortschritt über Jesus Christus hinaus geben, Jesus Christus sei die Fülle der Zeit und deshalb der bleibende Maßstab der Kirche[(2)].

Dieses zweifellos richtige Argument führte dazu, daß der Joachitismus seine hauptsächliche Wirkungsgeschichte außerhalb der Kirche entfaltete und dort zur Grundlage eines innerweltlichen Messianismus und des neuzeitlichen Fortschrittsglaubens wurde. Es lassen sich durchaus Linien ziehen, die von Joachim von Fiore über die Renaissance (Cola di Rienzo), den württembergischen Pietismus und den deutschen Idealismus bis hin zur Utopie eines klassenlosen Reiches der Freiheit im Marxismus, dem italienischen Faschismus und dem grauenvollen Traum von einem Dritten Reich im deutschen Nationalsozialismus führen.

Diese Entwicklung führte dazu, daß sich wesentliche Elemente christlicher Geistwirklichkeit außerkirchlich entwickelten, manche sogar meinen, außerkirchlich besser verwirklichen als innerkirchlich. Die Zukunftshoffnung wanderte in säkularisierter Gestalt aus der Kirche aus; die Kirche dagegen wurde zu einer bewahrenden Macht, von der immer weniger Faszination ausging. So ist eine Theologie des Heiligen Geistes nicht nur ein rein innerkirchliches Problem, sie stellt uns vielmehr neu vor die Frage nach dem Verhältnis von Kirche und Welt. Sie mahnt uns, die Zeichen des Geistes außerhalb der Kirche zu sehen und sie kritischer- und schöpferischerweise in die Kirche heimzuholen.

Zu dieser Heimholung besteht aller Anlaß. Denn der Geistwirklichkeit außerhalb der Kirche ist es ergangen wie schönen reichen Früchten, welche vom Baum fallen. Losgelöst von ihrem Lebensgrund, sehen sie noch eine Zeitlang schön, vielleicht sogar verführerisch schön aus, aber sie faulen alsbald und werden giftig. So ist es auch dem Begriff und der Wirklichkeit des Geistes, der Freiheit und der Hoffnung ergangen, nachdem sie sich von ihrer religiösen und christlichen Wurzel einmal losgelöst hatten. Sie wurden zutiefst zweideutig und lösten sich schließlich auf[(3)].

Noch in der letzten großen Epoche des deutschen und des europäischen Geistes, in der Klassik, der Romantik und der Philosophie des deutschen Idealismus war „Geist" der regierende Fundamentalbegriff. Der Geist war das sinnstiftende, einende und tragende Ganze in der Mannigfaltigkeit der Erscheinungen. Der Geist war, was alles zusammenhält, ihm seinen Platz anweist, ihm seinen Sinn verleiht. Nach Goethes, Hegels und Schleiermachers Tod um 1830 brach diese große Epoche des Geistes jäh zusammen. Die idealistische Deutung des Geistes ist seither weithin einer materialistischen und evolutionistischen Deutung gewichen. Nicht mehr als Erscheinungsform des Geistes wird nunmehr die Wirklichkeit verstanden, sondern umgekehrt der Geist wird als Epiphänomen, d. h. als abgeleitetes Phänomen der Materie, begriffen, sei es, daß man ihn im dialektischen Materialismus als Überbau über den ökonomisch-gesellschaftlichen Prozessen oder bei S. Freud als Surrogat und Sublimation des als Trieb und als Bedürfniswesen verstandenen Menschen begreift. Wo vollends ein positivistisches, sogenanntes exaktes Wissenschaftsverständnis zur Herrschaft kommt, wo nur noch gilt, was der Fall ist, da wird gefordert, den Begriff Geist wegen der Mannigfaltigkeit seiner Bedeutungen und der Unmöglichkeit, ihn exakt zu definieren, ganz aufzugeben.

Die ganze Verwirrung, Unsicherheit und Frustration, die heute angesichts des Begriffs „Geist" herrscht, zeigt wie kaum etwas anderes die tiefe Krise, in welche heute unsere europäische Kultur geraten ist. Denn die Geistvergessenheit in unserer Gesellschaft ist der eigentliche Hintergrund ihrer inneren Orientierungslosigkeit und ihrer Krisenanfälligkeit. Doch dies ist nur die eine Hälfte unserer Situation. Denn das, was in der bisherigen europäischen Geschichte mit Geist gemeint war, ist heute im Modus der Abwesenheit in geradezu erschreckender Weise neu präsent. Die Erfahrung geistloser Zustände einer seelenlosen und fassadenhaften Wirklichkeit, wo jede Ordnung notwendigerweise nur noch als Zwang empfunden werden kann, in der sich das vereinsamte Subjekt undurchsichtigen Prozessen gegenübersieht, die Ängste und Beklemmungen erzeugen, in dieser Erfahrung ist die Suche nach dem, was Geist einmal meinte, in Gestalt vielfältiger Utopien von einer besseren und menschlicheren Welt wirksam. Daneben gibt es die Flucht in die Ekstase, sei es die esoterische Ekstase in neureligiösen oder auch pseudoreligiösen Bewegungen, seien es deren Surrogate in Form von Drogen. Immerhin ist in diesen Fluchtformen der Schrei nach dem, was Geist einmal meinte, hörbar.

Die Frage nach dem Geist, ja dem Heiligen Geist, ist heute also gestellt, ohne daß eine Antwort in Sicht wäre. Die christliche Botschaft vom Heiligen Geist will diese Frage aufgreifen und beantworten. Sie ist die Antwort auf die Not der Zeit und die Krise unserer Epoche. Diese ist im Grunde ein einziger Schrei: „Komm, Schöpfer Geist". Kirche als Werk des Heiligen Geistes zu begreifen, ist heute ein Gebot der Stunde. Die gegenwärtige Krise zwingt uns, uns nicht mit ein paar kosmetischen Schönheitsoperationen zufriedenzugeben. Es gilt wesentlich zu werden.

II. Elemente einer Theologie des Heiligen Geistes

Die gegenwärtige Situation ist so, daß wir, bevor von der Kirche als Ort des Heiligen Geistes die Rede sein kann, zuerst die Frage stellen müssen: Geist, Heiliger Geist - was ist das überhaupt? Wir müssen also zuerstwenigstens einige Elemente einer Theologie des Heiligen Geistes zusammentragen.

Schaut man in Trübners Deutschem Wörterbuch nach, so wird man darüber belehrt, Geist besage ursprünglich soviel wie: lebhaft, bewegt, aufgebracht, bestürzt, erschreckt sein, außer Fassung geraten, außer sich sein[4]. Der Geist hält sich offensichtlich nicht innerhalb des Gewohnten, Fixierten, Begrenzten; er überschreitet alles Befangen- und Gefangensein. Das Wesen des Geistes ist das Ent-setzen; der Geist ist wesentlich ekstatischer Natur. Mit diesem ekstatischen Wesen des Geistes sind nicht außerordentliche Phänomene ekstatischer Art gemeint; Ekstase ist vielmehr das Wesen des Geistes und damit des Menschen. Geist besagt, daß der Mensch an ein Geheimnis grenzt, ja letztlich selbst ein Geheimnis ist.

Eine Grundeinsicht heutiger Anthropologie besteht ja darin, daß sich der Mensch von den vor- und untermenschlichen Lebewesen dadurch unterscheidet, daß er nicht instinktsicher in eine bestimmte Umwelt eingepaßt ist. Der Mensch ist vielmehr von Natur aus weltoffen. Er muß sich durch die Kultur seine Umwelt erst schaffen. Aber er strebt immer wieder rast- und ruhelos über alles Bestehende und Erreichte hinaus. H. Plessner spricht deshalb von der exzentrischen Positionalität des Menschen[5]. Sie ist Grundlage und Substanz seiner Geistnatur und seiner Freiheit. Nach Aristoteles und Thomas v. A. ist der Geist „quodammodo omnia", er ist gewissermaßen, der Intention und der Dynamik nach, alles[6]. Das ist der Grund, weshalb der Mensch aufgrund seiner ekstatischen Natur mit nichts Endlichem endgültig zufrieden ist; seine Sehnsucht geht auf ein Unbedingtes, auf etwas, was sein ein und alles sein kann und woran er sein ganzes Herz hängen kann. So findet der Mensch allein in der unendlichen und vollkommenen Freiheit, d. h. in Gott, seine letzte Erfüllung. „Unruhig ist unser Herz, bis es ruht in dir"[7].

Aus sich selbst ist das Wesen des Menschen unvollendbar. Er ist sich selbst eine Frage, auf die er letztlich keine Antwort weiß, und auf die allein Gott die letzte und volle Antwort ist. Die Ekstasis und damit die geistige Freiheit des Menschen finden ihre Erfüllung letztlich nur durch das Geschenk der Teilhabe an der unendlichen Seinsmacht und Seinsfülle Gottes. Wo dagegen Gott im Herzen der Menschen erstirbt, da stirbt letztlich auch der Mensch; da kommt es zu dem, was Friedrich Nietzsche in „Also sprach Zarathustra" als den „letzten Menschen" beschrieben hat: „Seht! Ich zeige euch den letzten Menschen. ‚Was ist Liebe? Was ist Schöpfung? Was ist Sehnsucht? Was ist Stern?' – so fragt der letzte Mensch und blinzelt"[8]. Der Tod Gottes, den Nietzsche am Ende des letzten Jahrhunderts ausgerufen hat, hat denn auch in unserem Jahrhundert zur offenen Proklamation des Todes des Menschen und der alteuropäischen Menschenwürde geführt.

Hat man einmal begriffen, daß der Mensch letztlich nur theologisch zu begreifen ist und daß Wert und Würde des Menschen folglich nur theologisch zu retten sind, dann kann man sich die biblische Rede vom Geist Gottes und vom Heiligen Geist annäherungsweise verständlich machen. „Geist" meint in der Bibel zunächst Gottes Schöpfungs- und Geschichtsmacht. Der Geist Gottes ist es, der am Anfang über den Urfluten braust (Gen 1,2). Er ist gleichsam Gottes alles beseelender Atem; er ist es, der alles schafft, alles erhält, ordnet, lenkt und belebt. Er ist das tiefste Geheimnis in allen Dingen. Er wirkt überall in der Natur und in der Geschichte; er ist in besonderer Weise dort am Werk, wo Natur und Geschichte über sich selbst hinaus ihrer inneren Erfüllung entgegenstreben. Dann sollen nach der Weissagung des Joel alle, die Söhne und die Töchter, die Alten und die Jungen, die Knechte und die Mägde, Propheten sein (Joel 3,1–3). In der Pfingstpredigt des Petrus wird diese Weissagung des Kommens eines prophetischen und messianischen Volkes als erfüllt verkündet.

So kann man sagen: Der Geist ist überall dort gegenwärtig, wo einer ausbricht aus dem Gefängnis seines Egoismus, wo er in einer schweigenden Gelassenheit sein Schicksal annimmt und sich einem letzten Sinn und Geheimnis anvertraut, wo Versöhnung geschieht, Frieden gestiftet und Freiheit ermöglicht wird. Was Karl Rahner mit seiner Theorie der anonymen Christen in den anderen Religionen und in den modernen Humanismen sagen will, könnte weit weniger mißverständlich und biblisch besser begründet pneumatologisch artikuliert werden. Der Geist Gottes ist die Macht der neuen Schöpfung, durch welche die alte Schöpfung zu ihrer letzten Erfüllung kommt. Durch ihn wird die Welt unter Seufzen und Wehen ihrem Ziel, dem Reich der Freiheit der Söhne Gottes, entgegengeführt (Röm 8,19 ff.).

Das Neue Testament verkündet die Verwirklichung dieser Verheißung; das Kommen des Geistes ist der Anbruch des messianischen Reiches der Freiheit. So sieht das Neue Testament das gesamte Leben, das Auftreten, Sterben und die Auferweckung Jesu im Zusammenhang des eschatologischen Wirkens des Heiligen Geistes. Jesus Christus ist für das Neue Testament nicht nur Geistträger, sondern auch Geistgeschöpf; er wird Mensch durch das Wirken des Geistes in Maria der Jungfrau (Mt 1,20; Lk 1,35). Bei der Taufe Jesu kommt der Geist auf ihn herab und salbt ihn zum Messias (Mk 1,10 par). Vor allem nach Lukas geschieht das ganze öffentliche Wirken Jesu, besonders seine Wundertaten, in der

Kraft des Heiligen Geistes (Lk 4,18 f. u. a.). Schließlich gibt sich Jesus in der Kraft des Heiligen Geistes Gott als Opfer dar (Hebr. 9,14); er wird auferweckt durch die Macht des Geistes (Röm 1,3 f.; 8,11) und wird dadurch selbst zu einem lebendig machenden Geist (1 Kor 15,45).

So kommt die neuschaffende Macht des Geistes Gottes, die fragmentarisch und anonym überall in der Geschichte am Werk ist, in Jesus Christus an ihr Ziel. Durch den Heiligen Geist ist Jesus Christus die Wirklichkeit der neuen Schöpfung, der neue Adam, die eschatologische Fülle der Zeit. Die weitere Wirksamkeit des Geistes kann nunmehr nur noch darin bestehen, die Wirklichkeit Jesu Christi zu universalisieren und alle übrige Wirklichkeit in sie zu integrieren. So ist der Geist sozusagen die gegenwärtig machende Wirklichkeit des erhöhten Christus (1 Kor 3,16). Durch den Geist kommt die innerste Sehnsucht unseres menschlichen Wesens dadurch zur Erfüllung, daß wir in Christus Söhne und Töchter Gottes werden, die Zugang zu Gott haben und ihn als Abba, Vater, anreden dürfen (Gal 4,6; Röm 8,16 f.). Der Geist wirkt jedoch nichts Neues, das über Jesus Christus hinausgeht. Seine Aufgabe ist es, immer wieder neu an Jesus Christus zu erinnern und in seine Wahrheit einzuführen (Joh 14,26; 16,13 f.). Der Geist ist also der Geist Jesu Christi, der Geist des Sohnes (Röm 8,9; Gal 4,6; Phil 1,19).

Das schließt nicht aus, daß der Heilige Geist eine eigenständige göttliche Person ist. Im Gegenteil, das Wirken des Geistes ist durch souveräne Freiheit charakterisiert. Der Geist wiederholt nicht einfach stur, was Jesus Christus gesagt und getan hat; er ahmt ihn nicht einfach nach; er macht ihn in lebendiger und geschichtlicher Weise gegenwärtig. Er erinnert an Jesus Christus, indem er zugleich tiefer in die Wahrheit Jesu Christi einführt. Er macht nach einem genialen Wort des Irenäus von Lyon Jesus Christus in seiner Neuheit immer neu gegenwärtig(9). Er sorgt dafür, daß das Neue in Jesus Christus nicht veraltet, sondern immer wieder neu wird. So kommt ihm gegenüber Jesus Christus eine relative personale Eigenständigkeit zu; er ist, wie das Zweite Allgemeine Konzil in Konstantinopel (381) bekennt, eine dem Wesen nach mit Jesus Christus verbundene und doch eigene göttliche Person. Nur wenn der Heilige Geist selbst göttlichen Wesens ist, kann er die tiefste Sehnsucht des Menschen erfüllen, indem er uns – wie die griechischen Kirchenväter sagten – vergöttlicht, d. h. in eine innige Lebens- und Liebesgemeinschaft mit Gott, in ein Freundschafts- und Sohnesverhältnis mit ihm versetzt. Der Heilige Geist ist deshalb nach Augustinus die Gabe und die Liebe Gottes in Person(10). Er macht Gottes innerstes Wesen, das Geheimnis seiner Liebe, offenbar, teilt sie uns mit, indem er uns sich selbst mitteilt, und bringt so die Welt zu ihrer letzten Vollendung.

Wir müssen es mit diesen wenigen, sehr fragmentarisch gebliebenen Anmerkungen zur Theologie des Heiligen Geistes bewenden lassen. Schon diese wenigen Andeutungen machen klar, daß die Betrachtung der Kirche aus der Perspektive der Pneumatologie alles andere ist, als eine nebensächliche Randfrage oder eine bloß fromme Angelegenheit. Das Thema des Heiligen Geistes stellt das Kirchenthema in eine universale Perspektive; es ordnet die Kirche ein in das Ganze der Wirklichkeit und der Geschichte und erinnert sie an ihre universale Verantwortung in der Welt und für die Welt. Es führt uns weg von der Fixierung auf rein innerkirchliche Probleme; es leitet uns an, auf die Zeichen der Zeit zu achten und sie als Zeichen des Heiligen Geistes zu lesen. Das Thema des Heiligen Geistes zeigt darüber hinaus, wo der innere Grund und die tiefste Lebensquelle der Kirche und ihrer Erneuerung liegen und was ihr allein wieder neu Anziehungskraft, Faszination in den Augen und Herzen der Menschen geben kann. Nicht spektakuläre Aktionen, Anpassung an das, was alle anderen längst selber wissen und sagen, - der Heilige Geist ist es, der nach dem Credo der Kirche lebendig macht. Es gilt deshalb, die geistliche Dimension in der Kirche wieder stark zu machen.

III. Die Kirche als Zeichen und Werkzeug des Geistes

Die Thematik dieses dritten Teils soll unter drei Gesichtspunkten entfaltet werden. Sie wollen lediglich Akzente setzen und Anregungen geben; sie erheben keinerlei Anspruch auf Vollständigkeit.

1) Kirche - Institution und Ereignis. Bekanntlich ist es für die gegenwärtige Theologie schwierig, ein bestimmtes kirchenstiftendes Wort des irdischen Jesus ausfindig zu machen. Der irdische Jesus hat die Nähe des Reiches Gottes verkündet, aber nicht unmittelbar und ausdrücklich eine die Jahrhunderte dauernde Institution gegründet. Es gibt jedoch Akte Jesu, welche kirchenbegründende Bedeutung erhielten: vor allem die Sammlung und Sendung der Zwölf und die Feier des letzten Abendmahls. Von Bedeutung waren außerdem die Erscheinungen des Auferstandenen vor den von Gott vorherbestimmten Zeugen (Apg 10,41), den Aposteln, und deren Sendung zu allen Völkern bis ans Ende der Welt (Mt 28,19 f.). Damit waren zweifellos wesentliche institutionelle Elemente für die Kirche gegeben. Ausdrücklich und öffentlich ins Leben getreten ist die Kirche jedoch erst durch die Ausgießung des Heiligen Geistes an Pfingsten (Apg 2). Die Kirche ist also Institution und Ereignis. Beides gehört wesentlich zusammen.

Wie wir bereits gesehen haben, gab es schon früh Versuche, Geist und Institution auseinanderzureißen und gegeneinander auszuspielen, um die Kirche entweder nur als legalistische, verholzte Institution oder als schwärmerische Wolkenkuckuckskirche zu verstehen. Der liberale Protestantismus hat die wahre Kirche erneut als rein unsichtbare Größe bestimmt und gegen die äußerlichen Kirchentümer kritisch in Feld geführt. Am einflußreichsten und bis heute nachwirkend war und ist wohl R. Sohm mit seiner These, die Urkirche sei ein rein charismatischer Liebesbund, eine charismatische Bruderkirche gewesen, Amt und Recht hätten sich erst später (vom 1. Clemensbrief an) herausgebildet und stünden im Widerspruch zum wahren Wesen der Kirche. A. v. Harnack, der große und bis heute einflußreichste liberale Theologe, der um die Jahrhundertwende in Berlin lehrte, wendete ein, es habe von Anfang an Ämter und Verfassungsstrukturen gegeben, sie seien eine soziologische Notwendigkeit; eine wirklich theologische Bedeutung wollte auch er ihnen nicht zuerkennen. Ähnlich sprach R. Bultmann ihnen zwar eine regulative, aber keine konstitutive Bedeutung zu[(11)].

Anders die katholische Tradition. So wie Gott in Jesus Christus auf eine göttlich-menschliche Weise wirkt, so ähnlich auch in der Kirche. Er läßt uns, ähnlich wie in Jesus Christus, im Sichtbaren das Unsichtbare erfahren; er schenkt uns durch die Taufe mit Wasser die Taufe im Heiligen Geist, durch die Gemeinschaft in und mit der Kirche die Gemeinschaft des Heiligen Geistes. Was die Kirche auf Erden bindet, ist auch im Himmel, d. h. vor Gott, gebunden (Mt 16,19; 18,18). Die Ämter in der Kirche sind selbst Geistgaben, und sie sind dazu da, den Geist weiterzugeben. „Entfache die Gnadengabe, die in dir ist und die dir verliehen wurde, als dir die Ältesten aufgrund prophetischer Worte gemeinsam die Hände auflegten“ (1. Tim 4,34), mahnt Paulus. Das Zusammenwirken von Institution und Geist kommt deutlich auch beim sogenannten Apostelkonzil zum Ausdruck: „Es hat dem Heiligen Geist und uns gefallen“ (Apg 15,28). So konnte bereits um 200 Irenäus, der große Bischof von Lyon, sagen: „Wo die Kirche ist, da ist auch der Geist Gottes, wo der Geist Gottes, dort ist die Kirche und alle Gnade“[(12)]. Deshalb findet sich in der Apostolischen Kirchenordnung des Hippolyt von Rom (um 215) die Mahnung, man solle zur Kirche eilen „ubi floret spiritus“, „wo der Geist erblüht“[(13)]. Nach Augustinus ist der Heilige Geist gleichsam die Seele der Kirche[(14)]. Das II. Vatikanische Konzil hat dieses Wort aufgegriffen[(15)] und damit gesagt, der Heilige Geist sei das Lebens- und Wirkprinzip, während das Institutionelle nur Zeichen und Werkzeug ist.

Als Zeichen und Werkzeug ist das Institutionelle wesentlich, aber es ist nicht die „Sache“ selbst, um die es geht. Bei Thomas von Aquin findet sich eine großartige Aussage, die man nicht oft genug bedenken kann. Er fragt in seiner Summa theologiae, worin denn das Gesetz des Neuen Bundes bestehe. Seine Antwort ist erstaunlich. Das Gesetz des Neuen Bundes ist ihm kein äußerlich geschriebenes, sondern ein vom Heiligen Geist innerlich eingegebenes Gesetz. Das Gesetz des Neuen Bundes besteht in der Gnade des Heiligen Geistes, die den Glaubenden gegeben wird. Alles Äußere dagegen sei nur zur Vorbereitung da und dazu, die Gnade des Heiligen Geistes zur Auswirkung zu bringen. Kaum jemand hat diesen Aspekt besser verstanden als J. A. Möhler in seinem Jugendwerk „Die Einheit in der Kirche oder das Prinzip des Katholizismus" (1825). Die Kirche wird, so sagt er, nicht äußerlich zusammenbefohlen, sondern innerlich vom einen Heiligen Geist zusammengehalten[16]. Sie kann deshalb nur durch Überzeugung, durch Weitergabe dieses ihres inneren Lebens wirken.

Man wird nicht sagen können, daß diese eindeutige, im Wesen der Sache begründete Rangordnung immer beachtet worden wäre. Es gibt im Katholizismus immer wieder die Gefahr, die Institutionen zu verabsolutieren, ja sie zu vergötzen. Aber nicht sie sind das Heil, sie sind nur Zeichen und Mittel des Heils; sie haben eine wesentliche, aber eine nur dienende Funktion.

Schon früh, spätestens bei Augustinus in der Auseinandersetzung mit den Donatisten, machte die Kirche die Erfahrung, daß Institution und Geistereignis auch auseinanderfallen können, daß die Sakramente geistlich unfruchtbar gespendet werden können und der kirchliche Apparat auch leerlaufen kann. Vor allem im späten Mittelalter und im Vorfeld der Reformation wurde deutlich, daß eine funktionierende Institution keine Garantie für den Geist ist, sondern nicht nur ungeistliche, sondern geradezu antichristliche Züge annehmen kann. Auch im heutigen Gremien- und Konferenzkatholizismus gibt es viel institutionellen und bürokratischen Leerlauf, gigantische Überorganisation, der wenig geistliche Früchte entsprechen. Amtliche Institutionen stehen auch und gerade angesichts der gegenwärtigen Krisensituationen immer wieder in der Gefahr, sich institutionell gegen den Geist, der ja auch ein ungebärdiger Gesell sein kann und bei dem man vor Überraschungen nie sicher sein kann, aus Angst zu domestizieren, um so auf Nummer Sicher zu gehen.

Es gibt diese Angst vor dem Geist bei den „Konservativen" wie bei den „Progressiven". Bei den „Konservativen", weil sie dem Geist nur dann trauen, wenn er sich in Formen und Formeln äußert, die ihnen immer schon bekannt waren, bei den „Progressiven", weil sie ungeduldig, resigniert und frustriert werden, wenn der Geist sich nicht an die von ihnen vorhergesagte Linie hält oder zumindest nicht an das Tempo der von ihnen aufgestellten Fahrpläne. Beide versagen sich dem Wagnis und Experiment des Geistes, dessen Ausgang nicht von vornherein feststeht, vielmehr Jesus Christus in seiner Neuheit immer wieder neu gegenwärtig macht.

„Löscht den Geist nicht aus! Verachtet prophetisches Reden nicht!" mahnt darum Paulus (1 Thess 5,19). Eine Kirche, die nur noch gut funktionierende, überraschungsfreie Institution wäre, würde zwar ihre Funktionäre noch gut ernähren und ruhig schlafen lassen, aber sie könnte niemanden mehr anziehen und begeistern, sie wäre zum Mausoleum eines totgesagten Gottes geworden. Nur eine Kirche, die dem Geist Raum gibt, welche das Experiment und die Improvisation des Geistes wagt und den Mut hat, sich auf das unabsehbare Neue und nicht Planbare und nicht Machbare des Wirkens des Geistes, der weht, wo er will und wie er will, einzulassen, kann sich auf das Neue Testament berufen und kann hoffen, konkret Zukunft zu haben. Kirche muß immer Institution und Ereignis sein.

2) *Kirche – Sammlung und Sendung.* Der Heilige Geist sei gleichsam die Seele, Lebens- und Wirkprinzip der Kirche, sagten wir. Wir müssen diesen Gedanken unter zwei Aspekten noch etwas weiter entfalten. Zunächst der Aspekt der Sammlung, der Konzentration auf das, was wirklich „Sache", was das Zentrum ist und bleiben muß. Solche Sammlung auf das Zentrale ist gerade in der gegenwärtigen Situation der Krise das Gebot der Stunde. Die Kirche kann sich nur erneuern, wenn sie sich wieder mehr auf das besinnt, was ihre Mitte ausmacht. Durch äußere Aktualitätshascherei und geschäftigen Aktivismus allein verliert sie ihre Seele. Gerade in der Kirche gilt der Primat des Seins vor dem Tun; das Tun kann nur dann fruchtbar sein, wenn es aus tieferen Quellen kommt und im Sein begründet ist. Das heißt für die Kirche: Kirche kann man nicht machen; Kirche muß aus dem Geist und im Geist leben; sie muß geistlich leben.

Man hat sich daran gewöhnt, solche geistliche Existenz als Spiritualität zu bezeichnen. Gegen dieses Wort ist nichts einzuwenden, aber es ist inzwischen leider zerredet und vieldeutig geworden. Es kann sich dahinter auch viel Subjektivismus, eigensüchtiger, ja genußsüchtiger und neugieriger Erlebnishunger, eine neue Dimension der Konsummentalität verbergen. Der Westler, der äußerlich so ziemlich alles hat, was er braucht, entdeckt, nachdem alle anderen Bedürfnisse mehr oder weniger abgesättigt sind, daß er auch noch seelische Bedürfnisse hat, die befriedigt werden sollen, um wirklich im Frieden mit sich leben zu können. Doch bitte ja zu möglichst niedrigen Preisen und mit Rabatt, vor allem im ethischen Bereich, damit es nicht gar zu anstrengend und zu ungemütlich wird.

Ich ziehe es deshalb vor, statt von Spiritualität ganz schlicht und altmodisch von Frömmigkeit und Heiligkeit im Alltag zu sprechen. Gemeint ist etwas ganz Einfaches und doch so Schwieriges. Paulus nennt es: Sich vom Geist leiten zu lassen, aus dem Geist und nach dem Geist und nicht nach dem Fleisch, d. h. nicht nach selbstsüchtigen Interessen leben (Röm 8,4–14). Dazu gehört für ihn, entsprechend dem Doppelgebot des Herrn (Mk 12,29–31 par), zweierlei: das inständige Gebet, das vertrauensvolle Abba-Sagen zu Gott; es ist der wesentlichste Ausdruck christlicher Mündigkeit, und die Früchte des Geistes gegenüber dem Nächsten: Liebe, Freude, Friede, Langmut, Freundlichkeit, Güte, Treue, Sanftmut und Selbstbeherrschung (Gal 5,22 f.). Liebe ist freilich nur dann kein leeres Gerede und kein bloßes Gefühl, wenn sie zum Motor der Gerechtigkeit wird. Kontemplation und Aktion, Kampf und Kontemplation (R. Schütz) gehören also zusammen.

Allein solches Leben im Geist und aus dem Geist kann die Sehnsucht des menschlichen Herzens, die nicht auf „etwas", sondern letztlich auf Gemeinschaft und Freundschaft mit Gott geht, erfüllen. Wer so lebt, dem ordnen sich die disparaten Dinge des Lebens wieder zu einem Ganzen zusammen (vgl. Röm 8,31–39); der findet Sinn und innere Gewißheit. Solches Leben aus dem Geist und im Geist bedeutet etwas Fremdes in der Welt, aber auch etwas Neues, eine Alternative, eine Faszination; es bedeutet das, worauf es heute vor allem ankommt.

Damit stehen wir beim zweiten Aspekt, bei der Sendung, die wesensnotwendig aus der Sammlung kommt. Frömmigkeit darf sich nicht in eine warme Kuschelecke und in eine abseits gelegene Nische verkriechen. Sie sucht keine sturmfreie Zone. Sie ruft und sendet uns mitten hinein in die Welt. Die Kirche sei ihrer Natur nach missionarisch, hat das II. Vatikanische Konzil neu eingeschärft. Doch worum geht es bei solcher Mission? Nicht um Beherrschung der Welt, sondern nach dem Gleichnis vom Sauerteig um geistliche Durchdringung der Welt von innen, um Überzeugung des Lebens, das in uns ist, und das wir selbst überzeugend leben.

Hier liegt die eigentümliche und eigenständige Aufgabe der Laien in der Kirche. Sie sollen damit nicht in die böse Welt abgedrängt werden; mit ihrem Weltauftrag erfüllen sie einen wesentlichen, vielleicht den wesentlichsten Auftrag der Kirche. Denn die Kirche ist zwar nicht Kirche *von* dieser Welt, aber sie ist Kirche *in* dieser Welt und *für* diese Welt (vgl. Joh

15,19; 17,14.18) - oder sie ist nicht länger die Kirche Jesu Christi, der sein Leben hingegeben hat für das Leben der Welt. „Wie du mich in die Welt gesandt hast, so habe auch ich sie in die Welt gesandt“ (Joh 17,18). Wir haben uns in den letzten 20 Jahren viel zu sehr mit uns selbst, mit innerkirchlichen Problemen und Problemchen, Reformen und Reförmchen beschäftigt und den Weltauftrag vernachlässigt. Während das Haus lichterloh brennt, streiten wir uns darüber, wer welchen Bilderrahmen wie zuerst abstauben darf. Worauf es wirklich ankommen würde, können gerade hier in Berlin die Namen von zwei sehr verschiedenartigen Männern am besten verdeutlichen: Romano Guardini und Carl Sonnenschein. Die beiden Namen bezeichnen das breite Spektrum christlichen Weltauftrags. Es geht sowohl um geistige wie um praktische Durchdringung der Welt.

Aber gerade weil im Geist das Letztmögliche dem Menschen angeboten ist, kann die menschliche Weigerung sich auch zu einer letzten Dramatik steigern. Im wichtigsten Teil seiner großen Heilig-Geist-Enzyklika „Dominum et vivificantem“ (18. Mai 1986) kommt Papst Johannes Paul II. vor allem auf das Wort aus dem Johannesevangelium zu sprechen: Der Geist „wird die Welt überführen, was Sünde, Gerechtigkeit und Gericht ist“ (Joh 16,11). Er wird die Sünde, den Widerstand und Widerwillen, ja den Haß der Welt gegen die Wahrheit offenkundig machen und damit unweigerlich in den Konflikt hinein führen. Dieser Konflikt zwischen Gott und den Mächten des Bösen, zwischen den Mächten des Todes und dem Leben, zwischen Wahrheit und Lüge durchzieht die gesamte Weltgeschichte; wir dürfen uns auch heute keinen trügerischen Harmonieträumen hingeben. Im Gegenteil, die Verheißung der Schrift sagt, daß die Kirche immer verfolgte Kirche sein wird und daß der Widerstand gegen den Heiligen Geist wachsen wird. Was dies heißen kann, kann man hier in Berlin am besten wieder mit Namen von Tatzeugen belegen: Erich Klausener, Bernhard Lichtenberg, Max Joseph Metzger, Bernhard Letterhaus.

Die Konflikte sind heute nicht so offen und längst nicht so brutal wie damals; doch weil die Fronten heute schwieriger und verquerter verlaufen, sind sie in gewisser Hinsicht eher schwieriger geworden. Anders als in der dramatischen Steigerung des Konflikts zwischen dem Geist Gottes, der über alles Bestehende hinausdrängt, und dem in sich verschlossenen Geist dieser Welt, einer rein weltlich gewordenen Welt, läßt sich die Weltstunde angesichts der Jahrtausendwende nicht realistisch beschreiben. Damit stehen heute Sammlung und Sendung der Kirche vor neuen, noch viel zu wenig wahrgenommenen Herausforderungen. Es gilt heute mit dem Glauben an Gott zugleich die Freiheit und Würde des Menschen, jedes Menschen, zu verteidigen.

3) *Kirche – Einheit und Vielfalt.* Der Heilige Geist ist nach dem Neuen Testament der Geist der Einheit. „Es gibt verschiedene Gnadengaben, aber nur einen Geist" (1 Kor 12,4). Die Kirche soll ein Leib und ein Geist sein. Spaltung und Parteisucht sind ihrem tiefsten Wesen zuwider. Die Einheit des Glaubens, der Sakramente und der Ämter ist ihr wesentlich. Deshalb die Mahnung, die Einheit des Geistes zu wahren (Eph 4,3 f.). Als hervorstechendes Merkmal und Glaubwürdigkeitssiegel der Jerusalemer Urgemeinde gilt daher, daß alle eines Sinnes, eines Geistes waren (Apg 1,14; 2,46 u. a.).

Einheit besagt freilich nicht langweilige Einerleiheit, die Einheit der Kirche keine uniformistische Einheitskirche. Das eine Evangelium ist uns nur in vier verschiedenen Evangelien überliefert. Der eine Geist wirkt vielfältige Charismen, Ämter und Dienste (Röm 12,3 ff.; 1 Kor 12,4 ff.). Es kann und muß eine Vielfalt von Ständen (Laien, Kleriker, Ordensleute) in der Kirche geben. Die eine Kirche verwirklicht sich in verschiedenen Ortskirchen, die nicht nur Ausschnitte, Verwaltungsbezirke oder Provinzen der einen universalen Kirche sind, in denen die eine Kirche Jesu Christi vielmehr konkret da ist (1 Kor 1,2; 2 Kor 1,1). Gott liebt keine anthropologischen Abstraktionen, sondern konkrete Menschen aus Fleisch und Blut; es gibt vor Gott nicht „den" Menschen, es gibt nur geschichtlich existierende konkrete einzelne Menschen, von denen jeder einmalig und deshalb verschieden ist. Deshalb kann, ja muß sich die eine und selbe Kirche in den verschiedenen Zeiten und Kulturen unterschiedlich verwirklichen. Nur als Einheit in der Vielfalt kann sie ihre ihr wesentliche Katholizität voll verwirklichen.

Das hat selbstverständlich auch Konsequenzen für die ökumenische Einstellung, die spätestens seit dem II. Vatikanum ein wesentliches Element einer katholischen Einstellung ist. Doch darauf kann hier nicht auch noch eingegangen werden. Wir müssen uns auf die katholische Problemstellung beschränken.

Die katholische Einheit in der Vielfalt ist klar zu unterscheiden von einer Vielheit, in der in den für die Einheit wesentlichen Fragen gegensätzliche, einander ausschließende Positionen vertreten werden. Einheit ist eine Grundkategorie des Alten und des Neuen Testaments. Der eine Gott, neben dem es keine anderen Götter gibt, der eine und einzige Mittler Jesus Christus und der eine Geist lassen nur ein einmütiges und eindeutiges Bekenntnis des Glaubens zu. Der Glaube der Kirche und in der

Kirche kann nicht Ja und Nein zugleich sein. Das Ja und das Nein durcheinanderzuwerfen, ist nicht Sache Gottes, der in Jesus Christus reines Ja ist (2 Kor 1,29), sondern Sache des Teufels (diabolus) (vgl. Mt 5,37). So führt eine in sich widersprüchliche Vielheit, ein unvermittelter und unvermittelbarer Pluralismus zur Auflösung der Einheit. Die Vielfalt dagegen, die Pluriformität, meint die Verschiedenheit desselbigen, Verschiedenheit nicht in der Sache, sondern in der Ausdrucksweise, in der Akzentsetzung, in den Zugangsweisen und Vermittlungsgestalten, Verschiedenheit auch in dem, was für den Glauben nicht wesentlich ist: unterschiedliche Frömmigkeitsstile, unterschiedliche liturgische Riten, theologische Schulrichtungen, parteipolitische Optionen u. ä. auf der Grundlage und im Rahmen des einen Glaubens. Solche Pluriformität ist kein notwendiges Übel oder ein Zugeständnis; sie ist Reichtum und Fülle des Katholischen. Das II. Vatikanum hat diese legitime, ja notwendige Pluralität gegenüber mancherlei Verengungen wieder zur Geltung gebracht. Dahinter dürfen wir heute, auch wenn sich dadurch manches kompliziert hat, nicht zurück.

Doch wenn nicht wir – weder der Papst noch ein Bischof noch irgendeine Gruppe –, sondern der Heilige Geist Lebens- und Wirkprinzip der Kirche ist, und wenn dieser Heilige Geist und sein Wirken ein uns im letzten unverfügbares und undurchschaubares Geheimnis bleibt, dann kann und darf man gar nicht erwarten, daß man immer alle Positionen und Tendenzen auf einen Nenner bringt und von einem Prinzip ableiten kann. Wer juristisch-kanonistisch, logisch oder dialektisch alles und jedes ordnen und durchschauen wollte, der hätte sich dem Unverfügbaren des Geistes eben nicht ausgesetzt. Das Vertrauen auf den Geist kann durchaus auch bedeuten, in einer konkreten Situation die offenen Fragen und ungelösten Probleme auszuhalten. Einen gewissen Antagonismus, einen Streit unter den Gaben des Geistes, gab es schon immer, und er ist auch grundsätzlich nicht zu vermeiden, denn sonst wäre der Geist für uns einsichtig; es wäre dann unser armseliger menschlicher Geist und nicht der Heilige Geist. Was wir brauchen, ist eine Spiritualität kirchlicher Konfliktbewältigung.

Das heißt nicht, daß in der Kirche alles möglich und alles offen sei. Wahrlich nicht! Aber einer ist so lange kirchlich und katholisch, als er selbst grundsätzlich offen ist für das größere Ganze der Kirche (in Geschichte und Gegenwart), solange er also seinen eigenen Standpunkt nicht verabsolutiert und alle Andersdenkenden „abschreibt", solange er bereit ist, seine Sicht in die der Kirche aller Zeiten einzubringen und sie von deren umfassenderer Sicht integrieren und auch korrigieren zu lassen. Orthodoxie meint ja nicht Zustimmung zu einem abstrakten System von Sätzen, sondern Eintritt in die Glaubensgemeinschaft der Kirche, welche das umgreifende Wir des Glaubens ist. Zu einer solchen dialogischen und kommunikativen Orthodoxie gehören Kommunikations- und Kooperationsbereitschaft, Offenheit für Selbstkritik, Anerkennung anderer Erfahrungswelten, Realitätssinn für das hier und heute unter breitem Konsens Mögliche und zugleich Spürsinn für neue Möglichkeiten, Ausdauer und Geduld, aber auch Freimütigkeit im Vertreten des als wahr Erkannten. Recht verstandene Kirchlichkeit hat also nichts zu tun mit infantiler Ergebenheit oder bloßer Linientreue, sowenig Rechthaberei ein Zeichen von christlicher Freiheit ist. Wahre Liebe zur konkreten Kirche wächst nicht zuletzt auch aus dem Leiden an der Kirche; sie ist – im ursprünglichen Sinn des Wortes – leiden-schaftliche Liebe.

Was damit gemeint ist, hat wohl am treffendsten J. A. Möhler zum Ausdruck gebracht. Möhler sagt, es gebe im kirchlichen Leben zwei Extreme, und beide seien im Grunde Egoismus, nämlich wenn ein jeder alles sein wolle, der extreme kirchliche Individualismus, oder wenn einer alles sein wolle, der extreme kirchliche Zentralismus. Beim ersteren falle alles auseinander, und es werde im kirchlichen Raum so kalt, daß man erfriere. Beim letzteren aber werde das Band der Einheit so eng und die Liebe so warm, daß man sich des Erstickens nicht erwehren könne. „Wir möchten weder an einem extremen Individualismus erfrieren noch an einem extremen Zentralismus ersticken. Dies ist nur möglich, wenn beide Extreme vermieden werden . . . Es muß daher weder einer noch jeder alles sein wollen; alles können nur alle sein und die Einheit aller nur ein Ganzes. Das ist die Idee der katholischen Kirche“(17). Kirche als Werk des Heiligen Geistes verstehen, das heißt, die ursprüngliche Idee des Katholischen zurückzugewinnen und neu aus ihr leben.

Anmerkungen

(1) ThQ 5 (1832) 497.
(2) Vgl. Thomas von Aquin, Summa theologiae I q. 39 a. 5; I/II p. 106 a. 4.
(3) Zu einer umfassenden Würdigung der Säkularisierung vgl. W. Kasper, Art. Säkularisierung, in: Staatslexikon IV[7] (1988) (im Druck).
(4) Vgl. H. Buchner, Art. Geist, in: Handb. philos. Grundbegriffe, I (1973) 536.
(5) Vgl. H. Plessner, Philosophische Anthropologie, Frankfurt a. M. 1970, 41 ff.
(6) Vgl. Thomas von Aquin, Quaestiones disputatae de anima q. 13.
(7) Augustinus, Confessiones I,1.
(8) F. Nietzsche, Also sprach Zarathustra, in: WW (ed. Schlechta) II, 284.
(9) Irenäus, Adversus haereses III, 17, 1; 24, 1; IV, 34, 1.
(10) Augustinus, De Trinitate V, 11; 17 u. a.
(11) Vgl. R. Bultmann, Theologie des Neuen Testaments, Tübingen [9]1984, 446 ff.
(12) Irenäus, a.a.O. II, 24, 1.
(13) Hippolyt, Traditio apostolica 31; 35.
(14) Augustinus, Sermo 267, 4.
(15) Vatikanum II, Lumen gentium, 7.
(16) J. A. Möhler, Die Einheit der Kirche (1825). Hrsg. v. J. R. Geiselmann, Köln 1957, 167.
(17) Ebd. 237.

MATTHIAS LUTZ-BACHMANN

Der Aufbruch der Ökumene: Wie weit reicht der Konsens?

Die Erneuerung der katholischen Kirche, wie sie vom Zweiten Vatikanischen Konzil ihren kirchenamtlichen Ausgang nahm, war für jedermann in besonders eindringlicher Weise im veränderten Verhältnis zu den getrennten christlichen Kirchen sichtbar geworden. Doch an die Stelle eines vielerorts begeisterten ökumenischen Aufbruchs ist heute eine Haltung des vorsichtigen Abwartens getreten, die bei vielen eine Enttäuschung hochgesteckter Erwartungen ausgelöst hat. Manche sehen darin auch so etwas wie den Beweis für die These, daß innerhalb der katholischen Kirche die Bereitschaft zur Erneuerung, wie sie das Zweite Vatikanische Konzil artikulierte, schon wieder erloschen sei. Begründet werden Auffassungen wie diese mit einem „Stillstand", den das ökumenische Gespräch zwischen den christlichen Kirchen kennzeichne und der auf manchen Gebieten einer Zurücknahme schon erreichter ökumenischer Übereinstimmungen gleichkomme. Nicht wenige Christen sehen daher im Gespräch der Ökumene mehr und mehr ein Spezialgebiet von Fachtheologen und kirchlichen Leitungsgremien, um das man sich nicht weiter kümmern zu müssen meint. Der kirchliche Alltag sieht dementsprechend häufig so aus, daß entweder die ökumenischen Fragestellungen kein zentrales Anliegen der kirchlichen Praxis bilden oder aber die überlieferten Konfessionsgrenzen bis zur Gleichgültigkeit relativiert sind.(1) In deutlichem Kontrast zu solchen Einschätzungen weisen die an dem Gespräch der Ökumene unmittelbar Beteiligten darauf hin, daß das Gespräch zwischen den Vertretern der getrennten Kirchen und Theologien in den vergangenen Jahren tatsächlich zu weitreichenden Übereinkünften geführt habe, die weit über das kurzfristige Erwartbare hinausgegangen seien und die keine der daran beteiligten Kirchen zu revozieren beabsichtige. Von einem Ende der ökumenischen Gesinnung oder der kirchlichen Erneuerungsbereitschaft könne somit also nicht gesprochen werden. Dennoch müsse eingeräumt werden, daß die gegenwärtige ökumenische Gesprächssituation „wie blockiert" erscheine.(2)

Welche dieser Interpretationen des Standes der ökumenischen Beziehungen auch immer die zutreffendere sein mag, richtig ist an beiden Beobachtungen, daß die mittlerweile vorliegenden Konsensdokumente[3] von den Kirchen in ihrem Alltag weitgehend nicht rezipiert worden sind. Gerade in einer solchen Situation bedarf es der Behandlung der Frage: Wo stehen wir im Gespräch zwischen den christlichen Konfessionen, wie weit reicht der Konsens? Erst von hier aus lassen sich die Frage nach einer Einschätzung der kirchlichen Erneuerung seit dem Zweiten Vatikanischen Konzil und die Bestimmung der zukünftigen Aufgaben einordnen, vor denen die Kirchen und Theologen im Blick auf die ökumenische Herausforderung heute stehen. Hierfür wollen die folgenden Ausführungen einen Beitrag leisten, indem ich in der gebotenen Kürze versuche, *erstens* einen Überblick über das Ökumeneverständnis der neueren katholischen Theologie auf dem Hintergrund des Neuaufbruchs der Ekklesiologie im 19. Jahrhundert zu geben, *zweitens* einige wenige Grundlinien der ökumenischen Verständigung zwischen der römisch-katholischen Kirche und den getrennten christlichen Kirchen aufzuzeigen, und *drittens* nach zukünftigen Herausforderungen, Chancen und Möglichkeiten im ökumenischen Gespräch zu fragen.

I. Das Ökumeneverständnis der neueren katholischen Theologie

Das gewandelte Verhältnis der katholischen Kirche zu den anderen christlichen Kirchen erfolgt auf dem Boden eines erneuerten Selbstverständnisses, das die Kirche von sich und ihrer Einheit in der Dogmatischen Konstitution „Lumen gentium“[4] und im Dekret über den Ökumenismus „Unitatis redintegratio“[5] des Zweiten Vatikanischen Konzils formuliert hat. In diesen vom Konzil mit übergroßer Mehrheit verabschiedeten kirchenamtlichen Dokumenten artikuliert sich eine Erneuerung und Vertiefung der Ekklesiologie, deren Wurzeln im 19. Jahrhundert zu suchen sind. Neben Theologen wie J. M. Sailer und J. S. Drey ist es vor allem das Verdienst J. A. Möhlers, in seinem 1825 erschienenen Frühwerk „Die Einheit in der Kirche oder das Prinzip des Katholizismus, dargestellt im Geiste der Kirchenväter der ersten drei Jahrhunderte“[6] die *pneumatologische* Dimension der Kirche herausgestellt zu haben.[7] In seinem Hauptwerk, der 1832 erschienenen „Symbolik“[8], präzisiert Möhler seine Ekklesiologie durch Rückgriff auf die der Christologie entnommenen *Inkarnationslehre.*[9] Die Autoren der „Römischen Schule“ nehmen die theologischen Ideen der „Tübinger Theologen“ auf und vertiefen insbesondere den Gedanken der inkarnatorischen Struktur der Kirche, die sie durchgängig als einen hierarchisch gegliederten Organismus deuten.[10] Doch diese im 19. Jahrhundert einsetzende Ablösung eines in der nachtridentischen Ära juridisch konzipierten Kirchenverständnisses durch einen *theologischen* Begriff der Kirche, als dessen

Zentralgestalt der Begriff des „Corpus mysticum Christi“ gelten kann, führt nicht auf gradlinigem Weg zu einer Öffnung der katholischen Kirche. Im Gegenteil, der Erneuerung der katholischen Ekklesiologie folgt zunächst sogar noch eine Vertiefung der Gegensätze zwischen den getrennten christlichen Konfessionen.

So sorgte beispielsweise Papst Leo XIII. im Jahre 1896 nicht nur mit seiner Schrift „Apostolicae curae“[(11)] für einen Rückschlag im Prozeß einer ersten vorsichtigen Annäherung zwischen der anglikanischen Kirchengemeinschaft in Rom; mit seiner Enzyklika „Satis cognitum“[(12)] desselben Jahres legte Leo XIII. eine theologische Definition von Kirche vor, die in der Sache jedes substantielle ökumenische Gespräch zwischen der römisch-katholischen Kirche und den anderen kirchlichen Gemeinschaften ausschließen mußte. Für Leo XIII. ist die Kirche, entsprechend der Aussage in 1 Kor 12,27, „corpus Christi“. Als solche ist sie *eine* („una“) im Sinne einer *einzigen* („unica“) Stiftung Jesu, die aufgrund ihrer inneren einheitlichen Struktur, nämlich geeint unter dem Papst, diese Singularität zum Ausdruck bringt: Christus als das Haupt der Kirche wird stellvertretend vom Papst repräsentiert. Diese eine, von Jesus Christus als „eine“ gewollte und „einheitlich“ geschaffene Kirche[(13)] ist für Leo XIII. mit der konkreten römisch-katholischen Kirche identisch. Da es die Aufgabe der Kirche ist, die eine Gnade Christi der einen Menschheit wirksam zu vermitteln, so folgt daraus, „daß die Menschen, die ihr nicht angehören, im Bereich der Finsternis und des Verderbens leben. Zu dem Heil, das Gott bereitet hat, können sie nur gelangen, wenn sie sich bekehren und in die römisch-katholische Kirche eintreten“,[(14)] mit Ausnahme derer, die, wie das Konzil von Trient im 4. Kapitel des Rechtfertigungsdekrets lehrte, von einer Unkenntnis der Kirche und zugleich natürlichen Sehnsucht nach dem Heil bestimmt sind.[(15)] So schreibt Leo XIII. in „Satis cognitum“: „Es gibt nur eine Kirche Christi, und zwar für alle Zeiten. Wer abseits von ihr lebt, erfüllt nicht den Willen und die Vorschrift Christi, des Herrn; und da er den Weg des Heils verlassen hat, geht er dem Verderben entgegen.“[(16)] Im Blick auf die nichtkatholischen Christen kann daher noch Pius XI. in Fortsetzung dieser Ekklesiologie in seiner Enzyklika „Mortalium animos“ im Jahre 1928 schreiben: „Es gibt keinen anderen Weg, die Vereinigung aller Christen herbeizuführen, als den, die Rückkehr aller getrennten Brüder zur einen wahren Kirche Christi zu fördern, von der sie sich ja einst unseligerweise getrennt haben. Zu der einen wahren Kirche Christi, sagen Wir, die wahrlich leicht erkennbar vor aller Augen steht, und die nach dem Willen ihres Stifters für alle Zeiten so bleiben wird, wie er sie zum Heile aller Menschen begründet hat.“[(17)]

Auf der Grundlage einer solchen Ekklesiologie war für die katholische Kirche eine Beteiligung an der im 20. Jahrhundert aufbrechenden ökumenischen Bewegung grundsätzlich undenkbar. Hierzu bedurfte es erst einer Weiterentwicklung und Vertiefung ihrer Ekklesiologie, wie dies in beispielhafter und allgemein verbindlicher Weise auf dem Zweiten Vatikanischen Konzil - nicht ohne Vorbereitung von seiten der neueren Theologie[(18)] - vollzogen worden ist. Auch das II. Vaticanum geht zu Beginn des Ökumenismusdekrets von der Feststellung aus, daß „Christus der Herr . . . eine einige und einzige Kirche gegründet (hat)"[(19)]; dennoch gibt es, wie der Konzilstext weiterhin feststellt, „mehrere christliche Gemeinschaften"[(20)], die sich alle zwar zu Christus bekennen, aber in ihrem Denken noch „voneinander abweichen"; sie „gehen verschiedene Wege, als ob Christus selber geteilt wäre."[(21)] Diese Spaltung, so stellt das Konzil fest, widerspricht offenkundig dem Willen Christi; sie ist ein Skandal, ein Ärgernis für die Welt und ein Schaden für die Verkündigung des Evangeliums. Ein „Skandal" kann die konfessionelle Spaltung der Christenheit jedoch nur sein, wenn die Kirche Jesu Christi nicht, wie im Zusammenhang der Auseinandersetzungen der Reformationszeit auf protestantischer Seite geschehen, zur „ecclesia abscondita", mithin zu einer primär geistlichen Gemeinschaft erklärt wird, die nicht an bestimmte institutionelle oder personale Vermittlungen gebunden ist.[(22)] Daher hält auch das Zweite Vatikanische Konzil streng am Begriff einer sichtbaren, institutionell repräsentierten Kirche fest, die es in Analogie zum Mysterium der Gottmenschheit Jesu Christi bestimmt als „gleichsam das Sakrament, das heißt Zeichen und Werkzeug für die innigste Vereinigung mit Gott wie für die Einheit der ganzen Menschheit."[(23)] Mit dieser zentralen Aussage von „Lumen gentium" wird kirchenamtlicherseits eine allzu wörtliche Interpretation der Kirche als des „geheimnisvollen Leibes Christi" verlassen, wie sie auf der Grundlage einer christozentrisch konzipierten Ekklesiologie seit der Mitte des 19. Jahrhunderts bis zur Enzyklika „Mystici corporis" von Pius XII. im Jahre 1943 verbreitet war. Die gewiß nicht ohne Rest auf eine einheitliche Gestalt hin auslegbare[(24)] Ekklesiologie des Zweiten Vatikanischen Konzils begreift die Kirche nun unter *trinitarisch-heilsgeschichtlicher* Perspektive als „das von der Einheit des Vaters und des Sohnes und des Heiligen Geistes her geeinte Volk", das, vorbereitet durch den Alten Bund, durch die Geschichte hindurch aufgrund der Stiftung Jesu Christi und in der Kraft des Heiligen Geistes unterwegs ist, bis am Ende der Zeit „alle Gerechten" in der „Ecclesia universalis", „der allumfassenden Kirche beim Vater versammelt werden"[(25)].

Für das Verhältnis zu den getrennten christlichen Kirchen ist von Bedeutung, daß das Zweite Vatikanische Konzil in Fortsetzung der römisch-katholischen Lehrtradition am Begriff einer sichtbaren, also soziologisch-institutionell identifizierbaren Kirche festhält. Doch von dieser „einzigen Kirche Christi“[26], von der das Nizaeno-Constantinopolitanische Glaubensbekenntnis[27] als der „einen, heiligen, katholischen und apostolischen Kirche“ spricht, sagt das Zweite Vatikanische Konzil nun nicht mehr, sie sei in einfacher und zugleich erschöpfender Weise identisch mit der konkreten historischen römisch-katholischen Kirche; es stellt vielmehr fest, daß diese einzige und eine, heilige, katholische und apostolische Kirche, die „in dieser Welt als Gesellschaft verfaßt und geordnet (ist), . . . in der katholischen Kirche verwirklicht ist („haec Ecclesia . . . *subsistit in* Ecclesia catholica“), die vom Nachfolger Petri und von den Bischöfen in Gemeinschaft mit ihm geleitet wird.“[28] Diese Feststellung schließt, – anders als im Falle der Aussage einer einfachen Identität („est“) der „einen Kirche“ Christi mit der römisch-katholischen Kirchengemeinschaft[29], – die Anerkennung ein, wie die Konzilsväter auch ausdrücklich feststellen, „daß außerhalb ihres (d. h. des konkreten kirchlichen) Gefüges vielfältige Elemente der Heiligung und der Wahrheit zu finden sind, die als der Kirche Christi eigene Gaben auf die katholische Einheit hindrängen.“[30] Im Rückgriff auf die Sprache der aristotelisch-thomistischen Tradition soll die Aussage „subsistit in“ ein Dreifaches zum Ausdruck bringen: Erstens existiert die wahre Kirche Christi in dieser Welt nur als eine konkret-geschichtliche, gesellschaftlich organisierte und nicht als übergeschichtlich-verborgene, „innere“ oder „ideale“ Größe. Zweiten aktualisiert und verwirklicht sich diese wahre Kirche Christi gleichsam „ohne Substanzverlust“ in der historisch identifizierbaren Gestalt dieser römisch-katholischen Kirchengemeinschaft, die vom Papst und dem Bischofskollegium geleitet wird. Diese Verwirklichung der wahren Kirche Christi in der konkreten römisch-katholischen Kirche vollzieht sich drittens jedoch so, daß jene mit dieser nicht restlos identisch ist und sich exklusiv auf diese historische Konkretisierung beschränkte. Damit ist ekklesiologisch die Basis formuliert, auf der die katholische Theologie und Kirche auch in den anderen christlichen Gemeinschaften „wahre Kirchlichkeit“ anerkennen kann. Hiervon sprechen „Lumen gentium“ und besonders „Unitatis redintegratio“ gleich an vielen Stellen[31] sowohl im Blick auf die orthoxen Kirchen des Ostens, die den Ehrentitel „Schwesterkirchen“[32] erhalten, als auch auf die Kirchen, die aus der Reformation des 16. Jahrhunderts hervorgegangen sind. Erst auf dieser ekklesiologischen Grundlage kann auch von der Möglichkeit eines *Konsenses* zwischen den „getrennten“, aber eben nicht nur getrennten, sondern in entscheidender Hinsicht ja „als Kirche Christi miteinander stets schon verbundenen" konkreten Kirchen in den Fragen des Glaubens und seiner Auslegung gesprochen werden.

Aus der in „Lumen gentium" vollzogenen *Integration des christozentrisch konzipierten Kirchenbegriffs in eine trinitarisch-heilsgeschichtliche Sicht der Kirche* als „des Volkes Gottes"[(33)], das als dieses „wandernde Gottesvolk", ja gleichsam selbst „Sakrament", das heißt „Zeichen und Werkzeug" des Heils ist[(34)], als welches Gott sich selbst uns offenbart[(35)], folgt zugleich ein deutlich modifiziertes Verständnis von *kirchlicher Einheit.* An die Stelle einer hierarchisch gegliederten Einförmigkeit des kirchlichen Lebens tritt in den Dokumenten des Zweiten Vatikanischen Konzils die Idee einer Einheit, die sich in einer geistgewirkten Vielheit von Diensten[(36)], Sakramenten[(37)], Teil[(38)]- oder Hauskirchen[(39)] in allen Völkern und Kulturen[(40)] realisiert. Sichtbarer Ausdruck der Einheit dieser pluriformen Kirche ist das sakramental bestimmte Bischofsamt, insbesondere das des Bischofs von Rom, der als „Nachfolger Petri das immerwährende, sichtbare Prinzip und Fundament für die Einheit der Vielheit von Bischöfen und Gläubigen ist."[(41)] Die Teilkirchen oder, wie das Konzil auch sagt, „Riten"[(42)] stehen, über das hierarchische Amt, aber auch über die eucharistische Tischgemeinschaft vermittelt, in einer lebendigen Gemeinschaft auch untereinander. Zu Recht können die Konzilsväter daher auch auf Cyprians trinitarisch verfaßte Ekklesiologie[(43)] verweisen, indem sie zusammenfassend ihre Theologie der „Einheit in der Vielfalt" der Kirche beschreiben: „So erscheint die ganze Kirche als das ‚von der Einheit des Vaters und des Sohnes und des Heiligen Geistes her geeinte Volk'."[(44)]

Entsprechend dieser theologischen Grundlegung kann auch das Ökumenismusdekret eine trinitarische Sicht von kirchlicher Einheit entwerfen, die ihr „Vorbild und Urbild" in der trinitarischen Struktur des christlichen Gottesbekenntnisses besitzt. So heißt es in „Unitatis redintegratio": „Dies ist das heilige Geheimnis der Einheit der Kirche in Christus und durch Christus, indes der Heilige Geist die Mannigfaltigkeit der Gaben schafft. Höchstes Vorbild und Urbild dieses Geheimnisses ist die Einheit des einen Gottes, des Vaters und des Sohnes im Heiligen Geist in der Dreiheit der Personen"[(45)]. Die als Abbild dieser Liebesgemeinschaft der innergöttlichen Personenvielfalt gedeutete Kirche ist selbst als „Communio", als „Gemeinschaft", konstituiert, die unter dem „eschatologischen Vorbehalt"[(46)] steht, aus dem Geheimnis der Trinität zu leben, es selbst aber nicht zu sein. Wie der Schlußbericht der römischen Sondersynode 1985 hierzu kommentierend feststellt, bezeichnet das Zweite

Vatikanische Konzil mit dem Communio-Begriff der Kirche in erster Hinsicht ihre heilsvermittelnde Aufgabe, „Gemeinschaft mit Gott durch Jesus Christus im Heiligen Geist“[47] zu stiften. Diese Gemeinschaft mit Gott stiftet die Kirche nicht aus eigener Vollkommenheit, sondern in Gestalt einer wirksamen Partizipation an der Gemeinschaft, die Gott selbst ist. Wie das Konzil hierzu ausführt, vollzieht sich diese Partizipation als „Teilhabe an den von Gott geschenkten Gütern des Heils: Teilhabe am Heiligen Geist, am neuen Leben, an der Liebe, am Evangelium, vor allem aber an der Eucharistie“.[48] Diesem Communiogehalt der Kirche muß auch ihre kommunitäre Gemeinschaftsgestalt entsprechen. Die sich verstehende Kirche kann nicht länger mit der institutionellen Struktur einer soziologischen Körperschaft einfachhin identifiziert werden, auch nicht mit der kirchlichen Hierarchie, sondern sie umfaßt als „Volk Gottes“ alle Gläubigen[49] als Träger des Heiligen Geistes. Innerhalb der in sich vielfältig gestalteten Kirchengemeinschaft, sagt das Konzil, „gibt es . . . zu Recht Teilkirchen, die sich eigener Überlieferungen (traditiones) erfreuen, unbeschadet des Primats des Stuhles Petri, welcher der gesamten Liebesgemeinschaft (coetus caritatis) vorsteht, die rechtmäßigen Verschiedenheiten schützt und zugleich darüber wacht, daß die Besonderheiten der Einheit nicht nur nicht schaden, sondern ihr vielmehr dienen. Daher bestehen schließlich zwischen den verschiedenen Teilen der Kirche die Bande der innigen Gemeinschaft der geistigen Güter.“[50]

Die vom Zweiten Vatikanischen Konzil formulierte trinitarisch-heilsgeschichtliche *Communio-Ekklesiologie* veranlaßt die katholische Kirche, aus der Mitte ihres Selbstverständnisses heraus ein *neues Verhältnis zum Anliegen der Ökumene* einzunehmen. So formuliert „Unitatis redintegratio“ eine gegenüber früheren Stellungnahmen veränderte Einstellung zur Herausforderung der Ökumenischen Bewegung: „Unter dem Wehen der Gnade des Heiligen Geistes gibt es heute in vielen Ländern auf Erden Bestrebungen, durch Gebet, Wort und Werke zu jener Fülle der Einheit zu gelangen, die Jesus Christus will. Daher mahnt dieses Heilige Konzil alle katholischen Gläubigen, daß sie, die Zeichen der Zeit erkennend, mit Eifer an dem ökumenischen Werk teilnehmen.“[51] Ziel der Ökumenischen Bewegung, der sich nun auch die katholische Kirche zugehörig weiß, ist die „völlige kirchliche Gemeinschaft“ (perfecta communio ecclesiastica[52]),die in der Teilnahme aller Christen an „derselben Eucharistiefeier“[53], in der Versammlung „zur Einheit der einen und einzigen Kirche“[54] angemessen zum Ausdruck kommt. Die katholische Kirche versteht sich als Repräsentantin dieser Einheit, „die Christus seiner Kirche von Anfang an geschenkt hat“[55], aber diese Einheit

„muß und wird, wie wir hoffen, immer mehr wachsen . . . bis zur Vollendung der Zeiten“[56]. Dies aber setzt die Bereitschaft zur „Erneuerung (renovatio) der Kirche“[57], ja zur „dauernden Reform (reformatio)“[58] auch der römisch-katholischen Kirche voraus, die auch nicht ohne „innere Bekehrung“[59] gelingen kann. Die volle Communio zwischen den getrennten christlichen Kirchen soll durch das Auffinden der Einheit im Notwendigen und durch Anerkennung der legitimen Freiheit in allem anderen erreicht werden. So fordert die katholische Kirche ihre Gläubigen auf: „Alle in der Kirche sollen unter Wahrung der Einheit im Notwendigen je nach der Aufgabe eines jeden in den verschiedenen Formen des geistlichen Lebens und der äußeren Lebensgestaltung, in der Verschiedenheit der liturgischen Riten sowie der theologischen Ausarbeitung der Offenbarungswahrheit die gebührende Freiheit walten lassen, in allem aber die Liebe üben. Auf diese Weise werden sie die wahre Katholizität und Apostolizität der Kirche immer vollständiger zum Ausdruck bringen.“[60] Mit dieser Einstellung können die katholischen Christen auch „die wahrhaft christlichen Güter aus dem gemeinsamen Erbe mit Freude anerkennen und hochschätzen, die sich bei den von uns getrennten Brüdern finden . . . Denn was wahrhaft christlich ist, steht niemals im Gegensatz zu den echten Gütern des Glaubens, sondern kann immer dazu helfen, daß das Geheimnis Christi und der Kirche vollkommen erfaßt werde.“[61]

II. Wie weit reicht der ökumenische Konsens?

Auf dem Hintergrund der Ekklesiologie des Zweiten Vatikanischen Konzils und der hier entfalteten sachlichen Gründe, die zu einer theologisch positiven Würdigung der ökumenischen Bewegung geführt haben, möchte ich mich der eingangs gestellten Frage nach dem erreichten Stand ökumenischer Verständigung zuwenden, soweit die katholische Kirche hiervon unmittelbar betroffen und aktiv beteiligt ist. Eine pauschale Antwort auf diese Frage kann, wie leicht einzusehen ist, grundsätzlich nicht gegeben werden. Unbeschadet der großen Bedeutung der multilateralen Zusammenarbeit der christlichen Kirchen[62] auf Welt-, Kontinental- und Länderebene möchte ich mich hier auf einige Bemerkungen zu ausgewählten Ergebnissen der *bilateralen* ökumenischen Konsensfindung beschränken. Im einzelnen will ich dabei auf die Gespräche der römisch-katholischen Kirche mit den Kirchen der Lutheraner, Orthodoxen und Anglikaner eingehen.

a) Das offizielle Gespräch zwischen dem *römischen Einheitssekretariat und dem Lutherischen Weltbund* wurde seit 1965 durch eine gemischte

„Arbeitsgruppe“[63] und seit 1967 durch eine gemeinsame „Studienkommission“ geführt, die nach fünfjähriger Arbeit 1971 ihren Abschlußbericht unter dem Titel „Das Evangelium und die Kirche“, bekannt geworden auch als „Malta-Bericht“[64], vorlegte. Im Jahr 1973 wurde die „Gemeinsame römisch-katholische/evangelisch-lutherische Kommission“ eingesetzt, die in dem Zeitraum von 1973 bis 1984 sechs theologisch wichtige, einstimmig verabschiedete Erklärungen erarbeitete.[65] Im letzten Dokument dieser ökumenischen Dialogrunde, das den programmatischen Titel: „Einheit vor uns“ trägt, heißt es im Blick auf das gemeinsame und von der Kommission für längerfristig als realistisch eingeschätzte Ziel einer vollen Kirchengemeinschaft zwischen Katholiken und Lutheranern: „Ist im Blick auf den Glauben, das sakramentale Leben und das ordinierte Amt ein Grundkonsens erreicht, der die zwischen Katholiken und Lutheranern noch bestehenden Verschiedenheiten nicht mehr als kirchentrennend erscheinen läßt und die gegenseitigen Lehrverurteilungen gegenstandslos macht, sollte ein wechselseitiger Akt der Anerkennung erfolgen. In diesem Akt geschieht die kirchlich verbindliche Anerkennung des Grundkonsenses und zugleich die wechselseitige Anerkennung, daß in der anderen Kirche Kirche Jesu Christi verwirklicht ist. Durch dieses Ereignis wird der Wille beider Kirchen erklärt und damit bekräftigt, sich zueinander als Kirchen Jesu Christi zu verhalten und in voller Gemeinschaft (communio ecclesiarum) zu leben.“[66] Die als Ziel beschriebene Kirchengemeinschaft stellt die Kommission als eine Gemeinschaft in Glauben, Sakramentsvollzug und Ausübung des Amtes dar.

Wenn das Ziel einer vollen Kirchengemeinschaft auch innerhalb eines kürzeren Zeitraums nicht erreichbar erscheint, so muß doch im Blick auf das Gespräch zwischen römisch-katholischer Kirche und den Kirchen des Lutherischen Weltbundes die Übereinstimmung in fundamentalen Glaubenswahrheiten[67] und die gemeinsame Erkenntnis gewürdigt werden, daß die Kirchenspaltung der Reformationszeit nicht bis an die „gemeinsame Wurzel“ gegangen ist.[68] Die Gespräche ließen „in der Tat Übereinstimmungen, Gemeinsamkeiten oder doch Annäherungen in wichtigen Glaubensfragen erkennen, die trotz der getrennten Entwicklungen der kirchlichen Dialogpartner über mehr als vier Jahrhunderte hinweg ein hohes Maß an gemeinsamem Erbe verrieten.“[69] Auch im Blick auf die Lehrverurteilungen des 16. Jahrhunderts konnte der ökumenische Verständigungsprozeß mit bedeutsamen Ergebnissen[70] aufwarten. Angestoßen durch den ersten Besuch von Johannes Paul II. in der Bundesrepublik Deutschland wurde hier eine „Gemeinsame Ökumenische Kommission“[71] eingesetzt, die ihre vordringliche Aufgabe in der Überprüfung der gegenseitigen und bislang nicht zurückgenommenen offiziellen kirchlichen Lehrverurteilungen bei der theologischen Lehre von Rechtfertigung, Sakramenten und Amt erblickte. 1986 wurde diese Arbeit mit der Publikation der wissenschaftlichen Überprüfung der historischen Verwerfungen abgeschlossen. Hierin kommen die Theologen zu dem Ergebnis, daß „die weitgehende Übereinstimmung in der Auslegung der Heiligen Schrift, eine klarere Einsicht in die geschichtliche Bedingtheit überlieferter Lehrformulierungen und der neue Geist des ökumenischen Dialogs im Bewußtsein der Verbundenheit der Christen verschiedener konfessioneller Traditionen durch den Glauben an den einen Herrn . . . entscheidend dazu beigetragen (haben), nicht nur im fundamentalen Bekenntnis zu dem einen Herrn Jesus Christus, sondern auch in zentralen Themen christlicher Lehre ein hohes Maß an gegenseitiger Verständigung zu erreichen."(72) So kommt es zu einer modifizierten zusammenfassenden Stellungnahme, in der es heißt: „Bei einer Reihe von Verwerfungsaussagen des 16. Jahrhunderts müssen wir heute sagen, daß sie auf Mißverständnissen der Gegenposition beruhten. Andere zielten auf kirchlich nicht verbindliche Extrempositionen. Wieder andere treffen den heutigen Partner nicht mehr. Bei wieder anderen haben neue Sacheinsichten zu einem hohen Maß an Verständigung geführt. Bei einigen Verwerfungsaussagen allerdings läßt sich auch heute noch kein ausreichender Konsens feststellen. Doch ist zu fragen, ob sie allein die Aufrechterhaltung der Kirchentrennung angesichts des veränderten Verhältnisses der Kirchen und ihrer Glieder zueinander rechtfertigen können."(73) Eine wertende Stellungnahme zum sachlichen Gewicht der verbliebenen Differenzen(74) für eine Aufrechterhaltung der Kirchenspaltung geben die Autoren nicht. Der Bewertung des im Gespräch zwischen römisch-katholischer Kirche und den Kirchen des Lutherischen Weltbundes erreichten theologischen Konsenses bzw. noch verbliebenen Dissenses in der Lehre von der Rechtfertigung, von der Eucharistie und von dem geistlichen Amt im Blick auf die Frage einer Kirchengemeinschaft dient die Arbeit einer dritten international zusammengesetzten Kommission, die seit 1985 insbesondere mit der Suche nach einer gemeinsamen theologischen Lehre von der Kirche beschäftigt ist. Hier liegen z. Zt. noch keine abschließenden Arbeitsergebnisse vor.

b) Das Gespräch zwischen *römisch-katholischer Kirche und den Kirchen der Orthodoxie* seit der Zeit des Zweiten Vatikanischen Konzils(75) ist bis in die achtziger Jahre „weniger durch gemeinsame Texte als durch Zeichenhandlungen bestimmt"(76). Hierzu zählen die Besuche von Paul VI. in Jerusalem (1964)(77) und Konstantinopel (1967) sowie von Patriarch

Athenagoras I. in Rom (1967)[78], die Aufhebung des im Jahre 1054 ausgesprochenen Kirchenbanns (1965)[79] sowie die „Gemeinsame Erklärung“ von Johannes Paul II. und Patriarch Dimitrios I. anläßlich des Papstbesuches im Phanar (1979)[80], in der die beiden Unterzeichnenden offiziell den Beginn des theologischen Dialogs zwischen den getrennten Kirchen erklärten: „Der theologische Dialog hat nicht nur den Fortschritt zur Wiederherstellung der vollen Gemeinschaft zwischen der katholischen und der orthodoxen Kirche zum Ziel; er soll auch zu dem vielseitigen Dialog beitragen, der sich in der christlichen Welt zur Suche nach ihrer Einheit entwickelt.“[81]

Die eingesetzte offizielle Dialogkommission begann 1980 mit ihrer Arbeit und verständigte sich auf das Verfahren, theologisch von der breiten Tradition übereinstimmender Lehrauffassungen und Glaubensauslegungen auszugehen, um von der Entfaltung und Vertiefung dieser gemeinsamen Mitte her auf diejenigen Fragestellungen zuzugehen, in denen die Kirchen sich heute unterscheiden. Dieses Vorgehen ist somit in einer wesentlichen Hinsicht vom Dialog der katholischen Kirche mit den Kirchen der Reformation unterschieden. Während man im Gespräch mit diesen erst jetzt die theologische Grundlegung der Lehre von der Kirche erörtert, wählten die Vertreter der katholischen und orthodoxen Kirche als Thema für die erste Phase des Dialogs die trinitarische Grundlegung der Theologie der Kirche und die Eucharistie; denn hier durfte man zurecht eine große Übereinstimmung unterstellen. Die Dialogkommission konnte 1982 auf ihrer zweiten Vollversammlung in München einen gemeinsamen Text verabschieden, der die Überschrift trägt: „Das Mysterium der Kirche und der Eucharistie im Lichte des Geheimnisses der Heiligsten Dreifaltigkeit.“[82] Die Qualität der Übereinstimmung, die in diesem Dokument – trotz ausgeklammerter Aspekte wie die Bestimmung des Verhältnisses von Priester und Bischof bzw. Bischof und Papst[83] – zum Ausdruck kommt, hat die Frage aufgeworfen, ob nicht schon heute eine volle Kommuniongemeinschaft zwischen der römisch-katholischen und der orthodoxen Kirche theologisch legitim erwartet werden kann. Doch die orthodoxe Gesprächsseite konnte bis heute noch keine einheitlich zustimmende Antwort auf dieses schon vom Zweiten Vatikanischen Konzil formulierte Angebot finden.[84] Wie auch der Verlauf der Gespräche während der dritten Vollversammlung der Dialogkommission 1984 auf Kreta zeigte, sind mehr oder weniger zentrale Vorbehalte bei einer Reihe der Vertreter der orthodoxen Kirchen lebendig: Hierzu gehören Vorhaltungen gegenüber Rom wegen der besonderen Beziehung zu den unierten Kirchen des Ostens, hierzu zählen auch historische Probleme wie etwa die Frage der römisch-katholischen Kirche der Ukraine; hinzu kommen besondere theologische Probleme, die noch nicht Gegenstand des „Dialogs der Wahrheit“ waren wie die Frage des päpstlichen Primats, der Unfehlbarkeit oder des „filioque“. Einen vorerst letzten wichtigen Schritt im ökumenischen Verständigungsprozeß beider Kirchengemeinschaften stellt das Konsensdokument dar, das den Zusammenhang der Sakramente als Ausdruck des Glaubens mit der Einheit der Kirche behandelt. Es wurde von der Dialogkommission auf ihrer vierten (und bisher letzten) Vollversammlung 1987 in Bari verabschiedet und trägt die Überschrift: „Glaube, Sakramente und Einheit der Kirche“(85).

c) In einer 1966 veröffentlichten „Gemeinsamen Erklärung“(86) von Papst Paul VI. und dem Erzbischof von Canterbury, Michael Ramsey, brachten *die römisch-katholische Kirche und die Kirchen der Anglikanischen Gemeinschaft* ihren Willen zum Ausdruck, „einen ernsthaften Dialog einzuleiten, der, auf das Evangelium und die altkirchlichen gemeinsamen Überlieferungen gründend, zu jener Einheit in der Wahrheit führen möge, für die Christus gebetet hat.“(87) Eine gemeinsame Vorbereitungskommission leistete die notwendige Vorarbeit(88), so daß sich im Jahre 1970 die erste offizielle Dialogkommission mit dem Namen „Anglikanisch/Römisch-katholische Internationale Kommission“ (ARCIC I) konstituieren konnte. In der von dieser Kommission bereits 1971 verabschiedeten „Erklärung über die Lehre von der Eucharistie“ wird „eine substantielle Übereinstimmung in der Lehre von der Eucharistie“(89) zum Ausdruck gebracht. Schon zwei Jahre später folgte die „Erklärung über die Lehre vom Amt“(90), die unter Ausklammerung von Problemen wie der Primatfrage(91) eine „grundsätzliche Übereinstimmung in den Bereichen der Lehre“ ausdrücken möchte, die bislang „Anlaß zu Kontroversen gaben“(92). Ausdrücklich verweist das Dokument auch auf die Notwendigkeit einer Revision des Urteils der Bulle „Apostolicae curae“ aus dem Jahr 1896(93). Die dritte gemeinsame Stellungnahme von ARCIC I wurde im Jahr 1976 vorgelegt. Sie befaßt sich mit der „Frage der Autorität, ihrer Natur, ihrer Praxis und ihrer Konsequenzen“(94), die in einer vierten Erklärung(95) aus dem Jahr 1981 um eine vertiefende Behandlung von zuvor ungelösten Problemen(96) ergänzt wurde. Zu Recht kann die Kommission von einem hohen Maß an ökumenischer „Einigung über die Autorität in der Kirche und im besonderen über die grundlegenden Prinzipien des Primats“(97) sprechen, dem in der Tat ökumenisch eine „fundamentale Bedeutung“(98) zukommt.

Die von der ARCIC I erarbeiteten Texte, die die Kommission 1981 als einen „Schlußbericht“ ihren Kirchen zur Beurteilung vorlegte“[99], könnten sich in Zukunft durchaus als so etwas wie der Grundstein für nun zu führende konkrete Verhandlungen über die Wiederherstellung der vollen Kirchengemeinschaft zwischen römisch-katholischer Kirche und den Kirchen der Anglikanischen Gemeinschaft erweisen. Doch bis es soweit ist, muß erst die volle Rezeption des von den Theologen bisher Erreichten in den jeweiligen Kirchen erfolgen. Von seiten der römischen Glaubenskongregation wurden die Ergebnisse von ARCIC I „als nützliche Grundlage für weitere Schritte auf dem Weg zur Wiederversöhnung zwischen katholischer Kirche und Anglikanischer Gemeinschaft“ gewürdigt; gleichzeitig wurde jedoch auch der Wunsch angemeldet, über noch fortbestehende Differenzen im Umfeld der Eucharistielehre, der Mariologie, der „regula fidei“, der Unfehlbarkeit, der apostolischen Sukzession und der Moraltheologie in einer neuen Dialogrunde zu sprechen.[100] So vereinbarten der Erzbischof von Canterbury und Papst Johannes Paul II. bei dessen Besuch 1982 in England, eine neue Anglikanisch/Römisch-katholische Kommission einzusetzen (ARCIC II), um „die bereits begonnene Arbeit weiterzuführen: insbesondere im Licht unserer jeweiligen Stellungnahmen zum ‚Schlußbericht‘ die unerledigten Lehrdifferenzen, die uns noch trennen, zu prüfen und einer Lösung zuzuführen; alles zu untersuchen, was der gegenseitigen Anerkennung der geistlichen Ämter unserer Gemeinschaften im Wege steht, und die praktischen Schritte zu empfehlen, die notwendig werden, wenn wir auf der Grundlage unserer Einheit im Glauben in der Lage sind, an die Wiederherstellung der vollen Einheit zu gehen.“[101] Die seit 1983 arbeitende neue Kommission ARCIC II hat im September 1986 als ersten gemeinsamen Arbeitstext ein Dokument vorgelegt, das den evangelikalen Bedenken gegenüber dem bisherigen Stand des anglikanisch-katholischen Konsens innerhalb der Anglikanischen Kirchengemeinschaft Rechnung tragen soll. Unter dem Titel „Heil und Kirche“ (englisch: „Salvation and the Church“)[102] ist der Text bemüht, die Lehre von der Kirche als „Zeichen für das Evangelium“[103], als berufene Verwalterin des „ein für allemal geschehene(n) Versöhnungswerk(s) Christi“[104], als „Werkzeug zur Verwirklichung des ewigen Heilsplanes Gottes für die Menschheit“[105], als „Sakrament des heilsschaffenden Handelns Gottes“[106] auf die Theologie der Rechtfertigung und die christliche Botschaft vom Heil systematisch zu beziehen. Die Mitglieder der Kommission sind sich „einig“, wie sie abschließend optimistisch betonen, „daß es in diesem Bereich keine Unterschiede theologischer Interpretation oder ekklesiologischer Gewichtung mehr gibt – weder innerhalb unserer

Gemeinschaften noch zwischen ihnen –, die unsere fortbestehende Trennung rechtfertigen könnten. Wir glauben daß unsere beiden Gemeinschaften hinsichtlich der wesentlichen Aspekte der Lehre vom Heil und der Rolle der Kirche in seinem Zusammenhang miteinander übereinstimmen ... Wir bieten unseren beiden Gemeinschaften unsere Übereinstimmung an als einen Beitrag zur Versöhnung zwischen uns, damit wir gemeinsam Zeugnis geben inmitten der Ängste, Kämpfe und Hoffnungen unserer Welt."[(107)]

III. Ausblick

Schon ein kurzer, unvoreingenommener Blick auf die Geschichte und den Stand des ökumenischen Dialogs der Christenheit macht deutlich, daß sich hier ein kirchengeschichtlich einmaliges Ereignis mit weltkirchlichen Dimensionen vollzieht, dessen Bedeutung kaum überschätzt werden kann. Es ist zu beobachten, daß sich alle Kirchen in einem strukturierten, aber zugleich auch offenen Prozeß der Annährung und Erneuerung bewegen, dessen Ende heute noch niemand vorwegnehmen kann. Auf der Ebene des Gesprächs der Theologen und der Kirchenleitungen sind ausnahmslos allen Konfessionen Einsichten zugewachsen, die eine zuvor nicht für möglich gehaltene Vertiefung der Gemeinsamkeit im Glauben und eine Bereicherung der Kirchen darstellen, die keine Seite wieder aufzugeben bereit sein dürfte. Leider liegt der Prozeß der Rezeption der vorliegenden Dokumente einer wachsenden Übereinstimmung[(108)] in allen Kirchen im argen. Im Blick auf die jüngste Geschichte der römisch-katholischen Kirche darf festgehalten werden, daß sie, auch in den vergangenen zehn Jahren, auf dem Weg der ökumenischen Verständigung, bilateral wie multilateral, beständig weitergegangen ist. Gleichwohl gilt, und zwar für alle christlichen Kirchen, was der große Pionier der Ökumene Max Thurian 1983 so formuliert hat: „In dem Maße, in dem man sich der Einheit nähert und es gilt, Entscheidungen zu treffen, scheint sich in den Kirchen und Konfessionsfamilien in der Tat eine gewisse Rückzugsbewegung oder zumindest ein großes Zögern bemerkbar zu machen, so als ob die Einheit Furcht erzeugte und man Angst hätte, durch das Opfer seiner nicht wesentlichen Traditionen seine Identität zu verlieren. Einige der engagierten Schrittmacher der Ökumene scheinen plötzlich in eine Art von Konfessionalismus zu verfallen, der jedes Weiterkommen auf dem Wege der sichtbaren Einheit zu blockieren scheint."[(109)]

Bei der Suche nach den Ursachen für ein solches „Zögern" wird man auf viele Faktoren verweisen können: Eine Rolle spielt sicherlich die paradox erscheinende Tatsache, daß mit dem Anwachsen der gesamtökumenischen Gemeinsamkeit auf der einen Seite die Erwartungen auf eine schnelle Verständigung in den noch verbliebenen Fragen der ökumenischen Unterschiede ansteigen, auf der anderen Seite aber zumeist die langwierigsten und schwierigsten Fragen zuletzt aufzutauchen pflegen: Das Gespräch zwischen Rom und den Kirchen der Orthodoxie ist von der Dialogkommission mit Absicht genau in dieser Weise strukturiert worden; der Dialog zwischen Rom und den Kirchen der Reformation des 16. Jahrhunderts weist ebenfalls dieselbe „Sachlogik" auf. Dieser Umstand erweckt bei vielen mit Ungeduld auf die Wiederherstellung der sichtbaren Einheit der Kirche Wartenden Unruhe, Enttäuschung oder Skepsis. Es kommt hinzu, daß für die heutige Bewältigung der Kirchenspaltungen nicht nur *theologische* Kontroversen zu bearbeiten sind: Die durch eine lange Geschichte der Glaubens- und Kirchentrennung herausgebildeten konfessionellen Identitäten sind nämlich nicht nur durch theologische Lehrtraditionen, sondern auch durch unterschiedliche politische Konstellationen, geschichtliche Erfahrungen, sozial-kulturelle Entwicklungen und institutionelle Rahmenbedingungen bestimmt, die ihr Eigengewicht besitzen und nicht einfachhin durch die Arbeit der theologischen Wissenschaft und ihrer diskursiv verfahrenden Konsensbildung in ihrer faktisch kirchentrennenden Wirkung neutralisiert werden können. Wie die Gespräche insbesondere zwischen den Kirchen des Westens und des Ostens belegen, wird man hier realistisch leider noch mit längeren Zeiträumen, auch mit unwägbaren politischen Ereignissen und ihren Auswirkungen auf die Willensbildung der Kirchen rechnen müssen.

Eine weitere Schwierigkeit betrifft die unterschiedliche Struktur der am ökumenischen Dialog beteiligten Kirchen und die hieraus bei einigen Partnern unübersichtlich verlaufenden Prozesse der „offiziellen" Entscheidungsfindung und der gesamtkirchlichen Rezeption. So ist es etwa nicht möglich, von der konsensual vertretenen Meinung der in den Dialogkommissionen arbeitenden einzelnen Theologen stets auf eine mögliche Zustimmung der Kirche zurückzuschließen, der diese angehören. Dies ist zum einen im autonomen Status verschiedener Teilkirchen begründet, die sich nur in lockerer Form zu Weltkonferenzen zusammengefunden haben, zum anderen aber auch grundsätzlich im Fehlen einer lehramtlichen Kompetenz von Kirchenleitungen, wie sie umgekehrt in der katholischen Kirche eine bestimmte Gestalt und Tradition besitzt. Schließlich sollte nicht übersehen werden, daß während der Zeit einer auf einem Sachgebiet gelingenden ökumenischen Verständigung anderswo auch neue Fragestellungen und Konfliktfelder aufbrechen können, die Anlaß zu weiteren Gesprächsrunden oder zu Zurückhaltung im Blick auf konkrete Unionsverhandlungen sind. Genau dies vollzieht sich leider augenblicklich etwa im Dialog zwischen Rom und der Anglikanischen Kirchengemeinschaft aufgrund der aufgeworfenen Frage der Frauenordination. Deren Ablehnung seitens der katholischen Hierarchie geschieht nun aber nicht zuletzt im Blick auf das Anliegen einer ökumenischen Verständigung mit den Kirchen der Orthodoxie. So kann eine aus ökumenischem Interesse erwachsende bestimmte Haltung oder Einstellung fatalerweise mit dazu beitragen, das Gespräch mit anderen Partnern der christlichen Ökumene - zumindest kurzfristig - zu erschweren.[(110)] In solchen und anderen Umständen ist es begründet, daß der ökumenische Dialog leider nicht immer und überall so vorankommt, wie dies wünschenswert wäre.

Doch dies alles realistisch in Rechnung zu stellen heißt nicht, in Resignation zu verfallen. Dafür bieten die vergangenen dreißig Jahre ökumenischer Bewegung wahrhaftig keinen Anlaß. Vielmehr gilt es den Blick für die Tatsachen zu schärfen, um auf diesem Weg illusionslos, aber wirksam an der Wiederherstellung der vollen sichtbaren Einheit der Kirche mitarbeiten zu können. Einem solchen realistischen Blick auf die Tatsachen dient es aber gewiß nicht, wenn in jüngster Zeit das Wort von einem (verhängnisvollen oder erwünschten?) *Grunddissens* zwischen der katholischen Kirche und den Kirchen der Reformation die Runde macht. Ich sehe hierin die Gefahr, daß einige der am ökumenischen Gespräch beteiligten Institutionen mit der Institution in der Regel innewohnenden Tendenz zur Selbsterhaltung dazu beitragen, eine Differenz „höherer Ordnung" im Rücken schon erreichter Konsensualität neu aufzurichten. Dagegen ist Walter Kasper zuzustimmen, wenn dieser schreibt: „Der eigentliche Grundunterschied verläuft nicht zwischen den getrennten christlichen Kirchen, sondern zwischen ihnen und den Nichtchristen. Zwischen den Christen dagegen besteht ein Grundkonsens; er besteht darin, daß sie sich auf der Grundlage der Heiligen Schrift in der Weise gemeinsam zu Jesus Christus bekennen, wie es die alten Taufbekenntnisse, zu denen vor allem das Apostolische Glaubensbekenntnis gehört, tun."[(111)] Diesen *Grundkonsens*[(112)], in dem sich die Christen immer schon miteinander befinden, hat auch das Zweite Vatikanische Konzil umschrieben, wenn es im Blick auf die getrennten christlichen Kirchen von einer „gewissen, wenn auch nicht vollkommenen Gemeinschaft mit der katholischen Kirche"[(113)] spricht. So ist und bleibt es die Aufgabe der ökumenischen Arbeit, nicht von (entlastenden) bleibenden Grunddifferenzen zu sprechen, sondern „auf der Grundlage und in Ausweitung dieses Grundkonsenses von der schon jetzt bestehenden, noch unvollkommenen Kirchengemeinschaft zur vollen Kirchengemeinschaft, welche die Eucharistiegemeinschaft einschließt, zu gelangen."[(114)]

Anmerkungen

(1) An dieser religionssoziologischen Entwicklung wird deutlich, in welchem Umfang der Prozeß der alle traditionalen Lebensformen verändernden gesellschaftlichen „Rationalisierung" (Max Weber) auch auf die kirchlichen Milieus durchgeschlagen hat. In dem Maße, in dem Religion nicht mehr vor allem in Gestalt sozial vermittelter, allgemein eingeübter Praxis tradiert wird, sondern zu einer Angelegenheit individueller Reflexion auf Lebenserfahrungen und -kontingenzen in einer hochkomplexen gesellschaftlichen Wirklichkeit geworden ist (vgl. hierzu u. a. die einschlägigen Arbeiten von H. Schelsky, P. Berger, Th. Luckmann, H. Lübbe und N. Luhmann), wächst zugleich die Skepsis der Gläubigen gegenüber den durch Tradition und Lehramt übermittelten *allgemeinverbindlichen* Glaubenswahrheiten. Von den Kirchen erwartet man eher einen Raum von Geborgenheit, von persönlicher Glückserfahrung oder der Stabilisierung individueller Lebensgeschichten als eine *argumentativ* zu vermittelnde Begründung von theologischen *Wahrheitsansprüchen.* Im Lichte solcher unkritisch hingenommener Veränderungen nehmen sich dann auch Disputationen über kontroverstheologische Fragestellungen scheinbar obsolet, zumindest aber von der Realität des Alltags einigermaßen „abgehoben" aus; zur angesprochenen religionssoziologischen Problematik vgl. neben dem Beitrag von D. Seeber in diesem Band u. a. auch K. Gabriel/F. X. Kaufmann (Hrsg.), Zur Soziologie des Katholizismus, Mainz 1980; vgl. hierzu ferner: G.Alberigo, Die Situation des Christentums nach dem Vaticanum II, in: Die Rezeption des Zweiten Vatikanischen Konzils, hrsg. v. H. J. Pottmeyer u. a., Düsseldorf 1986.

(2) Vgl. hierzu neben vielen anderen Stimmen W. Kasper, Grundkonsens und Kirchengemeinschaft. Zum Stand des ökumenischen Gesprächs zwischen katholischer und evangelisch-lutheranischer Kirche, in: Th Qu 167 (1987) 161–181, S. 162.

(3) Vgl. hierzu u. a. N. Ehrenström/G. Gaßmann, Confessions in Dialog. Survey of Bilateral Conversations among World Confessional Families 1959–1974, Genf 1975; G. Gaßmann u. a., Vom Dialog zur Gemeinschaft. Dokumente zum anglikanisch-lutherischen und anglikanisch-katholischen Gespräch, Frankfurt 1975; H. Meyer/H. Schütte (Hrsg.), Confessio Augustana. Bekenntnis des einen Glaubens, Paderborn/Frankfurt 1980; J. Puglisi/S. Voicu, A bibliography of interchurch and interconfessional theological dialogues, Rom 1984; H. Meyer/H. J. Urban/L. Vischer, Dokumente wachsender Übereinstimmung, Paderborn/Frankfurt 1983; K. Lehmann/W. Pannenberg, Lehrverurteilungen – kirchentrennend? Bd. 1: Rechtfertigung, Sakramente und Amt im Zeitalter der Reformation und heute, Freiburg/Göttingen 1986; H. Meyer/G. Gaßmann, Rechtfertigung im ökumenischen Dialog, Frankfurt 1987.

(4) Lumen gentium (LG), Dogmatische Konstitution über die Kirche, Lat.-Dt. Text mit Kommentar, in: LThK, Das Zweite Vatikanische Konzil I, Freiburg 1966, S. 137–347.

(5) Unitatis redintegratio (UR), Dekret über den Ökumenismus, Lat.-Dt. Text mit Kommentar, in: LThK, Das Zweite Vatikanische Konzil II, Freiburg 1967, S. 9–126.

(6) J. A. Möhler, Die Einheit in der Kirche oder das Prinzip des Katholizismus, Mainz 1. Auflage 1825, Mainz 1925.

(7) Vgl. hierzu auch in diesem Band den Beitrag von W. Kasper sowie ders., Theologie und Kirche, Mainz 1987, S. 237–299.

(8) J. A. Möhler, Symbolik oder Darstellung der dogmatischen Gegensätze der Katholiken und Protestanten nach ihren öffentlichen Bekenntnisschriften, hrsg. v. J. R. Geiselmann, Köln 1958.

(9) Ebd., S. 389: „Der letzte Grund der Sichtbarkeit der Kirche liegt in der Menschwerdung des göttlichen Wortes ... So ist denn die sichtbare Kirche ... der unter den Menschen in menschlicher Form fortwährend erscheinende, stets sich erneuernde, ewig sich verjüngende Sohn Gottes, die andauernde Fleischwerdung desselben, so wie denn auch die Gläubigen in der Heiligen Schrift der Leib Christi genannt werden."

(10) So etwa G. Perrone, Praelectiones theologicae, 2 Bände, Rom 1835 und 1842; C. Passagalia, De Ecclesia Christi commentatorium libri V, 2 Bände, Regensburg 1853 und 1856; C. Schrader, Theses theologicae de Ecclesia Christi, Wien 1869 sowie J. B. Franzelin, Tractatus de Ecclesia Christi, Rom 1887; vgl. auch hierzu den Entwurf „De Ecclesia Christi" des Ersten Vatikanischen Konzils, an dessen Ausarbeitung insb. Schrader und Franzelin maßgeblich mitgewirkt hatten, sowie die Textrevisionen von J. Kleutgen, in: F. van der Horst, Das Schema über die Kirche auf dem Ersten Vatikanischen Konzil, Paderborn 1963; vgl. hierzu insgesamt: G. Alberigo, Lo sviluppo della dottrina sui poteri nella chiesa universale. Momenti essenzialia tra il XVI e il XIX secolo, Roma 1964 sowie Y. Congar, Die Lehre von der Kirche. Vom Abendländischen Schisma bis zur Gegenwart, HdDG III 3d, Freiburg 1971, insb. S. 81–127.

(11) Leo XIII., Apostolicae curae et caritatis (13. 9. 1896), in: AAS 29 (1896/1897) 198 ff. sowie: DS 3315–3319.

(12) Ders., Satis cognitum (29. 6. 1896), in: AAS 28 (1895/1896) 708 ff. sowie: DS 3300–3310.

(13) Vgl. ebd., DS 3302: „... sed quo unam esse is voluit, qui condidit."

(14) W. Löser, Das Einheits- und Ökumenismusverständnis der römisch-katholischen Kirche, in: ders. (Hrsg.), Die römisch-katholische Kirche, Band XX der Reihe: Die Kirchen der Welt, Frankfurt 1986, S. 332.

(15) Vgl. Conc. Tridentinum, Sessio VI (13. 1. 1547), Decretum de iustificatione, cap. 4, in: DS 1524.

(16) Leo XIII., Satis cognitum, DS 3304: „Est igitur Ecclesia unica et perpetua: quicumque seorsum eant, aberrant a voluntate et praescriptione Christi Domini relictoque salutis itinere ad interitum digrediuntur." Die dtsch. Übersetzung folgt dem Text bei W. Löser, a. a. O. (Fußnote 14), S. 332 f.

(17) Pius XI., Mortalium animos (6. 1. 1928), DS 3683; vgl. die dtsch. Übersetzung bei W. Löser, a. a. O. (Fußnote 14), S. 333.

(18) Vgl. hierzu die Anstöße aus dem Umfeld der liturgischen Bewegung in den Arbeiten von O. Casel, I. Herwegen, R. Guardini, J. Pinsk, J. A. Jungmann u. a. sowie die Impulse von seiten der Dogmatik in den Arbeiten von E. Przywara, H. de Lubac, A. Grillmeier, Y. Congar, O. Semmelroth, H. und K. Rahner u. v. a. m.

(19) UR, 40/41: „Una enim atque unica a Christo Domino condita est Ecclesia".

(20) Ebd.: „plures tamen christianae Communiones".

(21) Ebd.: „diversa sentiunt et per diversas ambulant vias, ac si Christus Ipse divisus sit."

(22) Vgl. M. Luther, Operationes in Psalmos, WA 5, 450–451: „... cum Ecclesia aliud esse non possit quam congregatio spirtualis hominum non in aliquem locum, sed in eandem fidem, spem et caritatem spiritus ... Contra tam manifesta verba audent impii isti dicere: Ecce Romae est Ecclesia, Romae est Christus, Romae est vicarius Christus . . . Ecclesiam Christi esse aliud nihil quam spiritualem fidelium collectionem . . .".

(23) LG, 156/157; zur ökumenischen Relevanz der Anwendung des Sakramentsbegriffs auf die Kirche vgl. den Sammelband: Die Sakramentalität der Kirche in der ökumenischen Diskussion, hrsg. v. J. A. Möhler-Institut, Paderborn 1983 sowie H. Vorgrimler, Sakramententheologie, Düsseldorf 1987, 33–57; vgl. hierzu ferner meinen Beitrag: Der Begriff der Kirche bei R. Guardini und in der zeitgenössischen Ekklesiologie, in: L. Honnefelder/M. Lutz-Bachmann (Hrsg.), Auslegungen des Glaubens, Berlin/Hildesheim 1987, 62–84, insb. 73–79 sowie die Beiträge von K. Lehmann, H. Volk, Th. Schneider, W. Kasper u. P.-W. Scheele in: W. Seidel, Kirche - Ort des Heils, Würzburg 1987.

(24) Vgl. hierzu Y. Congar, Die christologischen und pneumatologischen Implikationen der Ekklesiologie des II. Vaticanums, in: Kirche im Wandel. Eine kritische Zwischenbilanz nach dem Zweiten Vaticanum, hrsg. v. G. Alberigo/Y. Congar/H. J. Pottmeyer, Düsseldorf 1982, 111–123; J. H. Pottmeyer, Kontinuität und Innovation in der Ekklesiologie des II. Vatikanums, in: Kirche im Wandel, a. a. O., 89–110; K. Walf, Lakunen und Zweideutigkeiten in der Ekklesiologie des II. Vatikanums, in: Kirche im Wandel, a. a. O., 195–207.

(25) LG, 158/159; vgl. auch hierzu den einschlägigen Kommentar von A. Grillmeier, ebd.

(26) Ebd., 172/173.

(27) Zur ökumenischen Bedeutung des dritten Glaubensartikels der auf das Konzil von Konstantinopel im Jahre 381 zurückgehenden Aussagen des Glaubensbekenntnisses vgl. u. a.: Glaubensbekenntnis und Kirchengemeinschaft. Das Modell des Konzils von Konstantinopel (381), hrsg. v. K. Lehmann und W. Pannenberg, Freiburg/Göttingen 1982, insb. 13–48: W. Hauschild, Das trinitarische Dogma von 381 als Ergebnis verbindlicher Konsensbildung, 100–119: Th. Schneider, Der theologische Ort der Kirche in der Perspektive des dritten Glaubensartikels, sowie 120–125: Erklärung des Arbeitskreises evangelischer und katholischer Theologen zum Thema: Die ökumenische Bedeutung des ersten Konzils von Konstantinopel (381).

(28) LG, 172/173.

(29) Zur Diskussion über die Aussagen des II. Vaticanums vgl. H. Mühlen, Das Verhältnis zwischen Inkarnation und Kirche in den Aussagen des Vaticanums II, in: Theologie und Glaube 55 (1965) 171–180, 183: „In einem früheren Entwurf... hatte es geheißen: Haec igitur Ecclesia, vera omnium Mater et Magistra, in hoc mundo ut societas constituta et ordinata, *est* Ecclesia Catholica, a Romano Pontifice et Episcopis in eius communione directa. Diese Formulierung ist bedeutend enger, denn das exklusive ‚est' schloß die übrigen ‚Kirchen' vom Begriff der Kirche aus und läßt ihn in bezug auf diese auch nicht einmal ein einem analogen Sinne gelten."

(30) LG, 172/173; vgl. hierzu auch H. Döring, Grundriß der Ekklesiologie. Zentrale Aspekte des katholischen Selbstverständnisses und ihre ökumenische Relevanz, Darmstadt 1986, insb. 200–204 sowie W. Löser, Das Einheits- und Ökumenismusverständnis der römisch-katholischen Kirche, a. a. O., (Fußnote 14), 336–340.

(31) So z. B. LG, 172/173, 202/203 sowie UR, 92/93–120/121. UR spricht 55/56 ausdrücklich davon, daß bei den als „Brüder" bezeichneten Christen anderer Konfessionen „viele und bedeutende Elemente oder Güter (elementis seu bonis) aufgewiesen werden können, „aus denen insgesamt die Kirche erbaut wird und ihr Leben gewinnt." Im einzelnen zählt das Ökumenismusdekret an dieser Stelle auf: „Das geschriebene Wort Gottes, das Leben der Gnade, Glaube, Hoffnung und Liebe und andere innere Gaben des Heiligen Geistes und sichtbare Elemente (ac visivilia elemanta): all dieses das von Christus ausgeht und zu ihm hinführt, gehört rechtens zu der einzigen Kirche Christi."

(32) UR, 96/97.

(33) LG, 176–209.

(34) LG, 156/157 (vgl. Fußnote 23) sowie 180: „Convocavit et constituit Ecclesiam, ut sit universis et singulis *sacramentum visibile huius salutiferae unitatis"*, 188: „Tot ac tantis *salutaribus mediis* muniti, christifideles omnes . . .", 198: „Docet autem, sacra Sciptura et Traditione innixa, Ecclesiam hanc peregrinantem *necessarium esse ad salutem."*

(35) Vgl. hierzu: Dei verbum (DV), Dogmatische Konstitution über die göttliche Offenbarung, Lat.-Dt. Text mit Kommentar, in: LThk, Das Zweite Vatikanische Konzil II, a. a. O., 497–583, insb. 506/507–507/508 sowie 514/515.

(36) LG, 190/191.

(37) LG, 182–187.

(38) LG, 228–231.

(39) LG, 186/187.

(40) LG, 190–195 sowie 206–209.

(41) LG, 228/229.

(42) Vgl. Orientalium ecclesiarum (OE), Dekret über die katholischen Ostkirchen, Lat.-Dt. Text mit Kommentar, in: LThK, Das Zweite Vatikanische Konzil I, a. a. O., 361–392, insb. 366–371.

(43) Vgl. Cyprian, De Orat. Dom. 23, in: PL 4, 553.

(44) LG, 162/163. Hierzu kommentiert W. Beinert in seinem Aufsatz: Das Bild von der Kirche nach den Dokumenten des II. Vatikanischen Konzils, in: W. Löser, Die römisch-katholische Kirche, a.a.O. (Fußnote 14), 31: „Das ist eine echte Blickerweiterung. Auch in der traditionellen Ekklesiologie verstand man die Kirche als Teil des Heilsplanes. Da sie jedoch aufgrund der dogmenhistorischen Umstände vornehmlich institutionell-juridisch gestaltet war, sah man sie vor allem in der Inkarnation verwurzelt. Sie war als Leib Christi der in der Geschichte fortwirkende und als solcher erkennbare Christus. Erst die Aufnahme von Impulsen aus der östlichen Theologie führte zum Durchbruch durch die damit verbundenen Verengungen. Sie stießen vor allem die lange vernachlässigte Pneumatologie an, ohne die jede Christologie einseitig bleibt."

(45) UR, 48/49: „Hoc est unitatis Ecclesiae sacrum mysterium varietatem operante. Huius mysterii supremum exemplar et principium est in Trinitate Personarum unitas unius Dei Patris et Filii in Spiritu Sancto."

(46) W. Beinert, a.a.O. (Fußnote 44), 32.

(47) Kirche zum Heil der Welt. Der Schlußbericht der Sonderversammlung der Synode, in: Herder-Korrespondenz 40 (1986) 40–48, 44; vgl. hierzu auch besonders W. Kasper, Kirche als communio. Überlegungen zur ekklesiologischen Leitidee des II. Vatikanischen Konzils, in: ders., Theologie und Kirche, a.a.O. (Fußnote 7), 272–289.

(48) W. Kasper, ebd., 277 f.

(49) Vgl. KG, 182/183.

(50) LG, 194/195; vgl. hierzu insb. M. M. Garijo Guembe, Gemeinschaft der Heiligen. Grund, Wesen und Struktur der Kirche, Düsseldorf 1988.

(51) UR, 58–61. Zum zentralen Begriff der „ökumenischen Bewegung" führt das Konzil aus, ebd., 60/61–62/63: „Unter der ‚Ökumenischen Bewegung' versteht man Tätigkeiten und Unternehmungen, die je nach den verschiedenartigen Bedürfnissen der Kirche und nach Möglichkeit der Zeitverhältnisse zur Förderung der Einheit der Christen ins Leben gerufen und auf dieses Ziel ausgerichtet sind. Dazu gehört: Zunächst alles Bemühen zur Ausmerzung aller Worte, Urteile und Taten, die der Lage der getrennten Brüder nach Gerechtigkeit und Wahrheit nicht entsprechen und dadurch die gegenseitigen Beziehungen mit ihnen erschweren; ferner der ‚Dialog', . . ., der von wohlunterrichteten Sachverständigen geführt wird, wobei ein jeder die Lehre seiner Gemeinschaft tiefer und genauer erklärt, so, daß das Charakteristische daran deutlich hervortritt . . . Von hier aus gelangen diese Gemeinschaften auch zu einer stärkeren Zusammenarbeit in den Aufgaben des Gemeinwohls, die jedes christliche Gewissen fordert, und sie kommen, wo es erlaubt ist, zum gemeinsamen Gebet zusammen. Schließlich prüfen hierbei alle ihre Treue gegenüber dem Willen Christi hinsichtlich der Kirche und gehen tatkräftig ans Werk der notwendigen Erneuerung und Reform."

(52) UR, 64/65.

(53) Ebd.

(54) Ebd.

(55) Ebd.

(56) Ebd.; vgl. hierzu den Kommentar von J. Feiner, ebd., 62: „Der ganze Abschnitt zeigt . . ., daß sich das Dekret die Einigung der Kirchen nicht als ‚Rückkehr' der anderen Kirchen zur katholischen Kirche denkt. Der Ausdruck ‚Rückkehr' wird im Text bewußt vermieden, und zwar nicht obwohl tatsächlich doch eine Rückkehr gemeint wäre, sondern weil dieser Begriff dem Gemeinten nicht angemessen ist. Rückkehr würde voraussetzen, daß die nichtkatholischen Christen von heute die katholische Kirche verlassen haben, was offensichtlich nicht der Fall ist . . . Der Begriff der Rückkehr würde auch der Tatsache nicht gerecht, daß die nichtkatholischen Christen, wie das Konzil ausdrücklich anerkennt, bereits zum Volke Gottes gehören und daß in ihren Gemeinschaften die Kirche Christi auf verschiedene Weise schon präsent ist. Und schließlich würde ‚Rückkehr' nahelegen, es werde eine Einigung der anderen Glaubensgemeinschaften mit der katholischen Kirche in ihrer heutigen Gestalt erwartet . . . Tatsächlich denkt aber die katholische Kirche, wie das Ökumenismusdekret und das ganze Konzil erkennen lassen, nicht nur an eine Bewegung der anderen, sondern setzt sich zu einer Selbstreform, auch in institutioneller Hinsicht, in Bewegung. Damit bewegt sie sich den anderen Kirchen entgegen. Sie hat im Geist des Evangeliums einen vielfachen Gestaltungswandel durchzumachen."

(57) UR, 70/71.

(58) Ebd.

(59) Ebd., 72/73.

(60) Ebd., 66/67.

(61) Ebd., 68/69.

(62) In diesem Zusammenhang sei vor allem auf die Berichte und Studiendokumente im Gespräch zwischen dem Ökumenischen Rat der Kirchen und der römisch-katholischen Kirche in den Jahren 1966, 1967, 1971, 1975, 1980 und 1981 sowie auf die unter dem Namen „Lima-Dokument" bekanntgewordenen „Konvergenzerklärungen der Kommission für Glaube und Kirchenverfassung des Ökumenischen Rates der Kirchen" zu den Themen: Taufe, Eucharistie und Amt aus dem Jahr 1982 hingewiesen. Beide Textgruppen sind publiziert in: Dokumente wachsender Übereinstimmung, a.a.O. (Fußnote 3), 586–701 sowie 545–585. Am 21. 7. 1987 wurde zum Lima-Dokument eine vierzigseitige, vom römischen Einheitssekretariat in Zusammenarbeit mit der Glaubenskongregation erarbeitete Stellungnahme veröffentlicht, die eine positive Anerkennung des Lima-Textes mit Hinweis auf verbliebene offene Fragen, insbesondere im Blick auf die Frage nach dem Wesen der

Kirche und dem Verhältnis der Einzelsakramente zur Kirche, darstellt; die deutsche Publikation dieses Textes erfolgte in: Herder-Korrespondenz 42 (1988) 27–43. Abschließend heißt es hier a.a.O., 43: „Katholiken können im ‚Lima-Papier über Taufe, Eucharistie und Amt' vieles finden, dem sie zustimmen können. Gleichzeitig gibt es wichtige Bereiche . . ., bei denen zweifellos ein weiteres Studium innerhalb des ökumenischen Kontextes . . . notwendig ist. Wir freuen uns über die erreichte Konvergenz und hoffen auf weiteres Wachstum hin zur Einheit. Für die katholische Kirche sind Glaubenswahrheiten nicht voneinander getrennt. Sie bilden ein einzigartiges organisches Ganzes. Deshalb steht volle Übereinstimmung über die Sakramente in Beziehung zur Übereinstimmung über das Wesen der Kirche . . . Das Ziel der Einheit der getrennten Christen ist also nicht ohne Übereinstimmung über das Wesen der Kirche zu erreichen." Zum Verhältnis der römisch-katholischen Kirche zum Ökumenischen Rat der Kirchen insgesamt vgl. u. a. die Darstellung bei P. Neuner, Kleines Handbuch der Ökumene, Düsseldorf 1984, 84–110 sowie B. Meeking, Die katholische Kirche und der Ökumenische Rat der Kirchen, in: W. Löser, Die römisch-katholische Kirche, a.a.O. (Fußnote 14), 415–433; sowie R. Girault, Die Rezeption des Ökumenismus, in: H. J. Pottmeyer u. a. (Hrsg.), Die Rezeption des Zweiten Vatikanischen Konzils, Düsseldorf 1986, 180–217, inbs. 188–208.

(63) Vgl. hierzu: Bericht der Römisch-katholisch/Evangelisch-lutherischen Gesprächsgruppe, in: Lutherische Rundschau 16 (1966) 560 ff.

(64) Publiziert zusammen mit allen Referaten der Kommissionssitzungen in: Evangelium – Welt – Kirche, Schlußbericht und Referate der Römisch-katholisch/Evangelisch-lutherischen Studienkommission, Das Evangelium und die Kirche (1967–1971), hrsg. v. H. Meyer, Frankfurt 1975, 9–32; ferner in: Dokumente wachsender Übereinstimmung, a.a.O. (Fußnote 3), 248–271.

(65) Die Texte wurden auf deutsch in folgender Reihenfolge publiziert: Gemeinsame römisch-katholische/evangelisch-lutherische Kommission, Das Herrenmahl, Paderborn/Frankfurt 1978; Wege zur Gemeinschaft, Paderborn/Frankfurt 1980; Alle unter einem Christus, Stellungnahme zum Augsburger Bekenntnis, Paderborn/Frankfurt 1980; Das geistliche Amt in der Kirche, Paderborn/Frankfurt 1981; Einheit vor uns – Modelle, Formen und Phasen katholisch/lutherischer Kirchengemeinschaft, Paderborn/Frankfurt 1985 sowie: M. Luther, Zeuge Jesu Christi, in: Einheit vor uns, ebd., 86–95 (erstpubliziert in: KNA ÖKI vom 18. 5. 1983).

(66) Einheit vor uns, a.a.O. (Fußnote 65), 69.

(67) Vgl. hierzu die Ansprache Johannes Paul II. in Mainz vom 17. 11. 1980 publiziert in: Verlautbarungen des Apostolischen Stuhls, Nr. 25, hrsg. v. Sekretariat der Deutschen Bischofskonferenz, Bonn o. J., 79–82.

(68) Vgl. hierzu das Gesprächsergebnis im Dialog zwischen der Vereinigten Evangelisch-Lutherischen Kirche und der Deutschen Bischofskonferenz: Kirchengemeinschaft in Wort und Sakrament, Paderborn/Hannover 1984; zur Terminologie vgl. H. Meyer/H. Schütte, Confessio Augustana, a.a.O. (Fußnote 3).

(69) A. Klein, Die Beziehungen zu den reformatorischen Kirchen und kirchlichen Gemeinschaften, in: W. Löser, Die römisch-katholische Kirche, a.a.O. (Fußnote 14), 402.

(70) Vgl. hierzu: Ökumenischer Arbeitskreis evangelischer und katholischer Theologen, Lehrverurteilungen – kirchentrennend?, Band I, Rechtfertigung, Sakramente und Amt im Zeitalter der Reformation und heute, hrgs. v. K. Lehmann und W. Pannenberg, Freiburg/Göttingen 1986.

(71) Die „Gemeinsame Ökumenische Kommission“ wurde von der EKD und der Deutschen Bischofskonferenz unter Einbeziehung des römischen Einheitssekretariats gebildet und tagte erstmals im Mai 1981. Die bei dieser Sitzung als vordringlich beurteilte Bearbeitung der historischen Lehrverurteilungen des 16. Jahrhunderts übertrug die Kommission dem nach Kardinal L. Jaeger und Bischof W. Stählin genannten, unter dem Protektorat von Bischof H. Kunst und Kardinal H. Volk arbeitenden bedeutendsten theologischen Gesprächskreis in Deutschland. Die wissenschaftliche Leitung dieser Gespräche zwischen1981 und 1985 lag in den Händen von K. Lehmann und W. Pannenberg. Die o. g. „Gemeinsame Ökumenische Kommission“ legte ihrerseits weitere Stellungnahmen vor, darunter im Jahr 1981 eine Erklärung zur 1600-Jahr-Feier des Glaubensbekenntnisses von Nizäa und Konstantinopel (vgl. KNA, Dokumentation Nr. 16, 3. 6. 81).

(72) Lehrverurteilungen - kirchentrennend?, a.a.O. (Fußnote 70), S. 32.

(73) Ebd.

(74) Eine zusammenfassende Würdigung der festgestellten verbliebenen Differenzen ist hier aufgrund der Komplexität der jeweiligen Fragestellungen nicht beabsichtigt. Verweisen möchte ich hier jedoch auf Fragestellungen, die der Text des Ökumenischen Arbeitskreises (vgl. Fußnote 70), als im Blick auf die Auseinandersetzungen des 16. Jahrhunderts nach wie vor noch nicht voll konsensfähig bezeichnet. Der Text nennt im einzelnen Differenzen für den Zusammenhang der Rechtfertigung lehre: so u. a. im Blick auf die Lehre von „äußerlicher“ und „innerlicher“ Rechtfertigung (vgl. 53–55), hinsichtlich der Formulierung „allein aus dem Glauben“ (vgl. 56–59) und des Bußsakraments (vgl. 65–72); für den Bereich der Sakramentenlehre: so u. a. das Problem der unterschiedlichen Systematik der Aussagen (vgl. 87 f.), die Frage nach dem Zusammenhang von Wort Gottes, Sakrament und Kirche (vgl. 88), die Probleme, die sich aus der unterschiedlichen Praxis der Eucharistiefeier ergeben (123 f.) sowie die unterschiedlichen Folgerungen, die die Kirchen aus der theologischen Lehre von der Ehe in der Frage ihrer Unauflöslichkeit ziehen (vgl. 154 f.); für den Bereich der Theologie des Amtes: u. a. Fragen, die sich aus der theologischen Lehre der Ordination, insb. ihrer Bezeichnung als Sakrament, ergeben (vgl. 160–162), sodann das Problem der Begründung der Amtsstruktur (vgl. 162–167) und die historisch besonders belastete Frage nach dem päpstlichen Amt (vgl. 167–169).

(75) Zur Geschichte der besonderen Beziehungen der katholischen Kirche zur Orthodoxie vor dem II. Vaticanum vgl. W. de Vries, Rom und die Patriarchate des Ostens, Freiburg 1963 sowie die knappe Übersicht bei H.-J. Schulz, Die Beziehungen zu den orthodoxen Kirchen, in: W. Löser, Die römisch-katholische Kirche, a.a.O. (Fußnote 14), 346–375 bes. 348–356.

(76) P. Neuner, a.a.O. (Fußnote 62), 132.

(77) Vgl. hierzu: Gemeinsame Erklärung des Papstes Paul VI. und des Patriarchen Athenagoras I. nach ihrer Begegnung in Jerusalem vom 6. 1. 1964, in: Pro Oriente, Tomos Agapis, Innsbruck/Wien/München 1978, 38 sowie: Dokumente wachsender Übereinstimmung, a.a.O. (Fußnote 3), 520.

(78) Vgl. hierzu: Gemeinsame Erklärung des Papstes Paul VI. und des Patriarchen Athenagoras I. zum Abschluß des Besuches des Patriarchen in Rom vom 23. 10. 67, in: Pro Oriente, Tomos Agapis, a.a.O. (Fußnote 77), 130 f. sowie: Dokumente wachsender Übereinstimmung, a.a.O. (Fußnote 3), 524 f.

(79) Vgl. hierzu: Gemeinsame Erklärung des Papstes Paul VI. und des Patriarchen Athenagoras I. über die Aufhebung der Exkommunikation vom 7. 12. 1965, in: Pro Oriente, Tomos Agapis, a.a.O. (Fußnote 77), 86–88 sowie: Dokumente wachsender Übereinstimmung, a.a.O. (Fußnote 3) 522 f.

(80) Gemeinsame Erklärung von Papst Johannes Paul II. und des Ökumenischen Patriarchen Dimitrios I. vom 30. 9. 1979, in: Dokumente wachsender Übereinstimmung, a.a.O. (Fußnote 3), 525 f.

(81) Ebd., 525, Zum theologischen Dialog zwischen römisch-katholischer und orthodoxer Kirche vgl. u. a. A. Kallis (Hrsg.), Dialog der Wahrheit. Perspektiven für die Einheit zwischen der katholischen und der orthodoxen Kirche, Freiburg 1981.

(82) Vgl. Una Sancta 37 (1982) 334–340; vgl. hierzu H.-J. Schulz, a.a.O. (Fußnote 75), 367: „Das Dokument darf als Ausdruck der in beiden Kirchen inzwischen erstarkten eucharistischen Ekklesiologie gelten, welche die in Eucharistie und Sakramenten vorgegebene Gemeinsamkeit als ein so fundamentales Einheitspotential kennzeichnet, daß demgegenüber die herkömmlichen Differenzen kirchenrechtlicher und systemtheologischer Art ihre kirchenspaltende Kraft zu verlieren scheinen."

(83) Vgl. hierzu die Überlegung von J. Ratzinger aus Anlaß des Ersten Ekklesiologischen Kolloquiums 1974 in Wien, daß Rom von den Kirchen der Orthodoxie nicht mehr an Primatslehre fordern dürfe, als auch im 1. Jahrtausend ausdrücklich formuliert und kirchlich praktiziert wurde; vgl.: Auf dem Weg zur Einheit des Glaubens. Koinonia. Erstes Ekklesiologisches Kolloquium, Innsbruck 1976, 110; vgl. auch J. Ratzinger, Theologische Prinzipienlehre, München 1982, 203–209.

(84) Schon die Erstellung eines gemeinsamen Textes bereitete den orthodoxen Teilnehmern am ökumenischen Dialog nicht unerhebliche Schwierigkeiten; vgl. hierzu u. a. C. Zaphinis, Der theologische Dialog zwischen der Orthodoxen und der Römisch-katholischen Kirche in: Ökumenische Rundschau 32 (1983) 57–72.

(85) Vgl. Una Sancta 42 (1987) 262–270. Zu den auch in dem genannten Dokument verbliebenen Differenzen in der Sakramentenpraxis nahmen Johannes Paul II. und der Ökumenische Patriarch Dimitrios I. anläßlich seines Rombesuchs im Dezember 1987 so Stellung: „Da jede unserer Kirchen dieselben Sakramente empfangen hat und die feiert, erkennen sie besser, daß, wenn die Einheit im Glauben gesichert ist, eine gewisse Verschiedenheit im Ausdruck – oft komplementär – und von einigen Gebräuchen kein Hindernis darstellen, sondern das Leben der Kirche . . . bereichern." (zitiert nach Herder-Korrespondenz 42 (1988) 47).

(86) Gemeinsame Erklärung des Papstes Paul VI. und des Erzbischofs von Canterbury vom 24. 3. 1966, in: Dokumente wachsender Übereinstimmung, a.a.O. (Fußnote 3), 190 f.

(87) Ebd., 191.

(88) Vgl. Bericht der Gemeinsamen Anglikanisch/Römisch-katholischen Vorbereitungskommission, Malta 1968, in: G. Gaßmann/M. Lienhard/H. Meyer, Vom Dialog zur Gemeinschaft. Dokumente zum anglikanisch-lutherischen und anglikanisch-katholischen Gespräch. Ökumenische Dokumentation II, Frankfurt 1975, 118–128; auch in: Dokumente wachsender Übereinstimmung, a.a.O. (Fußnote 3), 127–133.

(89) Gemeinsame Erklärung über die Lehre der Eucharistie der ARCIC, Windsor 1971, in: Dokumente wachsender Übereinstimmung, a.a.O. (Fußnote 3), 139–142, 142. Hier heißt es im Anschluß an die Feststellung der „substantiellen Übereinstimmung" in der Eucharistielehre: „Obwohl wir alle von den traditionellen Weisen geprägt sind, in denen wir unseren eucharistischen Glauben ausgedrückt und praktiziert haben, sind wir davon überzeugt, daß, falls es noch verbleibende Punkte ohne Übereinstimmung gibt, diese aufgrund der hier aufgestellten Prinzipien gelöst werden können. Wir anerkennen eine Vielfalt theologischer Ansätze in unseren beiden Gemeinschaften. Aber wir haben es als unsere Aufgabe betrachtet, einen Weg zu finden, auf dem wir miteinander über Lehrverschiedenheiten der Vergangenheit hinaus weitergehen können. Es ist unsere Hoffnung, daß angesichts der Übereinstimmung, die wir über den eucharistischen Glauben erreicht haben, diese Lehre für die von uns erstrebte Einheit kein Hindernis mehr darstellen wird." Vgl. hierzu auch die Erläuterungen, die die ARCIC im Jahr 1979 zu diesem Dokument abgegeben hat, ebd., 143-148.

(90) Gemeinsame Erklärung über die Lehre vom Amt der ARCIC, Canterbury 1973, in: Dokumente wachsender Übereinstimmung, a.a.O. (Fußnote 3), 148-155.

(91) Vgl. ebd., 155.

(92) Ebd., 149.

(93) Vgl. ebd., 154; vgl. ferner Fußnote 11; vgl. hierzu auch die Erläuterungen, die die ARCIC im Jahr 1979 zu diesem Dokument vorgelegt hat, ebd., 155-158, insb. 158.

(94) Autorität in der Kirche, Gemeinsame Erklärung zur Frage der Autorität, ihrer Natur, ihrer Praxis und ihrer Konsequenzen der ARCIC, Venedig 1976, in: G. Gaßmann/H. Meyer (Hrsg.), Das kirchenleitende Amt. Dokumente zum interkonfessionellen Dialog über Bischofsamt und Papstamt. Ökumenische Dokumentation V, Frankfurt 1980; auch in: Dokumente wachsender Übereinstimmung, a.a.O. (Fußnote 3), 159-170.

(95) Autorität in der Kirche II, Gemeinsame Erklärung der ARCIC, Windsor 1981, in: Dokumente wachsender Übereinstimmung, a.a.O. (Fußnote 3), 177-188.

(96) Die zuvor ausgeklammerten, hier aber nun behandelten Problemkreise betreffen die Interpretation der sog. petrinischen Texte des NT, die Frage nach der Bedeutung des Begriffs „ius divinum" und seiner Relevanz für die Kirche(n), das Problem der Jurisdiktionsgewalt in der Kirche und die richtige Interpretation der Infallibilität des kirchlichen Lehramts, eingeschlossen der des Papstes. Hierzu heißt es im Text, ebd., 185 f.: „Die Kirche übt ihre Lehrautorität durch verschiedene Instrumente und Instanzen und auf unterschiedlichen Ebenen aus. Wenn Dinge des Glaubens auf dem Spiele stehen, kann die Kirche darüber auf allgemeinen Konzilien Entscheidungen fällen; wir sind übereinstimmend der Auffassung, daß diese Entscheidungen verbindlich sind. Wir haben auch anerkannt, daß eine vereinigte Kirche einen universalen Primas braucht, der, in der Koinonia den Vorsitz führend, verbindlich im Namen der Kirche sprechen kann. Durch diese beiden Instanzen kann die Kirche in Glaubenssachen ein entscheidendes Urteil fällen und so den Irrtum ausschließen . . . Das Urteil der Kirche erfolgt normalerweise durch eine synodale Entscheidung, doch gelegentlich kann ein Primas - in Gemeinschaft mit seinen Mitbischöfen - die Entscheidung auch außerhalb einer Synode aussprechen." Die ARCIC erkennt diese Primatstellung ausdrücklich dem Bischof von Rom zu und führt in Anspielung auf die Aussagen des Ersten Vatikanischen Konzils (Pastor Aeternus, Kapital 4, DS 3065-3074) aus: Damit das lehramtliche Sprechen des Papstes „ein entscheidender Akt der Wahrheitsfindung ist, muß das Urteil des Bischofs von Rom strikte Bedingungen erfüllen. Er muß ausdrücklich als Brennpunkt innerhalb der Koinonia sprechen; er darf nicht unter dem Zwang äußeren Drucks stehen; er muß sich bemüht haben, die Meinung seiner Mitbischöfe und der Kirche als Ganzer einzuholen; und er muß deutlich seine Absicht äußern, in Fragen des Glaubens oder der Sitten eine bindende Entscheidung vorzulegen."

(97) Ebd., 168.

(98) Ebd.

(99) Schlußbericht der ARCIC, in: Dokumente wachsender Übereinstimmung, a.a.O. (Fußnote 3), 133-190, insb. 133-138 sowie 188-190.

(100) Vgl. Herder-Korrespondenz 36 (1982) 288-293; auch auf seiten der anglikanischen Kirche wurde der Wunsch nach einer Fortsetzung des theologischen Dialogs laut, um wichtige „reformatorische Anliegen" wie etwa die Lehre von der Rechtferti-

gung zu behandeln, die bislang in den Gesprächen der ARCIC nicht hinreichend gewürdigt worden sei; vgl. hierzu z. B. J. Stott, Evangelicans and the ARCIC Final Report: An Assessment and Critique, Bramcote 1982.

(101) Gemeinsame Erklärung des Papstes Johannes Paul II. und des Primas der Anglikanischen Kirchengemeinschaft Erzbischof Robert Runcie vom 29. 5. 1982, in: Dokumente wachsender Übereinstimmung, a.a.O. (Fußnote 3) 195.

(102) Heil und Kirche. Anglikanisch-katholisches Dokument über die Rechtfertigung, in: Herder-Korrespondenz 41 (1987) 225-232; vollständiger Text: Salvation and the Church. An Agreed Statement by the Second Anglican-Roman Catholic International Commission, ARCIC II, London 1986.

(103) Heil und Kirche, a.a.O. (Fußnote 102), 230.

(104) Ebd., 231.

(105) Ebd.

(106) Ebd.

(107) Ebd., 232.

(108) Vgl. zur ökumenischen Bedeutung des Rezeptionsbegriffs: Y. Congar, La „réception" comme réalité ecclésiologique, in: Revue des Sciences Philosophiques et Théologiques 56 (1972) 369-403; A. Grillmeier, Konzil und Rezeption. Methodische Bemerkungen zu einem Thema der ökumenischen Diskussion der Gegenwart, in: ders., Mit ihm und in ihm, Freiburg 1975, 303-334; F. Wolfinger, Die Rezeption theologischer Einsichten und ihre theologische und ökumenische Bedeutung: von der Einsicht zur Verwirklichung, in: Catholica 31 (1977) 202-232; ders., Rezeption - ein Zentralbegriff der ökumenischen Diskussion oder des Glaubensvollzugs, in: Ökumenische Rundschau 27 (1978) 14-21; H.-J. Sieben, Die Konzilsidee de Alten Kirche, Paderborn/München/Wien/Zürich 1979, insb. 53-55, 178-181, 333-343, 515-517; M. M. Garijo Guembe, Der Begriff „Rezeption" und sein Ort im Kern der katholischen Theologie, in: P. Lengsfeld/H. G. Stobbe (Hrsg.), Theologischer Konsens und Kirchenspaltung, Stuttgart/Berlin/Köln/Mainz 1981, 97-114 sowie die Beiträge von A. Houtepen: Rezeption, Tradition, Kommunion und von N. Kühn: Rezeption als Erfordernis und Chance, beide in: M. Thurian (Hrsg.), Ökumenische Perspektiven von Taufe, Eucharistie und Amt, Frankfurt/Paderborn 1983, 158-178 bzw. 179-200.

(109) M. Thurian, Wie steht es mit der Ökumene? Theologische Konvergenzen, Kirchen in Gemeinschaft, in: Ökumenische Rundschau 32 (1983) 399-417, wiederabgedruckt in: Theologisches Jahrbuch 1986, 347-361, 359.

(110) Vgl. hierzu den Kommentar von P. Neuner, Kleines Handbuch der Ökumene, a.a.O. (Fußnote 62), 135: „Es könnte sich als ein weitreichender Irrweg herausstellen, würde man die jetzt möglichen und theologisch verantwortbaren Schritte auf mehr Gemeinschaft mit den Kirchen der Reformation unterlassen, um nur ja die Orthodoxie nicht zu vergrämen. Die derzeit zu beobachtende Konzentration der offiziellen römischen Ökumene auf die Kirchen des Ostens könnte sehr fatale Konsequenzen nach sich ziehen, wenn die konkreten Möglichkeiten gegenüber den Kirchen der Reformation . . . vagen Hoffnungen auf eine Annäherung an die Orthodoxie geopfert würden." Neuner spielt damit vermutlich auf die der katholischen Kirche wie den reformatorischen Kirchen gemeinsame Tradition und Forderung einer theologisch positiven Bewältigung des Denkens der Aufklärung, des neuzeitlichen Freiheitsverständnisses und der Moderne an, hinter die das Gespräch der Ökumene nicht zurückfallen darf.

(111) W. Kasper, Grundkonsens und Kirchengemeinschaft, a.a.O. (Fußnote 2) 161; vgl. hierzu auch H. Wagner, Grundübereinstimmung - Grundgegensatz, in: Handbuch

der Ökumenik II/1, im Auftrag des J. A. Möhler-Instituts hrsg. v. H. J. Urban und H. Wagner, Paderborn 1987, 247–260, 249: „Angesichts der erdrückenden Fülle von Konvergenz- und Konsensdokumenten, angesichts auch der neuen Sicht hinsichtlich früherer Verwerfungen ist es nicht vertretbar, heute noch von Grunddifferenzen (hier verstanden als Differenzen, die notwendig die Existenz von getrennten Kirchen oder kirchlichen Gemeinschaften provozieren bzw. legitimieren) zu reden."

(112) Die Rede vom Grundkonsens zwischen den getrennten Kirchen schließt nicht aus, daß nach wie vor theologische Grundlagenprobleme im ökumenischen Dialog zu bewältigen sind. Diese haben jedoch ein durchaus unterschiedliches Gewicht im Blick auf die Frage der Legitimierung der Fortdauer der Kirchenspaltung. Zu solchen theologischen Differenzen, wie sie u. U. einem legitimen Pluralismus theologischer Schulen und Traditionen innerhalb eines einheitlichen kirchlichen Glaubensbekenntnisses entsprechen könnten, gehören vermutlich diejenigen Aspekte der Gnadentheologie, die die theologische Lehre vom Menschen und seiner Freiheit betreffen, auch die Fragestellungen, die sich im Umfeld einer Bestimmung des Verhältnisses von Offenbarung, Glauben und Vernunft bzw. von Theologie und Philosophie ergeben. Anders verhält es sich jedoch mit der unterschiedlichen Lehre von der Kirche (vgl. hierzu Kirchengemeinschaft in Wort und Sakrament, a.a.O. (Fußnote 68), 14) wie z. B. mit der von „Confessio Augustana" 5 und 7 sowie von „Lumen gentium" 1 (156/157) und 8 (170–175) verschieden akzentuierten Antwort auf die Frage nach dem Verhältnis der Kirche zum Heilswerk Gottes. (Vgl. hierzu auch: Lehrverurteilungen - kirchentrennend?, a.a.O. (Fußnote 70), 63). Hierauf wird sich künftig das Gespräch der katholischen Theologie mit den Vertretern der reformatorischen Theologie konzentrieren müssen, damit es zu weiteren ökumenischen Fortschritten kommen kann. Mit hoher Wahrscheinlichkeit dürften auch aus der weltweiten ökumenischen Zusammenarbeit für „Gerechtigkeit, Frieden und Bewahrung der Schöpfung" neue Impulse für das Zusammenwachsen der christlichen Kirchen erwachsen, die für die Überwindung der verbleibenden theologischen Auslegungsdifferenzen hilfreich sind.

(113) UR, 52/53.

(114) W. Kasper, a.a.O. (Fußnote 2) 161.

Peter Krämer

Bischofsamt und synodale Verfassung – Die rechtliche Struktur der Kirche nach dem II. Vatikanischen Konzil

Das Bischofsamt ist - wie es vom Recht der katholischen Kirche näher umschrieben wird - für alle Ebenen der Kirchenverfassung konstitutiv(1). Dies gilt für die Ortskirche (Diözese), welcher ein Bischof vorsteht, sowie die Ortskirchenfamilien, die ein gemeinsames religiöses Erbe bewahrt haben. Dies gilt aber auch für die Gesamtkirche, insofern der Bischof als Mitglied des Bischofskollegiums nicht nur für die ihm anvertraute Teilkirche Verantwortung trägt. Selbst die gesamtkirchliche Vollmacht des Papstes setzt voraus, daß dieser Bischof einer Teilkirche ist.

Zur bleibenden Struktur der Kirche gehört aber auch eine synodale Verfaßtheit(2), worauf - historisch betrachtet - schon die rege Synodentätigkeit der frühen Kirche hinweist. Für die heutige Zeit wird man an die vielen Synoden denken, die unmittelbar nach dem II. Vatikanischen Konzil durchgeführt wurden: Diözesansynoden oder auch gemeinsame Synoden (wie z. B. die sogenannte Würzburger Synode), die darum bemüht waren, die Ergebnisse des Konzils in den Ortskirchen umzusetzen. Das II. Vatikanische Konzil selbst war ein lebendiger Ausdruck der synodalen Tätigkeit, die erneuernd in die Kirche hineinwirkt. Und von diesem Konzil wurden neue Formen des synodalen Handelns geschaffen oder angeregt: die Bischofssynode, die ein Beratungsorgan des Papstes darstellt und von 1967 an immer wieder zu wichtigen Fragen des kirchlichen Lebens Stellung genommen hat, oder auch die Bischofskonferenzen, in denen die Bischöfe eines bestimmten Gebietes enger miteinander verbunden sind, um pastorale Aufgaben gemeinschaftlich wahrzunehmen.(3)

Mit der synodalen Verfassung wird aber nicht nur eine besondere Verbundenheit der kirchlichen Amtsträger untereinander angesprochen, sondern auch die Verbundenheit aller, die zur Kirche als dem wandernden Gottesvolk gehören. Denn das Wort (Synodus = Zusammenhang) erinnert von seiner ursprünglichen Bedeutung her an das gemeinsame Unterwegssein und die gemeinsame Verantwortung derer, die das Volk Gottes bilden.(4) Die synodale Verfassung der Kirche läßt daher in einem weiteren Sinn auch an die vielen Gremien der Mitverantwortung denken, in denen die Gläubigen - Kleriker, Laien, Ordenschristen - auf pfarrlicher, diözesaner oder überdiözesaner Ebene zusammenarbeiten.

Wie sich Bischofsamt und synodale Verfassung zueinander verhalten, soll hier im Hinblick auf Diözese und Pfarrgemeinde geprüft werden. Vorab ist die rechtliche Struktur der Kirche noch etwas näher zu bestimmen.

I. Die rechtliche Struktur

Nicht selten wird versucht, die rechtliche Struktur der Kirche als etwas Unwichtiges, Nebensächliches oder mit den kirchlichen Lebensvollzügen Unvereinbares begreifen zu wollen. Solche Versuche - oder sollte man besser von Versuchungen sprechen? - sind in der Geschichte der Kirche immer wieder aufgetreten. Dabei beruft man sich gegenwärtig vielfach auf das II. Vatikanische Konzil, das sich entschieden gegen eine Verrechtlichung des Glaubens und der Kirche gewandt hat. Nach der Lehre des Konzils ist die Kirche als „communio" zu bestimmen, als eine Gemeinschaft des Glaubens, der Hoffnung und der Liebe. In den Konzilsdokumenten erscheint die Communio-Ekklesiologie, wie die Bischofssynode von 1985 hervorhebt, sogar als „die zentrale und grundlegende Idee". [(5)] Was aber hat das Recht mit der Kirche als „communio" zu tun?

Das Konzil selbst hat schon erklärt, daß mit „communio" nicht irgendein unbestimmtes Gefühl gemeint ist, „sondern eine organische Wirklichkeit, die eine rechtliche Gestalt verlangt und zugleich von der Liebe beseelt ist."[(6)] In diesem Sinn bemerkt auch Wilhelm Breuning, „daß der Blick auf die Kirche als Communio das Kirchenrecht nicht aufhebt."[(7)] Recht und Communio stehen nicht in einem unversöhnlichen Gegensatz zueinander, sondern sind zutiefst aufeinander bezogen. Als „communio" verlangt die Kirche eine rechtliche Gestalt, weil Recht bereits in der Communio-Struktur der Kirche angelegt ist.

Mit „communio" wird ein Kirchenbild abgelöst, nach welchem deutlich zu unterscheiden war zwischen denen, die die Führungsgewalt innehaben, und denen, die geführt werden, zwischen denen, die befehlen, und denen, die zum Gehorsam verpflichtet sind. Es geht nicht um die Kirche als ungleiche Gesellschaft („societas inaequalis"), sondern um die Kirche als Gemeinschaft, in der eine übergreifende Einheit gegeben ist. Auch das kirchliche Gesetzbuch, der Codex Iuris Canonici (CIC) aus dem Jahr 1983 ist darum bemüht, ein einseitig klerikales Kirchenbild zu korrigieren. So weist c. 208 CIC - in einem deutlichen Anschluß an das

II. Vatikanische Konzil[8] - darauf hin, daß unter allen Gläubigen „eine wahre Gleichheit in ihrer Würde und Tätigkeit" besteht. Hierzu stellt Hubert Socha fest: „Die fundamentale Gleichheit und Gemeinsamkeit bezieht sich . . . nicht nur auf die in der Gotteskindschaft gründenden Würde, sondern auch auf die jedem zukommende aktive Teilhabe an der Auferbauung und dem Auftrag des Gottesvolkes."[9]

Auf dem Hintergrund der fundamentalen Gleichheit ist der für die Struktur der Kirche wesentliche Unterschied zwischen Klerikern und Laien zu bedenken.[10] Diejenigen, die das Sakrament der Weihe empfangen haben, sind zum Dienst an der Einheit im Volk Gottes bestellt und dazu verpflichtet, den eigenen Anteil der Laien an der Heilssendung der Kirche anzuerkennen und zu fördern. Es geht hier um die Spannungseinheit zwischen dem gemeinsamen Priestertum und dem Priestertum des Dienstes - eine Spannungseinheit, die weder nach der einen noch nach der anderen Seite hin aufgelöst werden kann, ohne die Struktur der Kirche zutiefst zu gefährden. Wohl muß man zugeben, daß diese Spannungseinheit im kirchlichen Gesetzbuch nicht immer in einem zufriedenstellenden Maße zur Geltung gekommen ist, bisweilen werden die Funktionen der ordinierten Amtsträger isoliert dargestellt, bisweilen erhalten die Mitwirkungsrechte der Laien allzu viele Einschränkungen, ganz abgesehen davon, daß die Lehre vom gemeinsamen Priestertum aller Gläubigen, die das Konzil wieder ins Glaubensbewußtsein der Kirche zurückgeholt hat, nur gelegentlich herangezogen wird. Doch ist mit der Kategorie des Gläubigen („christifidelis"), der durch die Teilhabe am priesterlichen, prophetischen und königlichen Amt Christi bestimmt ist (c. 204 §1 CIC), und mit der Formulierung grundlegender Rechte und Pflichten (cc. 208–223 CIC) der entscheidende Ansatzpunkt gegeben, um die Communio-Struktur der Kirche deutlicher in Erscheinung treten zu lassen.

II. Bischof und Diözese

Was gehört zur Bestimmung einer Diözese, die die Normalform einer Teilkirche darstellt (c. 368 CIC)? Welche Aufgaben hat der Bischof als Vorsteher einer Teilkirche wahrzunehmen? Und in welchem Umfang sind auf der Ebene einer Diözese synodale Strukturformen gegeben?

1. Wesenselemente der Diözese

Der theologische Leitsatz des c. 369 CIC greift zur Bestimmung der Diözese wörtlich auf das Dekret des II. Vatikanischen Konzils über das Bischofsamt[11] zurück. Hiernach sind für eine Diözese folgende Elemente konstitutiv[12]:

- Die Diözese bildet einen Teil des Gottesvolkes („populi Dei portio“). Auch wenn die Diözese in der Regel gebietsmäßig genau abzugrenzen ist und alle Gläubigen des betreffenden Territoriums umfaßt (c. 372 § 1 CIC), ist die territoriale Abgrenzung doch nicht wesentlich. Vielmehr stehen personale Gesichtspunkte im Vordergrund. Es geht um eine Gemeinschaft von Gläubigen, die auch aufgrund ihrer Rituszugehörigkeit oder aus anderen ähnlich gearteten Gründen zu einer eigenen Teilkirche zusammengeschlossen werden können (c. 372 § 2 CIC).
- Der Bischof ist Hirt der ihm anvertrauten Teilkirche, in Zusammenarbeit mit dem Presbyterium soll er den ihm anvertrauten Teil des Gottesvolkes weiden (vgl. cc. 369, 375 § 1 CIC). Das Presbyterium gehört also zum Leitungsdienst der Diözese, was seinen rechtlichen Niederschlag unter anderem darin findet, daß in jeder Diözese ein Priesterrat einzurichten ist.
- Die Gemeinschaft der Gläubigen wird vom Bischof in Zusammenarbeit mit dem Presbyterium durch das Evangelium und die Eucharistie im Heiligen Geist zusammengeführt. Mit anderen Worten: Alle kirchlichen Lebensvollzüge werden in der Teilkirche greifbar; die Gemeinschaft der Gläubigen wird auferbaut und gefestigt durch die Verkündigung des Wortes, die Feier der Sakramente und das lebendige Wirken des Gottesgeistes.
- In der Teilkirche (Diözese) ist die eine, heilige katholische und apostolische Kirche Christi gegenwärtig und wirksam. Die Teilkirche ist also weder ein Verwaltungsbezirk der Gesamtkirche noch eine rechtlich völlig selbständige Größe; ihre Eigenart kommt erst dann in den Blick, wenn man bedenkt, daß sie einerseits alle Lebensvollzüge der Kirche in Wort und Sakrament in sich schließt und andererseits auf die Gesamtkirche hingeordnet ist, die in und aus den vielen Teilkirchen besteht.[(13)]

2. Die Aufgabe des Bischofs

Wie das II. Vatikanische Konzil in der Kirchenkonstitution hervorhebt, wird durch die Bischofsweihe die „Fülle des Weihesakramentes“ übertragen[(14)]. Das Bischofsamt ist sakramental begründet, wovon auch das kirchliche Gesetzbuch von 1983 ausgeht (vgl. cc. 375 § 2, 1009 § 1 CIC). Kraft göttlicher Einsetzung treten die Bischöfe durch den Heiligen Geist, der ihnen geschenkt ist, an die Stelle der Apostel und werden in der

Kirche zu Hirten bestellt (c. 375 § 1 CIC). In der ihm anvertrauten Diözese kommt dem Bischof die ganze, ordentliche, eigenberechtigte und unmittelbare Gewalt zu, die zur Ausübung seines Hirtendienstes erforderlich ist, von der bischöflichen Vollmacht ausgenommen sind nur Sachverhalte, deren Regelung - wegen ihrer größeren Bedeutung für die Einheit der Kirche - der höchsten oder einer anderen kirchlichen Autorität vorbehalten ist (vgl. c. 381 § 1 CIC).

Die den Bischöfen übertragene „Gewalt" ist keine in sich selbst ruhende Größe; sie ist nicht Selbstzweck, sondern auf die Ausübung des Hirtendienstes hingeordnet. Nur so kann deutlich werden, was Josef Ratzinger in einem bemerkenswerten Beitrag über die Vollmacht in der Kirche betont: „Das Eigentliche (an der Kirche) ist ihre Exusia: Ihr ist Macht, Vollmacht gegeben, Worte des Heils zu sagen und Taten des Heils zu tun, die der Mensch braucht und die er aus Eigenem nie zu geben vermag."[(15)] Die Vollmacht des Bischofs ist keine Vollmacht über die Kirche, sondern eine Vollmacht in der Kirche, darauf ausgerichtet, daß Wort und Sakrament ihre Heil vermittelnde Wirksamkeit entfalten können. So ist die in der Kirche auszuübende Vollmacht nicht Herrschaft über andere, sondern „Transparenz der Macht Gottes"[(16)], die den Menschen aus vielfältigen Versklavungen befreit.

Um diese Zusammenhänge zu verdeutlichen, hatte das Konzil von einer geistlichen Vollmacht gesprochen, von einer „sacra potestas".[(17)] Demgegenüber ist im kirchlichen Gesetzbuch von 1983 an keiner einzigen Stelle von einer solchen „sacra potestas" die Rede, womit ein nicht unerhebliches Defizit in Erscheinung tritt. Andererseits ist aber nicht zu bestreiten, daß dieses Gesetzbuch - nachdrücklicher als der Codex von 1917 - herausstellt, um was es bei der Vollmacht des Bischofs eigentlich geht.

Der Bischof muß sich um alle Gläubigen kümmern, die seiner pastoralen Sorge anvertraut sind, auch und gerade um jene, die die religiöse Praxis aufgegeben haben (c. 383 § 1 CIC). Zum Aufgabenkatalog des Bischofs gehört des weiteren das ökumenische Anliegen; in „Freundlichkeit und Liebe" muß er den getrennten Christen begegnen. Diese werden im Gesetzbuch als „Brüder" angesprochen, die nicht in der vollen Gemeinschaft mit der katholischen Kirche stehen (c. 383 § 3 CIC). Schließlich obliegt dem Bischof die Sorge für die Nichtchristen bzw. Nichtgetauften; er hat einen missionarischen Dienst wahrzunehmen, damit auch den Nichtchristen „die Liebe Christi aufleuchte, dessen Zeuge für alle der Bischof sein muß" (c. 383 § 4 CIC).

3. Synodale Strukturformen

Um zu verhindern, daß das Bischofsamt in einem absolutistisch verengten Sinn verstanden und ausgeübt wird, sind verschiedene synodale Strukturformen auf Diözesanebene eingerichtet worden.

Zunächst ist hier die *Diözesansynode* zu nennen, die auf eine alte Rechtstradition zurückgeht. Das Konzil von Trient hatte angeordnet, daß jährlich eine Diözesansynode einberufen werden müsse. Weil das so nicht durchführbar war, begnügte sich der Codex von 1917 mit einer Diözesansynode, die alle zehn Jahre stattfinden sollte.[(19)] Aber auch diese zeitliche Festlegung wurde nicht eingehalten, weshalb das kirchliche Gesetzbuch von 1983 auf die Angabe bestimmter Fristen für die Einberufung einer Synode verzichtet hat und die Entscheidung hierüber dem Diözesanbischof überläßt. Von diesem hängt die Diözesansynode gänzlich ab: Er beruft sie ein, leitet sie, legt die Beratungsgegenstände fest, entscheidet über den Abschluß oder die Unterbrechung der Synode (vgl. cc. 461, 462, 468 CIC). Allein der Bischof hat gesetzgebende Gewalt in der Diözesansynode, während den übrigen Synodenmitgliedern eine beratende Funktion zukommt (c. 466 CIC). Doch darf diese beratende Funktion nicht für gering erachtet werden, insofern durch die freie Erörterung und offene Behandlung aller anstehenden Probleme das Wohl der diözesanen Gemeinschaft in vielfältiger Weise gefördert werden kann.

Die wichtigste Änderung gegenüber der bisherigen Rechtslage besteht darin, daß nunmehr auch Laien, die vom Pastoralrat gewählt werden, als Synodenmitglieder einzuladen sind, wobei der Bischof die Anzahl der zu Wählenden und den Wahlmodus festgelegt (c. 463 § 1 n. 5 CIC). Getrennte Christen können als Beobachter zur Diözesansynode eingeladen werden (c. 463 § 3 CIC).

Diözesansynoden stellen eher außerordentliche Ereignisse im Leben einer Diözese dar, weshalb sie auch relativ selten stattfinden. Eine größere Bedeutung haben neue Beratungsorgane erlangt, die vom II. Vatikanischen Konzil vorgesehen worden sind: Priesterrat, Pastoralrat, Gläubigenrat (Diözesanrat).

Ein *Priesterrat* (vgl. cc. 495–502 CIC) ist für jede Diözese verbindlich vorgeschrieben. Indem er das Presbyterium repräsentiert, bildet der Priesterrat gleichsam den „Senat des Bischofs“ (eine Bezeichnung, die früher für das Domkapitel verwendet wurde) und soll diesen bei der Leitung der Diözese unterstützen. Demgemäß hat der Priesterrat, dem der Bischof vorsteht, nur ein beratendes Stimmrecht, Anhörungs- und

Zustimmungsrechte verändern den beratenden Charakter nicht, weil der Bischof nicht zu einer bestimmten Entscheidung genötigt werden kann. Auf die besondere Stellung des Diözesanbischofs weist noch die Tatsache hin, daß dieser einen Priesterrat, der seine Aufgaben nicht erfüllt oder seine Rechte mißbraucht, aufzulösen vermag. Ist das Amt des Diözesanbischofs nicht besetzt, hört der Priesterrat ohnehin auf zu bestehen.

Ein *Pastoralrat* (cc. 511-514 CIC) ist in einer Diözese zu bilden, wenn die seelsorglichen Verhältnisse es nahelegen. Es handelt sich um ein Beratungsorgan, dem Kleriker, Ordensleute und vor allem Laien angehören und dem die Aufgabe zufällt, das pastorale Wirken in einer Diözese zu fördern. Hinsichtlich der rechtlichen Struktur ist der Pastoralrat dem Priesterrat vergleichbar, was Einberufung und Leitung durch den Bischof oder das beratende Stimmrecht betrifft.

Schließlich hatte das II. Vatikanische Konzil angeregt, ein Beratungsorgan zur Förderung der apostolischen Tätigkeit und zur Koordinierung des Laienapostolates - auch auf diözesaner Ebene - einzurichten.[20] Im kirchlichen Gesetzbuch von 1983 findet dieses Beratungsorgan - bei uns *Diözesanrat oder Katholikenrat* genannt - keine Erwähnung. Hiermit ist der Vorteil verbunden, daß der Diözesanrat über eine große Gestaltungsfreiheit bezüglich seiner Struktur und Arbeitsweise verfügt. Er könnte auch nicht einfachhin vom Bischof aufgehoben werden, insofern er in grundlegenden Rechten der Gläubigen verankert ist, im Recht auf Vereinigung (c. 215 CIC) oder im Recht der Gläubigen, durch eigene Unternehmungen eine apostolische Tätigkeit zu fördern (c. 216 CIC).

Zusammenfassend darf festgehalten werden, daß der Bischof als Vorsteher einer Diözese in verschiedene Beratungsorgane eingebunden oder auf diese verwiesen ist. Hierdurch kommt der gemeinschaftliche Charakter der Kirche deutlicher in den Blick. Doch wird man auch zugeben müssen, daß die Mitwirkungsrechte der Beratungsorgane (Anhörungs- und Zustimmungsrechte) durchaus noch eine weitere Entwicklung zulassen, um die Mitverantwortung aller Gläubigen für die Heilssendung der Kirche hervorzuheben.

III. Pfarrer und Pfarrgemeinde

Wie sich Bischofsamt und synodale Verfassung in der rechtlichen Struktur der Kirche zueinander verhalten, ist auch für die Pfarrei, die unterste pastorale Ebene einer Diözese, von Bedeutung.

1. Wesenselemente einer Pfarrei

In einem theologischen Leitsatz umschreibt das kirchliche Gesetzbuch – wiederum in enger Anlehnung an das II. Vatikanische Konzil[21] – das, was unter einer Pfarrei zu verstehen ist (c. 515 § 1 CIC). Folgende Aspekte verdienen hervorgehoben zu werden:

- Die Pfarrei ist eine bestimmte Gemeinschaft von Gläubigen („certa communitas christifidelium"). Hiermit wird der Begriff „Gemeinde" bzw. „Pfarrgemeinde" durch das allgemeine Kirchenrecht legitimiert. Nicht die territoriale Abgrenzung ist für die Bestimmung einer Pfarrei wesentlich, sondern die Feststellung, daß es sich um eine Glaubensgemeinschaft handelt, die nach verschiedenen Gesichtspunkten zusammengefaßt werden kann. Wohl geht das kirchliche Gesetzbuch davon aus, daß in aller Regel eine territoriale Abgrenzung vorgenommen wird. Darüber hinaus können aber aus jedwedem Grund Personalpfarreien errichtet werden. Als Gründe werden beispielhaft genannt: Rituszugehörigkeit, Sprache, Nationalität (c. 518 CIC) oder auch die Zugehörigkeit zu einer Hochschule (c. 816 CIC).
- Eine Pfarrei wird in einer Teilkirche auf Dauer errichtet. Sie stellt die Regelform dar, nach welcher eine Teilkirche zu untergliedern ist (c. 374 § 1 CIC), dabei hat allein der Diözesanbischof das Recht, Pfarreien – nach Anhörung des Priesterrates – zu errichten, aufzuheben oder zu verändern (c. 518 § 2 CIC).
- Die Seelsorge einer Pfarrei wird unter der Autorität des Diözesanbischofs einem Pfarrer als ihrem eigenen Hirten („pastor proprius") anvertraut. Ein Pfarrer, der in jedem Fall Priester sein muß (c. 521 § 1 CIC), kann sein Amt also nur in Gemeinschaft mit dem Bischof und in Abhängigkeit von diesem ausüben.

2. Die Aufgaben des Pfarrers

Im Unterschied zur Kodifikation von 1917 stellt das kirchliche Gesetzbuch von 1983 die Aufgaben des Pfarrers in einem viel umfassenderen Sinn dar (vgl. cc. 528–529 CIC).

Hingewiesen sei hier nur auf die Verpflichtung, für soziale Gerechtigkeit einzutreten und Menschen, die sich in Armut und Bedrängnis befinden, beizustehen. Der Pfarrer hat das Wort Gottes unverfälscht zu verkünden und dafür Sorge zu tragen, daß die Feier der Eucharistie zum Zentrum des pfarrlichen Lebens werde. Dies setzt voraus, daß der Pfarrer darum bemüht ist, die seiner Sorge anvertrauten Gläubigen kennenzulernen;

„er soll die Familien besuchen, an den Sorgen, den Ängsten und vor allem an der Trauer der Gläubigen Anteil nehmen und sie im Herrn stärken . . .; mit hingebungsvoller Liebe soll er den Kranken, vor allem den Sterbenden, zur Seite stehen . . ." (c. 529 § 1 CIC). Können solche Worte nicht auch als Impuls für eine verantwortungsbewußte Seelsorge verstanden werden?

In diesem Zusammenhang wird auch deutlich, daß die Pfarrgemeinde nicht als rechtlich völlig unabhängige Größe bestimmt werden darf, sondern von ihrem Wesensverständnis her auf die größere kirchliche Teilgemeinschaft, die Diözese, hingeordnet ist. So wird der Pfarrer als Hirt der ihm anvertrauten Gemeinde ermahnt, „mit dem eigenen Bischof und mit dem Presbyterium der Diözese zusammenzuarbeiten"; er muß darum bemüht sein, „daß die Gläubigen . . . sich . . . als Glieder sowohl der Diözese wie der Gesamtkirche fühlen und an Werken zur Förderung dieser Gemeinschaft teilhaben oder sie mittragen" (c. 529 § 2 CIC).

Damit die Aufgaben eines Pfarrers entsprechend den Erfordernissen der heutigen Zeit besser wahrgenommen werden können, sieht das kirchliche Gesetzbuch verschiedene Formen der Gemeindeleitung vor:

- Als Regelform gilt die Leitung einer Pfarrei durch einen Pfarrer, „wegen Priestermangels oder anderer Umstände aber kann die Sorge für mehrere benachbarte Pfarreien ein und demselben Pfarrer anvertraut werden" (c. 526 § 1 CIC).
- Die Seelsorge für eine Pfarrei oder für verschiedene Pfarreien kann nach c. 517 § 1 CIC - wenn die Umstände es erfordern - auch einem Priesteramt anvertraut werden. Voraussetzung hierfür ist, daß ein Priester des Teams zum Leiter (Moderator) des seelsorgerlichen Wirkens ernannt wird; er hat die Zusammenarbeit zu leiten und dem Bischof gegenüber zu verantworten. Kritisch gegenüber der Schaffung einer Teampfarrei ist angemerkt worden, der personale Bezug zwischen den Gläubigen und dem Vorsteher einer Gemeinde ginge verloren; die Gemeinde sehe sich einem anonymen Gruppenpfarrer (Priesterteam) gegenübergestellt; der Moderator sei als der eigentliche Pfarrer anzusprechen.[22] Doch ist zu bedenken, daß die rechtliche Stellung des Moderators gegenüber den Vorentwürfen zum kirchlichen Gesetzbuch von 1983, gegen die sich die angeführte Kritik richtete, eingeschränkt worden ist. Jeder Priester des Teams übt die Pfarrseelsorge aus; jedem einzelnen kommen die Rechte und Pflichten eines Pfarrers zu. Außerdem hält das Gesetzbuch daran fest, daß die Pfarrseelsorge in der Regel einem Pfarrer als Einzelperson

übertragen werden muß (c. 526 § 1 CIC). Wie man auch zur Teampfarrei stehen mag, positiv dürfte festzuhalten sein, daß das Gesetzbuch eine Entwicklung neuer pastoraler Strukturformen auf Pfarrebene ermöglicht. Die Erfahrung wird zeigen müssen, ob und in welchen Bereichen eine Teampfarrei sich zu bewähren vermag.

- An der Ausübung der Pfarrseelsorge kann nach c. 517 § 2 CIC - wenn die Ernennung eines Pfarrers wegen des Priestermangels nicht möglich ist - auch ein Diakon oder ein Laie oder eine Personengemeinschaft beteiligt werden. Voraussetzung hierfür ist, daß ein Priester bestimmt wird, der die Seelsorge leitet („moderiert"). Dieser ist nicht Pfarrer, aber mit den Vollmachten und Befugnissen eines Pfarrers ausgestattet. Seine Aufgabe besteht vor allem in der Moderation der Pfarrseelsorge, darüber hinaus muß er aber, soweit dies möglich ist, unmittelbar seelsorgerliche Aufgaben wahrnehmen, insbesondere jene, die die Priesterweihe voraussetzen.

3. Mitverantwortung der Gläubigen

In die Wesensumschreibung einer Pfarrei nach c. 515 § 1 CIC - dasselbe trifft auch für den theologischen Leitsatz zu, der eine Diözese näher bestimmt - ist nicht eingetragen, daß die Laien Mitträger der kirchlichen Heilssendung sind. Hieraus darf jedoch nicht gefolgert werden, Laien seien lediglich Objekt der Seelsorge. Über die Betreuung einer Pfarrei durch Diakone und Laien in besonders gelagerten Fällen (c. 517 § 2) hinaus ist zu beachten, daß die Pfarrer gemäß c. 529 § 2 CIC verpflichtet sind, „den eigenen Anteil der Laien an der Sendung der Kirche anzuerkennen und zu fördern". Es geht nicht um ein passives Versorgtwerden mit den Gütern der Kirche, sondern darum, daß die Gläubigen selbst für die pfarrliche Gemeinschaft Sorge tragen.

Unter dieser Rücksicht sind die Ratsgremien auf Pfarrebene - Pastoralrat und Vermögensverwaltungsrat - zu erwähnen, in welchem die Gläubigen bei der Förderung der Seelsorgstätigkeit bzw. bei der Verwaltung des Kirchenvermögens wertvolle Hilfe leisten.

Was den *Pastoralrat* auf Pfarrebene (c. 536 CIC) betrifft, sind einige strukturelle Merkmale hervorzuheben. Der Pfarrer steht dem Pastoralrat vor, dem bloß ein beratendes Stimmrecht zukommt. Mitglieder des Pastoralrats sind diejenigen, die kraft Amtes an der Seelsorge in einer Pfarrei beteiligt sind, und andere Gläubige. Diese allgemeinen Bestimmungen sind durch diözesanes Recht zu konkretisieren. - Man kann wohl nicht bestreiten, daß die in c. 536 enthaltenen Aussagen über den Pastoralrat einen Fortschritt für die Gesamtkirche bedeuten; doch stehen sie in Spannung - vielleicht sogar in einem Gegensatz - zu entsprechenden Regelungen im deutschsprachigen Raum, die zumeist vorsehen oder ermöglichen, daß ein Laie dem Pfarrgemeinderat - von einem Pastoralrat ist hier nicht die Rede - vorsteht; in verschiedenen Bereichen wird dem Pfarrgemeinderat auch ein entscheidendes Stimmrecht eingeräumt.

Um die Spannung bzw. den Gegensatz zwischen dem Pastoralrat nach c. 536 und dem Pfarrgemeinderat im deutschsprachigen Raum zu beheben, sind folgende Lösungsvorschläge gemacht worden:

Einmal wird geltend gemacht, daß partikulare Gesetze, die den Vorschriften des Codex zuwiderlaufen, gemäß c. 6 § 1 n. 2 CIC aufgehoben sind. Die Statuten der Pfarrgemeinderäte sind deshalb dem Codex anzugleichen. Unabhängig von dieser Angleichung, so wird weiter argumentiert, ist aber schon durch Inkrafttreten des CIC/1983 der Pfarrer Vorsitzender des Pfarrgemeinderates, dem allein ein beratendes Stimmrecht zukommt.(23) Wollte man die Rechtslage in den Diözesen der Deutschen Bischofskonferenz beibehalten, müßte ein entsprechendes Sondergesetz des Apostolischen Stuhles angestrebt werden.

Zum andern wird darauf hingewiesen, daß der Pfarrgemeinderat auch Aufgaben wahrnimmt (Förderung des Laienapostolats), die in c. 536 CIC nicht angesprochen werden. Deshalb sei eine andere rechtliche Ausgestaltung zulässig. Und wo sich der Pfarrgemeinderat unmittelbar mit Seelsorgsaufgaben befaßt, sei schon in den geltenden Statuten eine Sonderstellung des Pfarrers anerkannt.

Von hierher kann man dann leicht zu der Auffassung gelangen, daß der Unterschied zwischen Pfarrgemeinderat und Pastoralrat rechtlich unerheblich sei. Nach den geltenden Statuten sei der Pfarrer gleichsam der „verdeckte Vorsitzende“ des Pfarrgemeinderates, insofern ihm eine besondere Verantwortung für die Einheit der Gemeinde, für die Verkündigung des Wortes und die Feier der Sakramente zuerkannt wird; außerdem kommt ihm ein weitreichendes Vetorecht gegen Beschlüsse des Pfarrgemeinderates zu, so daß in pastoralen Angelegenheiten eigentlich nur ein beratendes Stimmrecht des Pfarrgemeinderates gegeben ist.(24)

Diese Auffassung dürfte auch der Grund dafür sein, daß in den Statuten der Pfarrgemeinderäte - was die umstrittenen Punkte betrifft - bislang keine Änderungen vorgenommen wurden. Selbst in den Statuten, die nach Inkrafttreten des CIC/1983 in revidierter Form erschienen sind, hat die Frage des Vorsitzes bzw. des Stimmrechtes keine Änderung erfahren.(25) Es wird davon ausgegangen, daß sich die geltenden Regelungen über einen längeren Zeitraum bewährt haben und deshalb nicht abgeändert werden sollten. In der Regel konnte ein fruchtbares Miteinander von Pfarrer und Pfarrgemeinderat verwirklicht werden.

Keine besonderen Probleme bringt der *Vermögensverwaltungsrat* mit sich, der nach c. 537 CIC für jede Pfarrei verbindlich vorgeschrieben ist. Insofern teilkirchliche Regelungen in Widerspruch stehen zu c. 532 CIC, wonach eine Pfarrei durch den Pfarrer in allen Rechtsangelegenheiten vertreten wird, bestehen diese aufgrund eines Indults des Apostolischen Stuhles vom 5. 4. 1984 fort.(26)

Das kirchliche Gesetzbuch geht davon aus, daß ein Pfarrer die ihm anvertraute Gemeinde nicht in selbstherrlicher Weise leiten darf. Die Gläubigen sind nicht seine Untergebenen(27), sondern Mitträger der kirchlichen Heilssendung. So formuliert die Bischofssynode von 1985: „Da die Kirche eine Gemeinschaft ist, muß es auf allen ihren Ebenen Teilhabe und Mitverantwortung geben.“(28)

Anmerkungen:

(1) Zur dogmatischen Grundlegung des Bischofsamtes vgl. z. B. W. Breuning, Das Verständnis des katholischen Bischofsamtes nach dem Zweiten Vatikanischen Konzil, in: W. Sanders (Hg.), Bischofsamt - Amt der Einheit. Ein Beitrag zum ökumenischen Gespräch, München 1983, 9-30, 23-28; zur rechtlichen Ausgestaltung H. Schmitz, Der Diözesanbischof, in: Handbuch des katholischen Kirchenrechts, hrsg. v. J. Listl, H. Müller, H. Schmitz, Regensburg 1983, 336-348.

(2) Vgl. W. Aymans, Das synodale Element in der Kirchenverfassung, München 1970 (Münchener Theologische Studien. III. Kanonistische Abteilung, Bd. 30); J. Neumann, Synodales Prinzip. Der größere Spielraum im Kirchenrecht, Freiburg-Basel-Wien 1973.

(3) Vgl. hierzu P. Krämer, Theologisch-rechtliche Begründung der Bischofskonferenz, in: Zeitschrift für evangelisches Kirchenrecht 32 (1987) 402-410.

(4) Insofern Laien nach c. 463 § 1 n. 5 Mitglieder einer Diözesansynode sein können, gebraucht auch der CIC/1983 „synodus“ in diesem umfassenderen Sinn.

(5) Schlußdokument der Außerordentlichen Bischofssynode 1985, in: Verlautbarungen des Apostolischen Stuhls 68, Dezember 1985, 13; vgl. auch W. Kasper, Kirche als Communio. Überlegungen zur ekklesiologischen Leitidee des Zweiten Vatikanischen Konzils, in: Die bleibende Bedeutung des Zweiten Vatikanischen Konzils, hrsg. v. F. Kard. König, Düsseldorf 1986, 62-84, 64.

(6) Vgl. P. Krämer, Theologische Grundlagen des kirchlichen Rechts nach dem CIC/1983, in: Archiv für katholisches Kirchenrecht 153 (1984) 384-298, 390 mit Anm. 26.

(7) Breuning, Das Verständnis des katholischen Bischofsamtes (Anm. 1), 13.

(8) Vgl. II. Vatikanisches Konzil, Dogmatische Konstitution über die Kirche „Lumen gentium“ (LG), Art. 32, 3.

(9) H. Socha, Die Mitverantwortung der Laien nach dem neuen Kirchenrecht, in: Trierer Theologische Zeitschrift 94 (1985) 55–74 und 127–142, hier: 64.

(10) Vat II LG 10; c. 207 CIC. Vgl. P. Krämer, Dienst und Vollmacht in der Kirche. Eine rechtstheologische Untersuchung zur Sacra Potestas-Lehrer des II. Vatikanischen Konzils, Trier 1973, 63–70.

(11) II. Vatikanisches Konzil, Dekret über die Hirtenaufgabe der Bischöfe in der Kirche „Christus Dominus" (CD), Art. 11,1.

(12) Vgl. hierzu H. Müller, Diözesane und quasi-diözesane Teilkirchen, in: Handbuch des katholischen Kirchenrechts (Anm. 1), 329–335, 330–333.

(13) Vat II LG 23, 1; vgl. W. Aymans, Die Communio Ecclesiarum als Gestaltgesetz der einen Kirche, in: Archiv für katholisches Kirchenrecht 139 (1970) 69–90, 79–85; P. Krämer, Katholische Versuche einer theologischen Begründung des Kirchenrechts, in: Theologische Berichte 15: Die Kirche und ihr Recht, hrsg. v. J. Pfammatter/ F. Furger, Zürich - Einsiedeln - Köln 1986, 11–37, 31–35; W. Kasper, Kirche als Communio (Anm. 5), pass.

(14) Vat II LG 21, 2.

(15) J. Ratzinger, Gottes Macht - unsere Hoffnung, in: Klerusblatt 67 (1987) 343–347, 347.

(16) Ebd.

(17) Krämer, Dienst und Vollmacht (Anm. 10), 17–71.

(18) Zur Geschichte der Diözesansynode vgl. W. Plöchl, Geschichte des Kirchenrechts III, Wien 1959, 268–273; zur geltenden Rechtslage vgl. R. Puza, Diözesansynode und synodale Struktur. Ein Beitrag zur Ekklesiologie des neuen CIC, in: Theologische Quartalschrift 166 (1986) 40–48.

(19) Vgl. c. 356 § 1 CIC/1917.

(20) Vat II, Dekret über das Laienapostolat „Apostolicam actuositatem" (AA), Art. 26.

(21) Vgl. Vat II LG 28; CD 30–32.

(22) Vgl. H. Schmitz, Pfarrei und Gemeinde, in: Archiv für katholisches Kirchenrecht 148 (1979) 48–71, 66 f.

(23) In diesem Sinn K.-Th. Geringer, Die deutschen Pfarrgemeinderäte als verfassungsrechtliches Problem, in: Münchener Theologische Zeitschrift 37 (1986) 42–57.

(24) Vgl. hierzu J. Lederer, Pfarrgemeinderat und Pfarrverwaltungsrat, in: Handbuch des katholischen Kirchenrechts (Anm. 1), 425–429, 428.

(25) Vgl. ABl Essen 1976, S. 271 ff. i. V. m. ABl Essen 1984, 37; ABl Freiburg 1976, 447 i. V. m. ABl Freiburg 1984, 354; ABl Paderborn 1977 i. V. m. ABl Paderborn 1985, Nr. 76; ABl Trier 1987, 68–70 und 100; Ordnung für die Kirchengemeinden und ortskirchlichen Stiftungen in der Diözese Rottenburg-Stuttgart, hrsg. v. Ordinariat Rottenburg, Rottenburg [4]1985.

(26) Vgl. z. B. ABl Osnabrück 1984, S. 46.

(27) Gleichwohl verwendet der CIC/1983 gelegentlich immer noch den Begriff „subditus" (Untergebener); vgl. S. Ochoa, Index verborum ac locutionum Codicis Iuris Canonici, Citta del Vaticano [2]1984, 468.

(28) Schlußdokument der Bischofssynode 1985 (Anm. 5), 16.

David Seeber

Traditionsbruch im Wertebewußtsein: Gefahren, Aufgaben, Chancen für die Kirche

I.

Wer sich mit Wertewandel[1] und Glaubenstradierung beschäftigt, bekommt es vor allem im katholischen Raum - aber nicht nur dort - überwiegend mit Katastrophenszenarios zu tun.

Das einprägsamste kommt - seit Jahren - aus dem Hause Allensbach[2]. Es lautet verkürzt: Die Kirchenbindung geht - seit dem entscheidenden Einbruch in den späten sechziger Jahren - rapide zurück; das Vertrauen zur Kirche ist in vergleichbarer Weise rückläufig wie der Gottesdienstbesuch; mit dem Ansehensverlust der Institution Kirche und der Distanzierung der Menschen von ihr „verdunste" auch der Glaube; nichts sei es mit der von manchen Religionssoziologen heute noch hochgehaltenen These, in der säkularen Gesellschaft verliere zwar institutionalisierte Religiosität an Bedeutung, aber Religion lebe (um so mehr) und tradiere sich weiter als eine Art „private system of meaning" (Thomas Luckmann) im Privaten; im Gegenteil: mit der Entfernung von der Kirche verflüchtige sich das Religiöse bis in seine Fundamente hinein; man sehe es nicht nur (oder gar nicht so sehr) an den zahlreicher werdenden Glaubenslosen, sondern vielmehr am Verschwimmen des Gottesbildes.

Wenn der Rückbezug auf Gott auch nicht einem totalen Transzendenzverlust weiche, so gebe es doch (besonders in Deutschland, im Unterschied zu den USA auch im übrigen Europa) ein immer apersonaleres Gottesbild. Der Glaube an einen persönlichen Gott danke ab zugunsten einer undefinierbaren geistigen Macht. Gott und Gottesglaube würden dadurch insgesamt bedeutungsschwächer. Man sehe es an der übermäßig geringen Zustimmung zu den ersten (im engeren Sinn) religiösen Geboten, im Verhältnis zu den (primär sittlichen) übrigen Geboten des Dekalogs; damit schwinde auch die Bedeutung Gottes für das persönliche Leben, und es schwinde die Einsicht in die Notwendigkeit der Vermittlung religiöser Sinngehalte in der Erziehung.

Prekär werde diese Entwicklung weg vom kirchlich vermittelten Glauben und damit von religiöser Bindung überhaupt durch ein erkaltetes familiales Klima speziell bei uns in der Bundesrepublik: Durch das Auseinanderdriften in den Anschauungen und Grundüberzeugungen zwischen den Generationen. Zwar gebe es Anzeichen dafür in allen europäischen Ländern; doch nirgends setzten sich die Jungen - in religiösen Fragen, in Erziehungsfragen, in moralischen Fragen und in den politischen Überzeugungen - so deutlich von der Elterngeneration ab wie in Deutschland. Insbesondere die Distanz in den religiösen Überzeugungen wirke sich nochmal auf das Verhältnis der Generationen selbst aus. „Je schwächer die religiöse Orientierung und Kirchenbindung, desto eher werden Verpflichtungen zwischen den Generationen eingeschränkt und an Bedingungen geknüpft", um so weniger gelte Liebe und Achtung der Eltern um ihrer selbst willen(3). Und das lasse sich nur damit erklären, daß mit der Minderung der religiösen Tradierungsfähigkeit die Tradierungsfähigkeit der Familie, ihre Sozialisationskraft insgesamt geschwächt sei.

Es gebe also nicht nur den Ausfall an religiöser Sozialisation aufgrund des allgemeinen, auf die verschiedenen Gebiete, in denen Familie traditionell, aber zunehmend weniger Einfluß hat, bezogenen Funktionsverlust der Familie, sondern das Auslaufen ihrer religiösen Sozialisationsfähigkeit schwäche die Familie insgesamt bzw. zusätzlich als Tradierungsinstanz. Und so wird, folgt man dem Allensbacher Resumée, erst das ganze Ausmaß des Traditionsbruches sichtbar.

Aber das ist noch nicht alles. Der Traditionsbruch bleibt in keiner Weise auf Glaubensbewußtsein und Glaubenshaltung beschränkt. Mit dem Niedergang an Kirchenbindung „bricht auch der ethische Konsens nieder". Trotz der höheren Zustimmung zu den ethischen Geboten des Dekalogs, also zu den theo-logischen, gehe mit der Lockerung der Kirchenbindung auch die Zustimmung zu den und die Realakzeptanz der ersteren zurück. In ganz Europa verändere das Verhältnis zur Kirche die Wertschätzung der Ehe und - noch ausgeprägter - die Einstellung zum Schutz des ungeborenen menschlichen Lebens und das moralische Bewußtsein insgesamt. Mit einem Wort: Religiosität und Kirchennähe sind verbunden mit festeren Moralvorstellungen und einer geringeren Neigung zur Permissivität. Überall wirke sich Kirchenbindung auch moralisch aus - von der Achtung fremden Eigentums bis zum Tötungsverbot - sogar bei der Einstellung zum Mord aus politischen Gründen sei dies noch erkennbar. Umgekehrt gilt natürlich auch - und da wird die Gesamtwirkung des Traditionsbruchs im Religiösen erst so richtig sichtbar: Wo Kirchenbindung und religiöses Bewußtsein an Bedeutung verlieren, wird nicht nur der ethische Konsens schwieriger, sondern werden die ethischen Fundamente des gesellschaftlichen Zusammenlebens gefährdet. Bestimmend wird der hedonistisch orientierte leistungsunwillige und bindungsschwache Selbst-(Allein-)verwirklicher.

Überspitzt zusammengefaßt sieht das Szenario so aus: Die Kirchenbindung lockert sich; Religion unterliegt dadurch einem akuten Bedeutungsverlust; damit schwindet die Glaubensbereitschaft; die geringere Glaubensbereitschaft zehrt an der sozialen Bindungsfähigkeit, die damit zunehmende Permissivität an der Leistungsbereitschaft – und damit sei das gesellschaftliche Zusammenleben insgesamt in Frage gestellt.

Die „hinterhältige" Quintessenz eines solchen Szenarios: Der Kirche (den Kirchen) wird ihr Bedeutungsverlust für das faktisch gelebte Bewußtsein bestätigt. Ihr wird auch ein hoher Gewichtsverlust als Tradierungsinstanz attestiert; zugleich wird ihr Gewicht für die Fundamentierung unseres Zusammenlebens hervorgehoben und der unser Bewußtsein und Verhalten heute besonders kennzeichnende bruchartige Traditionsverlust zu einem guten Teil an dem bruchartigen Verlust an Kirchenbindung festgemacht. Das führt zu der ein wenig verschraubten Feststellung: Religion, in unserem Fall christlicher Glaube, behalte durchaus seine Bedeutung, denn wo er wirksam wird – bei den Kirchennahen – zeige er bewußtseins- und verhaltensmäßig sehr wohl seine Wirkung, aber der Kreis dieser Wirkung werde kleiner, womit der Bedeutungsverlust, jedenfalls kirchlich tradierten Glaubens, als Wirkungsverlust und damit der Wirkungsverlust von Religion wohl doch bestätigt wird.

Interessant, aber nicht überraschend ist, daß die geschilderte Quintessenz dieses Szenarios in zahllosen kirchlichen Erklärungen auftaucht; häufig auf die alte Bußpredigerformel gebracht: Der wachsende Unglaube, die grassierende Gottlosigkeit, die sich in der Abwendung von der Kirche zeige, sei Schuld oder jedenfalls letzter Grund für den Verlust an Wertorientierung und damit am moralischen Niedergang natürlich speziell innerhalb der jungen Generation.

Und noch interessanter ist: diejenigen, die sich so von Demoskopen die Bedeutung der Kirche und des christlichen Glaubens für die Erhaltung der Grundlagen des gesellschaftlichen Zusammenlebens durch solche Szenarios bestätigen lassen, erhalten metagesellschaftlichen, vielleicht besser metaempirischen Sukkurs teils von erwarteter, teil von unerwarteter Seite.

Da ist einmal der im heutigen theologischen Denken häufig anzutreffende, in jüngster Zeit von J. B. Metz[(4)] in Anlehnung an das Nietzsche-Wort „Wohin ist Gott, wohin dann der Mensch?" mit besonderer Vehemenz vorgetragene Topos: Mit dem Verblassen Gottes als Sinngrund unserer Existenz verliere auch der Mensch seine Humanität, mit dem Tod Gottes sterbe auch der Mensch, oder dieser entwickle sich - in der Hand entpersönlichender Techniken und anonymer Systeme - zurück zum findigen Tier. Dem Tod Gottes folgt so der Tod des Menschen. Nur im Gedächtnis Gottes könne er sein Subjektsein retten, und indem Kirche dieses Gedächtnis hochhalte, rette sie dem Menschen seine eigene Zukunft.

Schon da wird neben heftiger Kritik an den Produkten der instrumentellen Vernunft der tief eingefleischte Zweifel an der Moderne als ganzer fühlbar. Aber wesentlich weiter geht in einem geradezu schwindelerregenden Parforceritt Joseph Ratzinger in zwei seiner jüngsten Reden[5]. Ratzinger führt dort - ich verkürze natürlich - Drogenmißbrauch und Terrorismus auf die Fixierung der Moderne auf die instrumentelle (positivistische) Vernunft zurück. Diese habe der ethischen (er sagt: praktischen) Vernunft keinen Platz gelassen, sondern den Menschen transzendenzlos auf das Faktische reduziert. Der Mensch aber lebe nun einmal in der Spannung von Transzendenz und Immanenz und lasse sich deshalb nicht einfach auf den einen Pol, das Faktische, einschränken. Die Sehnsüchte nach Selbsttranszendierung bleiben, nur ihr transzendenter Bezugspunkt sei gekappt, um so mehr kämen die Sehnsüchte weltimmanent zum Tragen: im Umschlag auf die Zukunft als absoluten moralischen Wert (Terrorismus) oder in Strategien künstlicher Bewußtseinserweiterung (Drogen).

II.

Es wäre nicht gut, solche und ähnliche Katastrophenszenarios einfach zu übersehen. Nicht minder problematisch aber wäre es, sie einfach zu bestätigen. Manches, was in den Szenarios, vor allem in den metagesellschaftlichen, den empiriefreien, aufscheint, ist freilich unschwer zu widerlegen bzw. auf seine wirkliche Dimension zurückzustutzen. Die Ratzingersche Kausalerklärung für Terrorismus und Drogenkonsum mag manchen Vereinfacher von Lebenszusammenhängen faszinieren. Irgendwo hängt natürlich alles mit allem zusammen. Ein bißchen erinnert mich das an gewisse „holistische" Erklärungsformeln, wie sie von Anhängern des New Age (nach einem dem Physiker Pasqual Jordan zugeschriebenen Satz) „tradiert" werden: „Wenn ein Kind seine Puppe aus dem Kinderwagen wirft, erzittert der Sirius." Im Sinne solcher Zusammenhänge lassen sich natürlich auch Depravierungsphänomene wie der Drogenmißbrauch geistesgeschichtlich erklären; auch die Droge mit der Fixierung auf die instrumentelle Vernunft. In Wirklichkeit scheint es sich bei dieser Argumentation um eine typische Überlagerung lebensweltlicher Zusammenhänge durch geistesgeschichtliche Theorien zu handeln. Die leichte Gelegenheit, Sozialisationsdefizite, das Spiel der Neugier mit dem Außergewöhnlichen (Einstiegsdroge), aber auch persönliche Vereinsamung sind da wohl doch näherliegende Erklärungen (selbst für den Terrorismus). Und so einmalig oder ausschließlich den Ausländern der Moderne zuzuordnen ist das wohl alles nicht.

Doch auch die Klage von Subjektverlust hat ihre schiefen Seiten. Sind es wirklich die transzendenz- und referenzlos gesteuerten technischen Systeme und gesellschaftlichen Organisationen, die uns Heutigen die Subjektfähigkeit rauben? Ist die Gefahr (wenn zum Teil auch als Reaktion auf die enge gesellschaftliche Vernetzung, verbunden mit hoher Anonymität), daß wir uns in der eigenen Selbstverwirklichungssubjektivität verlieren, nicht tatsächlich größer als die der Entpersönlichung durch Technik und anonyme Machtstrukturen?

Und Tod Gottes, Tod des Menschen? Natürlich kann es gesellschaftlich-existentielle Entwicklungen geben, die früh einsetzen, aber spät bemerkbar werden. Insofern möchte man als Christ den Satz als prophetisches Wort gerne stehenlassen. Aber vielleicht ist es doch ein wenig überheblich, einfach aus metahistorischer Einsicht zu verfügen, so sei es. Die Neuzeit hat ja teils in Auslegung, teils in Auseinandersetzung mit religiös-christlichen Traditionen auch einiges hervorgebracht, das nicht auf den Tod des Menschen schließen läßt: ein hohes Freiheitsniveau, mehr rechtliche und soziale Gleichheit, den demokratischen Staat, vielleicht trotz aller Katastrophen sogar mehr Friedensfähigkeit (wenn makabrerweise auch erst unter dem Atomschirm und damit angesichts der realen Gefahr kollektiver Selbstzerstörung).

Im übrigen: Kann, bei aller „rettenden Gefährlichkeit" des christlichen Gottesgedächtnisses[(6)], Gedächtnis als theo-logisches Grundparadigma, trotz seiner zutiefst sakramentalen Bedeutungsstruktur im Christentum, nicht seinerseits zum Vehikel zur Bestätigung eines blaß gewordenen Gottesbildes werden? Als „bloßes" (biblisches) Leidensgedächtnis kann selbst lebensnahe christliche Kreuzestheologie gefühlsmäßig so weit ab von aller Wirklichkeit erscheinen wie der ferne Demiurg, dem man gerade noch erlaubt, den Urknall auszulösen, aber nicht, daß er auch etwas mit Geschichte, mit Menschenschicksalen oder gar mit persönlicher Lebensführung zu tun hat.

Mir scheint, bei Ratzinger wie bei Metz bricht aus recht unterschiedlichen Sichten dieselbe Distanz zur modernen Lebenswelt durch (dasselbe affektive Zurückschrecken gegenüber der technisch-instrumentellen Vernunft) und vor allem ein tiefes Mißtrauen gegenüber der Moderne überhaupt. Man hält die Spannung der Weltwahrnehmung nicht aus und flüchtet in theologisch transponierte Formen zwischen weltimmanenter Vernunft und transzendenzverwiesenem Glauben, ohne heutigen Menschen zu sehr weh zu tun, oder man erhofft sich die Restituierung des Menschen durch seine Normierung an vergangenen Zeiten.

Aber auch die empirischen Beweise des eingangs geschilderten Allensbacher Szenarios sind keineswegs in allem überzeugend. Fast sträuben sich einem die Haare darob, mit welch methodischen Vereinfachungen in der dem Allensbacher Szenario zugrunde liegenden „Internationalen Wertestudie" Tiefenstrukturen religiösen Bewußtseins und Verhaltens nachgegangen wird. Das beginnt schon beim Gottesbild. Natürlich mag es den Unterschied zwischen dem blasseren Gottesbild der Europäer und dem vitaleren, unmittelbareren, auch naiveren in Amerika geben(7). Aber wie man dazukommt, den „Glauben an einen leibhaftigen Gott" praktisch mit dem Glauben an einen persönlichen Gott gleichzusetzen, und den „Glauben an ein (höheres) *geistiges* Wesen" einfach mit dem Gegenteil, kann nicht nur mit den Schwierigkeiten der Erstellung eines international resp. inter-sprachlich anwendbaren Fragebogens zu tun gehabt haben. Und erst recht erstaunen die abgefragten „Glaubensinhalte"(8). „Seele", „Teufel", „Hölle", „Himmel", sind das die Kategorien, in denen von der heutigen Lebenswelt intellektuell und gefühlsmäßig geprägte Menschen Auskunft über ihren Glauben geben? Muß mit dem gesellchaftlichen Bedeutungsverlust kirchlich vermittelter Moral als einer Nebenfolge der Privatisierung von Religion wirklich auch schon der ethische Konsens niederbrechen oder das ethische Fundament des Zusammenlebens zerbrechen? Findet nicht eher im ethischen Konsens eine Verlagerung statt hin zu einem „bürgerlichen" Ethos, wie immer das im einzelnen aussieht und begründet wird, hin von den persönlich-privaten zu den bürgerlichen Tugenden (von den stärker „kommunikativen Tugenden" im Arbeitsethos bis hin zu ethischen Grunderfordernissen demokratischen Zusammenlebens (Toleranz-Mitverantwortung)? In dem Zusammenhang erscheint es mir sogar fraglich, ob die Frage der Akzeptanz der Zehn Gebote(9) der rechte Referenzrahmen ist, ob nicht trotz der hohen Allgemeinverbindlichkeit des Dekalogs, auch zu bedenken ist, daß auch der Dekalog im konkreten Tradierungskontext der abendländischen Ethosgeschichte vor allem kirchlich vermitteltes Ethos ist. Und daß von daher die veränderte Kirchenbindung natürlich auch Einfluß auf das sittliche Bewußtsein des einzelnen und der Bevölkerung als ganzer hat. Und natürlich wird mit der weltanschaulichen Pluralisierung einer Bevölkerung auch der Konsens über ethisches Verhalten schwieriger. Aber wer behauptet, Ethos zerfalle so schlechthin, geht an der Tatsache vorbei, daß sich in der Moderne Grundelemente sittlicher Wertvorstellungen und Haltungen ausgebildet haben, die sich nicht einfach mit kirchlich tradiertemEthos verrechnen lassen, ohne daß sie diesem grundsätzlich widersprechen müssen: Die Forderung nach Verwirklichung der Menschenrechte ist ein solches Grundelement.

Und zum engeren religiösen Bereich? Sicher ist das langlebige religionssoziologische Theorem - der Bedeutungsverlust an kirchlich vermittelter Religiosität werde begleitet vom Aufleben von Religiosität im privaten Raum - praktisch widerlegt. Empirisch bestätigt hat sich vielmehr dies: dem Bedeutungsverlust an kirchlich vermittelter Religiosität geht das Versickern religiöser Praxis teilweise voraus, teilweise begleitet es diesen und verstärkt ihn, teilweise folgt es ihm. Dennoch bleibt ein Satz wie der „Prognosen einer neuen diffusen Religiosität abseits des traditionellen christlichen Glaubens entbehren jeglicher Grundlage"[(10)] ohne Beleg. Es ist eher zu erwarten, daß sich in der Ausbreitung „diffuser Religiosität" außerhalb der oder quer zu den christlichen Kirchen der religiöse Aggregatzustand der absehbaren Zukunft ankündigt. Kirche ist vielen viel zu unansehnlich, christlicher Glaube als Kreuzesreligion viel zu anstrengend, die religiösen Bedürfnisse aber bleiben und äußern sich - kirchlicher Einbindung entzogen - beliebig.

Dennoch - trotz aller dieser Einschränkungen - springen die Belege für einen grundlegenden Wandel, den man mit Fug und Recht als Traditionsbruch bezeichnen kann, ins Auge. Umstritten ist eigentlich nur, wie plötzlich der Bruch kam, wie er zeitlich zu verorten ist. Es gibt unter Kirchenleuten fast eine opinio communis: es seien die späten 60er Jahre gewesen. Urplötzlich seien da Verbindungen gekappt worden, seien Transmissionsriemen gerissen. Dennoch ist Vorsicht angebracht bei der Vereinfachung auf die 68er Generation. In dieser Zeit wurde der Bruch sichtbar. Und vieles kam in dieser Zeit zusammen, was dieses Sichtbarwerden erklärt: das Ende der Nachkriegszeit, die erste Nachkriegsgeneration als Protestgeneration gegen das in der Nachkriegszeit Entstandene und zunächst Stabilisierte, die Suche nach neuen Utopien, ein noch ungebrochener Glaube an die politische Gestaltbarkeit aller Dinge, ein antiinstitutioneller Grundzug der antiautoritären Bewegung, das durch das II. Vatikanum angehobene kirchliche Freiheitsniveau, das die Verbindung mit anderen und die Durchdringung durch andere Geistesströmungen erleichterte, das „mehr-Demokratie-Wagen" verbunden mit verschärfter Autoritätskritik an der Kirche, „Humanae vitae" als Distanzierungsgrund oder Distanzierungsanlaß. Aber die scheinbare Plötzlichkeit des Umbruchs verweist selbst eher auf unauffällige, aber deutlich erkennbare langfristige Entwicklungen.

Von vielen Beispielen, die eher auf einen unter besonderen Bedingungen abrupt beschleunigten Prozeß verweisen, sei nur eines genannt: die Entwicklung der religiösen Atmosphäre im Elternhaus im Spiegelbild der Selbstaussagen der gegenwärtig lebenden Generationen. Von den 16-20jährigen in der Bundesrepublik sagten 1968 20 Prozent, sie hätten ein sehr religiöses und 37 Prozent, sie hätten ein „mittel"-religiöses Elternhaus gehabt, 1982 sagten das noch 13 resp. 33 Prozent. Von den 30–40jährigen lauten die Vergleichszahlen 1968 27 resp. 38 Prozent; 1982 21 resp. 25 Prozent[11]. Soweit sich Verlaufsanalysen überhaupt auf zureichendes Material stützen können, weist alles auf einen schleichenden Prozeß hin. Man hatte sich angesichts der hohen Achtung vor den Kirchen als intakten - von der Naziherrschaft nicht pervertierten - Institutionen wohl Illusionen gemacht über die tatsächliche Bindekraft der Kirchen und deren Einfluß auf die persönliche Lebensführung der einzelnen.

Aber ob plötzlich oder in Form einer unauffälligen, unter einer besonderen Auslöserkonstellation sichtbar gewordenen Entwicklung, einige Grundtatsachen sind nicht wegzudiskutieren und müssen in ihren Folgen gesehen werden:

Zunächst ein großer Aufmerksamkeitsverlust für alles, was mit Transzendenzverwiesenheit zusammenhängt und damit eine bewußtseinsmäßige und praktische „Entwertung" von Religion, jedenfalls von Religion im christlichen Sinne. Die Optionsmöglichkeiten kultureller und unterhaltender Art, die heutige Freizeitgestaltung bietet, schwächt faktisch existentiell die Disposition für glaubendes Hinhören auf den Einbruch des Übernatürlichen. Wo Unterhaltungsmedien die Alltagsrituale bestimmen, bleibt wenig Zeit und Sinn für gemeinschaftlichen und persönlichen Lobpreis Gottes, jedenfalls für solchen in ausdrücklicher Form. Dies wirkt sich in besonderem Maß aus in der Einschätzung religiöser Werte als Erziehungsziel. Nur eine Minderheit (nach der „Wertestudie" 17 Prozent) sehen in der Vermittlung religiöser Inhalte noch ein wichtiges Erziehungsziel[12]. Hierin und nicht in der Entfremdung von der Kirche als religiöser Institution als solcher liegt der Hauptgrund für den Rückgang an Kirchenbindung. Aber beides wirkt sich aus in einer Überalterung der kirchlichen Gemeinden, die nicht nur zusätzliche Kommunikationsprobleme zwischen Kirche und sozialem Umfeld aufwirft, sondern einen (sozialen) Vitalitätsverlust der Gemeinden selbst bedeutet. Die Abstände zwischen Älteren und Jüngeren in der Kirchenbindung sind größer geworden. 1953 gab es bei Katholiken (nicht bei Protestanten) sogar noch ein leichtes Übergewicht der Kirchennahen bei den 18-24jährigen (14 Gesamtanteil, 16 Anteil an den Kirchennahen), 1979 war das Verhältnis bereits auf den Kopf gestellt (13,8), bei den 25-29jährigen gar nur noch 10 und 4. Der Abgang aus der Kirche in der jüngeren Generation erklärt sich nicht mehr nach der Faustregel, daß unter heutigen Lebensbedingungen sich halt deutlicher ausdrücke, daß ältere, dem Tode nähere Menschen religiös aufmerksamer seien als 18-20jährige, die noch am Beginn ihres aktiven Lebenslaufs stehen, sondern aus nicht erfolgter oder wirkungslos gebliebener religiöser Sozialisation.

Und natürlich macht ein solcher Tradierungsbruch im Religiösen nicht einfach bei den religiösen Werten halt, sondern hat der Ausfall oder die Minimalisierung religiöser Sozialisation Auswirkungen auf das ganze Geflecht von Grundüberzeugungen, Verhaltensweisen, Sinngebungshilfen, die von der kirchlich vermittelten Sozialisation abhängen. Das Bindungsverhalten ist davon getroffen, auch die Einstellung zu Beruf und Freizeit, zu Lebensgenuß und zum Umgang mit dem Nächsten, und gewiß auch auf die Leistungsbereitschaft. Freilich: der Schwund an Kirchenbindung ist nur ein Element innerhalb einer umfassenden Umschichtung in der Wertorientierung. Und vieles erklärt sich einfach aus den schwächer werdenden sozialen Bindungskräften im persönlichen (privaten) Lebensraum, die ihrerseits Ausdruck und Folge dieses Wandels sind, zugleich aber diesen selbst zusätzlich verstärken.

Dazu kommt der im selben Prozeß stattfindende Traditionsverlust als solcher. Dieser Punkt ist besonders schwierig. Es gibt ja keine sicheren Parameter, nach denen sich Tradition messen läßt. Die Schlußfolgerung z. B. angesichts des Sichabsetzens der jüngeren Generation von den Wertvorstellungen von denen der Eltern - Religion, Erziehung, Politik, Sexualität - mache Traditionsbildung oder Traditionsweitergabe praktisch unmöglich, scheint vorschnell zu sein. Was wird tradiert und was wird nicht tradiert? Kann es nicht sein, daß wir selbst „traditionalistisch" denkend und uns verhaltend vornehmlich die Diskontinuität vor der nach wie vor größeren Kontinuität wahrnehmen und auch den lebensweltlichen Hintergrund nicht beachten, von dem beides - Kontinuität und Diskontinuität - abhängt? Wenn z. B. feststeht, daß die Einstellung zur Arbeit durch die größer gewordene Freizeit sich ändert und der Lebenssinn sich mehr auf die Freizeit als auf die Arbeit richtet, muß das ja nicht Nachlassen des Leistungswillens schlechthin bedeuten, auch wenn dieser davon nicht unbeeinflußt bleibt. Dieser kann sich im Rahmen des im gemeinschaftlichen wie im individuellen Sinne Existenznotwendigen – und damit vernünftig angemessen – dennoch zur Geltung bringen.

Natürlich wird nicht nur im Einzelbereich, sondern generell mit der fortschreitenden Fähigkeit zur Weltgestaltung durch wissenschaftliche Erkenntnis und ihre Anwendung in Technik und Organisation Tradition aufgebrochen, geraten durch Tradition weitergegebene Haltungen, Überzeugungen, Lebensregeln unter schärferen Begründungszwang. Und die Fähigkeit zu mehr Selbstbestimmung, das höhere Freiheitsniveau, verschärft den Begründungszwang für Tradiertes. Aber deswegen verlieren Traditionswerte als primär der vor- und außerwissenschaftlichen Erfahrung zuzuordnende kollektiv erworbene Erfahrungswerte weder Sinn noch Funktion. Sie haben ja anthropologisch eine wesentliche Entlastungs- und damit auch Orientierungsfunktion.

So sehr Freiheit, Selbstbestimmung, Selbstverwirklichung in der faktischen Rangordnung der Alltagswerte ganz oben rangieren, Menschen wären überfordert, müßten sie ihr Leben sozusagen von Null her aufbauen, sich gleichsam täglich neu orientieren. Dies müßte nur in einer totalen Orientierungskatastrophe enden. Man muß nicht allzu deterministisch denken, wenn man zugunsten der Selbsterhaltungskräfte des Menschen annimmt, daß ihn der Zwang zur Selbstkorrektur zur Selbstkorrektur auch fähig macht.

Von daher scheint mir auch der Traditionsverlust als solcher nicht das eigentliche Problem zu sein, sondern die übermäßige Zunahme an Beliebigkeit durch einen gestaltloser werdenden Pluralismus, der – natürlich – seinerseits Traditionsverlust und zugleich Bindungsunwillen produziert. Im gegenwärtigen Wertewandel dürfte er die eigentliche und härteste Herausforderung der Kirche sein. Er trifft sie zentral in ihren Handlungsvoraussetzungen. Es kommt durch ihn zu einer Nivellierung von Religion. Religion wird nicht nur in verschiedenen Gestalten von Religion als gleichwertig oder gleichsam wertfrei angeboten, sondern Religion erscheint als ein Wert neben anderen. Religion gerät so in die Vielfalt von Konsumangeboten, derer man sich je nach Bedarf bedienen kann oder nicht, wo man sich Religion je nach „Bedürfnis" auswählen und gestalten kann. Religion wird so zu einer bedürfnisbestimmten Teilvariante von Selbstverwirklichung. Und: der Kirche mit ihrem auf Offenbarung, auf Selbstmitteilung Gottes beruhenden heilsuniversalistischem Ausschließlichkeitsanspruch werden so die Kommunikationsdispositionen und -strukturen im gesamtgesellschaftlichen Umfeld weggesogen: Da auch radikal pluralistische Systeme - besser Lebenswelten - auf Übereinstimmung angewiesen sind, werden Harmonisierungsstrategien mit scharf selektierender Wirkung entwickelt: Was Disharmonien stärkt, wird eliminiert, und zwar nicht nur aus der Öffentlichkeit, sondern auch aus dem privaten Bereich, wo dieser weltanschaulich pluralistisch geprägt ist.

III.

Der zu Beliebigkeit tendierende Pluralismus, der die Tendenz in sich zeigt, Religion nur in pervertierter Gesinnungs- und Selbstverwirklichungsform über den offenen Markt der Konsumangebote zu tolerieren, ist so gesehen im Blick auf die Kirche der radikalste Traditions-, besser Tradierungsbrecher. Damit aber nicht vorschnell antipluralistische Schlüsse aus dieser Feststellung gezogen werden und man auch die Chancen - Chance verstanden als Aufgabe, die vom Kairos, von der Gunst (und Ungunst) der Zeit zugewiesen werden -, die die Kirche im hier zur Diskussion stehenden Umbruchprozeß zuwachsen, etwas zu pointieren, sei hier versucht, den gesamten Lebenszusammenhang als Bedingungsraum gegenwärtigen Kircheseins und als Lebensraum von Christen ein wenig zu charakterisieren. Aber gibt es dafür überhaupt ein brauchbares Paradigma?

Wir sind gewohnt, in diesem Zusammenhang von säkularisierter Gesellschaft zu sprechen, von säkularisierten Lebensverhältnissen und verstehen den geschilderten Tradierungsbruch im Wertebewußtsein als Ergebnis von Säkularisierung. Ohne dies als offensichtlichen Sachverhalt in Frage stellen zu wollen, ziehe ich einen anderen Begriff vor und spreche lieber von nachchristlichen Lebensverhältnissen (nicht unbedingt, weil dieser dem der Säkularisierung analytisch überlegen wäre, sondern weil er auf kirchliches Handeln bezogen mir hilfreicher, zukunftsweisender zu sein scheint als der der Säkularisierung).

Der Begriff schafft in der Regel Unbehagen. Er suggeriert scheinbar das Ende des Christentums, insinuiert eine Lebens- und Wertewelt, für die das Christentum in keiner Weise mehr bestimmend ist. Der Begriff bezieht sich aber in erster Linie auf die *Verhältnisse,* in denen Christen heute leben, nicht auf den einzelnen als Person, auch wenn natürlich der einzelne von diesen Verhältnissen und auch die Kirche als Körperschaft beeinflußt ist[(13)].

Nachchristlich meint zunächst:

a) Es gibt - als Ergebnis des heute erkennbaren Tradierungsbruchs - keine geschlossenen christlichen Großmilieus mehr; und es wird sie in Zukunft auch weniger geben. Und auch die Kleinmilieus naturständischer Art sind nicht mehr die Regel, werden mehr und mehr zur Ausnahme. Dies gilt religiös-weltanschaulich auch für die Familie.

b) Nachchristlich sind unsere Lebensverhältnisse insofern, als christliche Lebensregeln nicht durch Sitte und Brauch und schon gar nicht per Gesetz verallgemeinerbar sind, also nicht für die Allgemeinheit verbindlich gemacht werden können.

c) Nachchristlich sind unsere Lebensverhältnisse auch insofern, als kein erkennbarer Druck aus dem Lebenskontext, sei er zur Beteiligung am kirchlichen Leben, sei er zur Einhaltung christlicher Lebensregeln, ausgeht.

c) Und nachchristlich sind die Lebensverhältnisse auch insofern, als die religiöse Biographie des einzelnen nicht vorgeformt mehr oder weniger feststeht. Gerade dadurch wird Christentum als Lebensgestaltung und auch die Glaubenstradierung ganz vorrangig zur Aufgabe des einzelnen.

Aber diese negativen Charakterisierungen des Nachchristlichen sind nicht alles. Es gibt - bezogen auf das mögliche Wirken der Kirche - auch positive Merkmale.

a) Kirche als Institution wird in der konkreten Verfaßtheit unserer Gemeinwesen nicht einfach verdrängt, sondern in die arbeitsteilige Gesellschaft als eines ihrer Subsysteme eingegliedert, eingegliedert allerdings im Sinne der gesellschaftlichen Bedürfnisse. Sie erhält eine hohe Kompetenzzuweisung in Sinngebung und Wertevermittlung: denn die staatlich verfaßte Gesellschaft lebt von Voraussetzungen, die sie selbst nicht schaffen kann. Die Kirche ist da als Legitimitätshilfe erwünscht; entsprechend wird sie natürlich zur Stützung bestimmter Interessen auch mißbraucht.

b) Christliches lebt weit über den kirchlich gebundenen Bevölkerungsteil hinaus fort in Personifikationen und Objektivationen.

1. In Personifikationen: Zeitgenossen leben, auch wenn sie sich vom kirchlichen Leben gelöst haben oder das Christentum ablehnen, vor allem ethisch noch weitgehend aus christlicher Tradition. Aber alle - ob bewußt Christen oder nicht - leben weltanschauungsmäßig im freien Raum, sind höherer Subjektivität ausgesetzt; tradiert wird vor allem, worüber man sich einig ist. Z. B. die politischen Grundwerte Freiheit,

Gerechtigkeit, Solidarität, auch wenn deren Begründung und Ausgestaltung im einzelnen streitig ist.

2. Und die Objektivationen des Christlichen? Gemeint ist damit: Unter nachchristlichen Lebensverhältnissen entwickeln sich autonom authentische christliche Sinn- und Wertgehalte: Die Höherbewertung des Wortes Frieden gegenüber etwa dem der Nation gehört hierher; oder der Übergang von der patriarchalischen Ehe zur partnerschaftlichen; das Menschenrechtsethos in seiner Gesamtheit. Diese Wertorientierungen entwickelt die Moderne autonom, es handelt sich dabei aber um im Christentum grundgelegte Gehalte (z. B. im Vergleich: Würde der Person - Gottebenbildlichkeit des Menschen.

Aber es entwickeln sich unter den nachchristlichen Verhältnissen auch besonders *problematische Linien.* Der in bezug auf das Christentum selbst kritischste Punkt: eine generelle Tendenz zur Transzendenzlosigkeit. Was diesbezüglich als Ergebnis aus der „Internationalen Wertestudie“ von deren Auswertung herausdestilliert wird, ist nicht unwirklich. Es gibt das Verblassen nicht nur der Gottesbilder, sondern der Wirklichkeit Gottes in der vom einzelnen erlebten Lebenswelt. Die sehr viel geringere Zustimmung zu den theo-logischen Geboten als zu den ethischen des Dekalogs ist durchaus aussagekräftig. Damit entfällt natürlich auch weitgehend der theonome Bezug in der Begründung und Gewichtung sittlicher Werte.

Ein aussagekräftiges Beispiel dafür sind alle jene ethischen Fragen, die mit menschlichem Leben im Umfeld Zeugung - Geburt und Tod zu tun haben. Der ethische Konsens bricht mit dem Verblassen des Gottesbezugs nicht insgesamt nieder; es sieht sogar so aus, als ob der Konsens in allem, was die Lebenserhaltung betrifft (Ethik des Überlebens), eher größer als geringer würde. Aber es gibt Einbrüche in Bereichen, in denen eine nicht theonome Begründung der Menschenwürde Fragen offenläßt: Das Kind, das nicht in die Lebensplanung paßt; das Recht auf ein „humanes“ Sterben. (Bei letzterem muß man freilich sehen, daß es sich um relativ neue Fragestellungen handelt: Medizintechnik als Lebenserhaltungstechnik. Aber was humanes Sterben ist, dürfte zwischen theonomer und selbstbestimmter Ethik strittig bleiben.)

Und der für das Ethos selbst kritischste Punkt: Die Gemeinwohlrationalität und die persönlichen Glückserwartungen laufen auseinander. Die persönlichen Lebenserwartungen richten sich wenig nach dem, was vom Allgemeinwohl im Sinne der praktischen Vernunft gefordert ist. In Gesellschaften mit hohem Freiheitsniveau ohne verbindliche „Weltanschauung“ haben es individualistische Wertorientierungen besonders leicht sich durchzusetzen. Und sie erhalten durch die Verrechtlichung alles Öffentlichen, durch die rechtliche Vernetzung aller Sozialbeziehungen, soweit sie öffentlich oder für das Gemeinwesen von Bedeutung sind, zusätzlichen Auftrieb.

Daraus ergeben sich tendenziell:

a) Eine Verflüssigung sozialer Bindungen im Privaten. Und damit eine Verschiebung in der Wertorientierung in der Weise, daß Bindungswerte im sozialen Primärbereich insgesamt unterschätzt werden. Nicht die Veränderungen in den Auffassungen über die Bedeutung von Ehe und Familie, diese sind relativ stabil, sondern im persönlichen Verhalten zu Ehe, Partnerschaft und Kind sind die eindringlichste Illustration dafür[(14)].

b) Eine Unterbewertung der Institutionen bei gleichzeitiger Übersteigerung privatistischer Leitbilder auf die Institutionen. Es akzentuiert sich der Anspruch, Institutionen nach Vorstellungen der eigenen Glückserwartungen finalisieren zu dürfen. Dabei bleibt die Neigung erhalten, Politik und Staat auch mit jenen Erwartungen zu belasten, die unter „christlichen“ Verhältnissen von den Eschatologien der Kirchen abgedeckt waren.

Aber dies ist vielleicht nicht das größte Problem, sondern der Staat, die Politik wird so leicht zum eigentlichen sittlichen Handlungssubjekt umgedeutet. Die Folge könnte sein, tendenziell die vollumfängliche Ersetzung sittlicher Handlungsmaximen durch staatliches Recht. Damit wäre dann das Ende auch der hart verteidigten privaten Freiheiten zumindest eingeleitet.

IV.

Aber wo liegen die Chancen der Kirche trotz dieser und innerhalb dieser Entwicklung? Dürfen wir überhaupt von Chancen sprechen? Zunächst einmal ist sie ja gleich dreifach geschwächt:

a) durch die Entwertung der von ihr vermittelten religiösen (theo-logischen) Werte,

b) damit durch den Funktionsverlust als Tradierungsfaktor insgesamt, speziell soweit es um die Tradierung ethischer Werte geht

c) und durch die geringe gesellschaftliche Verbindlichkeit dessen, was sie tradiert.

Wo liegen also angesichts des sich verändernden Wertebewußtseins und unter den Bedingungen nachchristlicher Lebensverhältnisse ihre Chancen?

1. In einem *konsequent theonomen Daseinsverständnis,* das sie auch in sich selbst verkörpern muß. Das mag auf die Kirche bezogen banal anmuten, ist es aber nicht, insofern das Signum der Zeit tatsächlich nicht der Rückgang an kirchlicher Bindung, auch nicht der Niedergang des ethischen Konsenses an sich, sondern das Verschwimmen der Gottesbilder und Gotteserfahrungen ist. In dem Maße, in dem sie den Theonomiebezug vernachlässigt, kommt Kirche selbst in Gefahr, im Sinne arbeitsteiliger Zuweisung durch die säkulare Gesellschaft als eine in der Herkunft zwar religiöse, in ihren heutigen Zielen aber als bloß diakonisch-humanitäre Einrichtung für den sozialen Bereich mißverstanden zu werden. Sie muß sich zutrauen, für das einstehen zu können, was ihr wesentlichster Daseinszweck ist: Zeichen des Geheimnisses Gottes unter den Menschen zu sein. Dies schließt den Gott der Schöpfung – Schöpfung anthropozentrisch verstanden – und eine entsprechend konsequente Vertiefung „natürlicher“ Theologie ein, nicht aus.

2. In einer konsequenten *Verschränkung von Glaube und Ethos.* Glaube muß sich in verantwortlichem Tun bewähren. Dies ist die rechte Rechenschaft über den Glauben, nicht der Rückzug in „spirituelle“ Erbauung. Auch das ist als Forderung eine Banalität. In der Wirklichkeit von Kirche und Gesellschaft heute ist es aber nichts Selbstverständliches. Denn es besteht stark die Neigung, das Gewicht des Ethos in der Verkündigung wie im Glaubensleben der Christen unterzubewerten; sich gar auf den „reinen“ Glauben zurückzuziehen. Man kann häufig hören, Kirche sei keine moralische Anstalt, sie sei aber allzulange als eine solche erschienen. Dies läßt sich nicht abstreiten. Dennoch gilt: Ethos ohne Gottesbezug ist brüchig, Glaube ohne strengen Ethosbezug ist weltlos. Eine starke Spiritualisierung des Glaubens arbeitet solcher Weltlosigkeit vor. Sie verschleiert zudem vielfach nur den Rückzug in sich selbst, in den religiösen Konsum auch in der Kirche.

3. In der Verknüpfung von Glaube und Ethos bedarf die Kirche aber einer *konsequenten Anerkennung der Moderne,* nicht nur der Moderne als durch Wissenschaft und Technik geschaffener instrumenteller Wertewelt; sie bedarf der Anerkennung der Moderne *gerade in den ethischen Werten,* die durch sie geschaffen worden sind. Die Kirche hat im II. Vatikanum zwar ein entschiedenes Ja zu diesen ethischen Werten gesagt und ihr eigenes 19. Jahrhundert damit korrigiert: Religionsfreiheit, endgülti-

ges Ja zum demokratischen Verfassungsstaat, Anerkennung der modernen Freiheits- und Gleichheitswerte insgesamt.

Walter Kasper hat - wohl im Blick auf das II. Vatikanum - vor einiger Zeit die Formel geprägt: die Kirche habe die moderne Freiheitsgeschichte „durch Anknüpfung im Widerspruch“ verarbeitet[15]. Die ist vermutlich eine etwas euphemistische Formel. In beiden Richtungen, in Richtung Anknüpfung wie in Richtung Widerspruch, bleibt noch viel zu verarbeiten. Dies zeigt sich im fortwirkenden Mißtrauen gegenüber den ethischen Impulsen dieser Freiheitsgeschichte wie in der oft rein negativen Beurteilung ihrer widersprüchlichen Wirkungen.

Dies und auch den Mut vorausgesetzt, sich auf die heutigen (nachchristlichen) Lebensverhältnisse überhaupt und nicht eskapatisch einzulassen, sind die Chancen trotz des Aufsaugens kirchlicher Kommunikationsstrukturen durch einen zu religiöser Beliebigkeit neigenden Pluralismus und trotz der Kappung überkommener Tradierungswege und des Verlusts tradierender Milieus nicht hoffnungslos. Der „Zeitgeist“ bläst der katholischen Kirche nicht nur ins Gesicht. Sie hat in den aktuellen Auseinandersetzungen ein Wort zu sagen. Was sie verkörpert, hat durchaus Echo, auch wenn dieses vielfach nicht auf sie zurückschallt. Denn es löst sich gegenwärtig nicht nur Tradition auf, es kommt zugleich auch wieder zu einer neuen Wertschätzung von Tradition. Es gibt so etwas wie ein „katholisches“ Lebensgefühl als Grundstimmung, um das uns evangelische Christen häufiger als früher beneiden. Zudem kommt ihr die eher fortschrittskritische Grundstimmung im gesamten gesellschaftlichen Umfeld entgegen. Durch einseitige Verherrlichung des technischen Fortschritts hat sich der Katholizismus nie versündigt.

In dieser veränderten geistigen Gemengelage muß die Kirche versuchen, sich neu verständlich zu machen. Eine Voraussetzung, damit sie das auch kann, ist freilich, daß sie ihre eigene Rangordnung ethischer Werte und Fragestellungen überprüft. Vor allem muß sie wegfinden von einer auch nur scheinbaren Gleichsetzung von Moral und Sexualmoral. Sie muß das ganze komplizierte Geflecht menschlicher Verantwortungen aufarbeiten, auch im Blick auf die persönliche Lebensführung, in die die technisch und sozial eng vernetzte Gesellschaft den einzelnen stellt. Von hier aus kann sie dann ihre, in den Grundlagen nicht entliehene, sondern eigenständig, theonom bestimmte Gesellschaftskritik aufbauen. Die Frage sozialer Bindungen kann dabei Anknüpfungspunkt sein.

Wolfgang Pannenberg hat einmal pointiert festgestellt: Die Bereitschaft, Gemeinschaft mit anderen herzustellen und das eigene Verhalten dadurch bestimmen zu lassen, bezeichne „den Punkt der Abhängigkeit der Moral von der Religion“[(16)]. Es läßt sich darüber streiten, ob dies so zutrifft. Ebenfalls streiten läßt sich über Pannenbergs bei gleicher Gelegenheit vorgetragene These, eine allgemein verbindliche Moral lasse sich gerade heute nur christlich legitimieren. Aber sicher ist damit das sensibelste Problem bezeichnet, nämlich den Nächsten so im Auge zu behalten, daß er nicht Opfer unserer Autonomieansprüche wird. Von hier aus kann und muß Kirche ihr Verhältnis zur neuzeitlichen Freiheitsgeschichte neu aufrollen. Ich bin sicher, daß sie nur auf diesem Weg auch religiöse Plausibilität zurückgewinnen kann. Die ist natürlich ein langer und ungewisser Weg, aber kurze und gewisse sind in dieser Weltzeit weder den Christen noch der Kirche verheißen.

Anmerkungen:

(1) Entsprechend der besonderen Zielsetzung des Vortrags konnten die Begriffe: Werte, Wertewandel, Wertebewußtsein, Werthaltungen nicht thematisiert werden. Ich darf deshalb an dieser Stelle auf meinen Artikel „Wertewandel“ im „Handwörterbuch religiöser Gegenwartsfragen“ (Hg. von U. Ruh, D. Seeber, R. Walter) Freiburg 1976, 488–493 verweisen.

(2) Gemeint ist damit die Auswertung der sog. „Internationalen Wertestudie“, einer internationalen Befragung zum Stichwort „Wertewandel“, die 1981/82 in elf europäischen Ländern und in den USA durchgeführt wurde. Vgl. dazu R. Köcher, Religiös in einer säkularisierten Welt, in: E. Noelle-Neumann/R. Köcher, Die verletzte Nation. Über den Versuch der Deutschen, ihren Charakter zu ändern, Stuttgart 1987. Die folgenden Bemerkungen beziehen sich ausschließlich auf R. Köchers Beitrag. Es ist dabei zu beachten, daß die Auswertung Köchers sich nicht auf die „Internationale Wertestudie“ allein beschränkt, sondern in diese Daten aus verschiedenen – auf die Bundesrepublik bezogenen – Mehrzweckumfragen einbezogen werden. Zur Auswertung der „Internationalen Wertestudie“ durch Noelle-Neumann/Köcher vgl. auch W. Sichler, Der Glaube, die Generationen und die Deutschen, in: Herder-Korrespondenz 41. Jh. (1987) 383–391; zur Gesamtauswertung: J. Stoetzel, Les valeurs du temps présent: une enquête européenne (Paris 1983).

(3) R. Köcher, a.a.O., 193.

(4) J. B. Metz, Wohin ist Gott, wohin dann der Mensch? Zur Zukunftsfähigkeit des abendländisch-europäischen Christentums, in: F. X. Kaufmann/J. B. Metz, Zukunftsfähigkeit. Suchbewegungen im Christentum, Freiburg 1987, 124–147; ders. Theologie gegen Mythologie. Kleine Apologie des biblischen Monotheismus, in: Herder-Korrespondenz 42. Jhg. (1988) 187–193, bs. 192. (Bei letzterem Beitrag handelt es sich um eine leicht veränderte und gekürzte Fassung eines Referats von Metz auf dem 14. Kongreß der Deutschen Gesellschaft für Philosopie.)

(5) J. Kard. Ratzinger, Abbruch und Aufbruch – Die Antwort des Glaubens auf die Krise der Werte. Text des Vortrags des Präfekten der römischen Glaubenskongregation am 27. 11. 87 in Wien. Kathpress-Sonderpublikation 87/11; zu einem Vortrag Ratzingers zum selben Thema in Eichstätt (vgl. Deutsche Tagespost, 28. 11. 87).

(6) Vgl. J. B. Metz, a.a.O., 139 f.
(7) R. Köcher, a.a.O., 166.
(8) Ebd., 167.
(9) R. Köcher, a.a.O., 242 ff. (Tabellenteil).
(10) Ebd., 184.
(11) Ebd., 228 (Tabellenteil).
(12) Ebd., 179.
(13) Als nachchristlich bezeichnet werden die Lebensverhältnisse hier und jetzt in ihrem geschichtlichen Gewordensein in Beziehung zu früheren, stärker vom Christentum geprägten Lebensverhältnissen. Da auf die Lebensumstände bezogen, hat nachchristlich, wie es hier verstanden wird, nichts zu tun mit der Frage, ob frühere Christen „christlicher" gelebt haben als heute oder ob es nicht sogar umgekehrt ist. Manche verwenden, um Mißverständnisse zu vermeiden, lieber das Wort „nachchristentümlich", im Verhältnis zu christentümlichen Gesellschaften, um deutlich zu machen, daß es dabei um die Lebensbedingungen von Christen und nicht um die Christlichkeit von Christen in einer bestimmten Gesellschaft geht. Die Mißverständlichkeit des Begriffes „nachchristlich" liegt auf der Hand (vgl. dazu auch Metz, a.a.O., 146). Dennoch ziehe ich ihn dem „Nachchristentümlich" vor. Er drückt nach meinem Empfinden ursprünglicher aus, wie stark Christen in ihrer eigenen Existenz von den konkreten Lebensverhältnissen, die auch ihr Christsein beeinflussen, bestimmt bzw. abhängig sind. Dies scheint mir wichtig, gerade wenn man die nachchristliche Beschaffenheit unserer Lebensverhältnisse nicht nur negativ, sondern auch positiv als Chance auch für das Wirken der Kirche sehen will.
(14) Diese Zwiespältigkeit der Situation illustriert G. Schmidtchen in zugespitzter Form am Beispiel des Partnerschaftsverhaltens vor allem jüngerer Frauen: „Partnerschaft nehmen Frauen sehr ernst. Eine gute Partnerschaft haben, das kommt für die meisten gleich nach dem Beruf oder gleichrangig mit ihm. Mehr als früher betonen die Frauen, große Liebe, das gäbe es. Liegt darin ein neokonservativer Zug? Eine Nachfrage klärt auf. Während früher die Frauen sagten, große Liebe, das gibt es nur einmal, erklären heute insbesondere junge Frauen in der Mehrheit, große Liebe, das kommt öfter vor. Das Episodenhafte wird mit dem Gefühl des Erhabenen umkleidet. Die Subjektivität zählt. Wenn schon die Beziehungen nicht von Dauer sind, so sind die Erlebnisse doch groß. Das Bekenntnis zur großen Liebe steigt, während die Bedeutung der Ehe sinkt. Untreue aber bleibt unangenehm. Man gibt sich tolerant, wenn es um andere geht. Man hat Verständnis, aber nicht, wenn die eigenen Beziehungen betroffen sind." G. Schmidtchen, Wohin gehen Frauen? in: Anton Rauscher (Hg.), Die Frau in Gesellschaft und Kirche. Analysen und Perspektiven (Berlin 1986) S. 12 f.
(15) In einem Vortrag aus Anlaß des 25jährigen Bestehens der Katholischen Kommission für Zeitgeschichte in Bonn-Bad Godesberg; vgl. Herder-Korrespondenz 42. Jhg. (1988) 10.
(16) Auf dem 13. Salzburger Humanismusgespräch (29. 9.–1. 10. 86).

WERNER SIMON

Wird die Weitergabe des Glaubens an die kommende Generation gelingen?

Die Herausforderung der Kirche durch die Tradierungskrise des Glaubens

Die Erfahrungen der vergangenen Jahre bestätigen eine Entwicklung, die zwar schon länger wahrgenommen werden konnte, wenn auch die Ausmaße der eingetretenen Veränderung erst allmählich bewußt werden: Die Weitergabe des christlichen Glaubens an die kommende Generation ist schwieriger geworden. Sie gelingt sowohl in den Familien wie auch in den Gemeinden und Schulen in einem zunehmend geringeren Umfang. Nicht wenige sprechen von einer „Tradierungskrise des Glaubens“[(1)], die sich nicht auf die Bundesrepublik Deutschland beschränkt, sondern ähnlich in den übrigen Ländern Westeuropas festgestellt wird.[(2)] Wie tief reicht diese offensichtlich nicht nur momentane und bald wieder vorübergehende Krise? Wo liegen ihre Wurzeln? Und was sind die Ursachen, die in dieser Entwicklung wirksam werden?

„Wird die Weitergabe des Glaubens an die kommende Generation gelingen?“ - In dieser Frage bringen nicht wenige erwachsene Christen ihre Sorge zum Ausdruck, ob und welche Zukunft der christliche Glaube in unserem Land und im Leben der ihnen nahestehenden Kinder und Jugendlichen haben wird.[(3)] Wie aber geschieht Weitergabe des Glaubens? Wird Glaube „weitergegeben“ wie ein fertiges Produkt, das es nur zu übernehmen und anzueignen gilt? Oder wird Glaube nicht immer wieder neu entdeckt in einer persönlichen Glaubensgeschichte, die nicht nur Wiederholung des Überkommenen, sondern wesentlich Aufbruch aufgrund einer gegebenen Verheißung ist? Glaube ist nicht „machbar“, er ist nicht „Ergebnis“ pastoraler „Strategien“ oder erzieherischer und unterrichtlicher „Bemühungen“. Daß Menschen sich voll Vertrauen von Gott angenommen und aufgerufen wissen, das ist und bleibt eine Erfahrung, über die wir nicht verfügen. Glaube ist und bleibt Geschenk. Und doch bedarf es des Zeugnisses von Menschen, die diesen Glauben erfahren haben und die so für seine Wahrheit einstehen, daß andere Menschen aufmerksam werden auf die in ihm erschlossene Zusage und Verheißung.

„Der Glaube kann nicht als Resultat von Lernprozessen beschrieben werden; aber er ereignet sich im Kontext menschlicher Lern- und Reifungsprozesse.“[4] Es gibt ein „Lernen auf Glauben hin“ und ein „Lernen im Glauben“. Gelernt werden soll zum einen, „*wo* die Glaubensentscheidung fällt“[5], worauf sich der Glaube bezieht, so daß er identifizierbar und eine verantwortliche Glaubensentscheidung möglich wird. Gelernt werden soll zum anderen, welche neue Lebensmöglichkeiten der Glaube erschließt: was er für mein Leben bedeuten und wie sich die Glaubensentscheidung in meinem Leben auswirken kann.[6] Ein solches auf den Glauben bezogenes Lernen ereignet sich nicht in einer sozial unvermittelten Unmittelbarkeit, sondern im mitmenschlichen Umgang, in Begegnungen, im Austausch von Erfahrungen, Beweggründen und Argumenten, welche die lebenspraktische Bedeutsamkeit und die vernünftige Einsichtigkeit der Glaubensüberzeugungen entfalten und verdeutlichen. Das Lernen an den verschiedenen „Lernorten des Glaubens“ geschieht in konkreten Sozialformen, die gelingendes Lernen erleichtern, aber auch erschweren können. Welche konkreten Sozialformen des kirchlichen Leben könnten heute Voraussetzungen dafür schaffen und sichern, daß glaubensbezogene Lernprozesse mehr als bisher angeregt und gefördert werden? Wie kann darüber hinaus ein solches Lernen in lebendigen personalen Beziehungen erzieherisch begleitet und unterrichtlich unterstützt werden?

Die nachfolgenden Ausführungen werden zunächst einige empirische Daten referieren und so die Situation in Erinnerung rufen, auf die wir uns beziehen. Sie werden zugleich das Ausmaß der gegenwärtigen Tradierungskrise verdeutlichen. In einem zweiten Schritt soll nach langfristig wirksamen Ursachen gefragt werden, die in der augenblicklichen Krise zum Tragen kommen. Die gegenwärtige Tradierungskrise des Glaubens ist nicht zuletzt auch eine Folge des im Zuge der neuzeitlichen Entwicklung gewandelten Beziehungsverhältnisses von Individuum, Kirche und Gesellschaft. Der dritte Schritt versucht einzelne pastorale und religionspädagogische Aufgabenschwerpunkte zu beschreiben und will in diesem Zusammenhang Perspektiven aufzeigen, in denen Lösungen für die anstehenden Probleme gesucht werden sollten. Die Herausforderung der Kirche durch die Tradierungskrise des Glaubens beinhaltet zugleich Chancen für eine zukunftsträchtige Erneuerung.

1. Die gegenwärtige Situation

Wenn auch Kirchenbindung und die Bereitschaft zum regelmäßigen Besuch des Gemeindegottesdienstes nicht gleichgesetzt werden dürfen, so gilt doch in der religionssoziologischen Forschung gerade aufgrund der bestehenden empirischen Zusammenhänge der Gottesdienstbesuch als ein wichtiger Indikator für die subjektiv erlebte Kirchennähe. Es besteht ein enger statistischer Zusammenhang zwischen öffentlicher gottesdienstlicher Glaubensäußerung und persönlicher Glaubensbindung. „Mit der öffentlichen Praxis fällt auch die private in der Regel zusammen . . ."[(7)] Der sich in der Teilnahme am öffentlichen Gottesdienst realisierende Kirchenbezug stützt den persönlichen Glauben. „Ohne Kirchenbezug . . . verflüchtigen sich auch die Glaubensinhalte."[(8)] Ohne diesen Bezug verflüchtigen sich in der Regel auch die in der konkreten kirchlichen Glaubensüberlieferung grundgelegten Glaubensvollzüge und Tradierungsprozesse.[(9)]

In West-Berlin hat sich die Zahl der katholischen Christen, die den sonntäglichen Gottesdienst besuchen, in den letzten 25 Jahren halbiert. Nahmen 1962 noch im Durchschnitt 27,3% der Katholiken am sonntäglichen Gottesdienst teil[(10)], so waren es 1985 nur noch 13,6%[(11)]. In der Bundesrepublik Deutschland hat sich in etwa dem gleichen Zeitraum die Zahl der Jugendlichen und jungen Erwachsenen, die nach eigenen Angaben selten oder nie zum Gottesdienst gehen, verdreifacht. Waren es 1963 22% der Katholiken zwischen 16 und 29 Jahren, so waren es 1980 bereits 60%[(12)]. Dabei ist zu bedenken, daß die 21- bis 30jährigen in West-Berlin mit 23,1% die größte Altersgruppe unter den Katholiken bilden.[(13)] Zu ihnen gehört die Mehrzahl der Eltern der kommenden Generation der Kinder und Jugendlichen.

Die Zahl der Kirchenaustritte ist bleibend hoch. In West-Berlin erklärten 1986 2700, 1987 3092 Getaufte ihren Austritt aus der katholischen Kirche.[(14)] Diese Zahlen stehen jeweils für 1% der Gesamtzahl der Katholiken. Sie stehen zugleich für jeweils eine Pfarrei mittlerer Größe.

Das Vertrauen, das die Generation der Jugendlichen und jungen Erwachsenen Religion und Kirche entgegenbringt, wurde geringer. Die Kompetenz der Kirche wird zunehmend enger definiert. Die Frage, ob Religion eine Antwort auf die Fragen unserer Zeit geben könne, bejahten 1986 nur noch 23% der 16- bis 29jährigen in der Bundesrepublik Deutschland.[(15)] Nur 19% der 18- bis 24jährigen sprechen in einer 1982 durchgeführten Befragung der Kirche eine Kompetenz im Hinblick auf Probleme des Familienlebens zu. Der Prozentsatz derer, die von der Kirche eine Antwort auf die Frage nach dem Sinn des Lebens erwarten, lag bei 28%.[16]

All dem entspricht, daß die Bereitschaft junger Eltern, ihre Kinder taufen zu lassen, nicht mehr selbstverständlich vorausgesetzt werden kann. Zwar beantworten in einer Befragung aus dem Jahre 1977 noch 82% der Befragten die Frage, ob ihre Kinder getauft werden sollten, positiv.[17] Aber eine ausdrückliche Ablehnung der Taufe nimmt besonders in den Großstädten und bei formal höherem Bildungsgrad zu. Auch in West-Berlin ging die Zahl der Taufen stärker zurück, als dies aufgrund der Geburtenzahlen zu erwarten gewesen wäre. 1984 erfolgte bereits jede siebte Taufe im Schulalter oder später.[18]

In der Konsequenz dieser Entwicklung wandelt sich auch die Einstellung und die Bereitschaft zu einer religiösen Erziehung der Kinder und Jugendlichen. In der oben erwähnten Umfrage von 1977 lehnten bereits 25% der Befragten und 42% der befragten 16- bis 29jährigen eine religiöse Erziehung grundsätzlich ab.[19] Nur 10% der 1982 befragten 25- bis 44jährigen halten die Vermittlung religiöser Überzeugungen für ein besonders wichtiges Ziel bei der Erziehung von Kindern.[20] Diese Stellungnahmen sind auch vor dem Hintergrund zu lesen, daß in der gleichen Umfrage von 1982 41% der damals 16- bis 29jährigen verneinten, daß ihre Eltern eine besondere Beziehung zur Religion gehabt hätten.[21] Es handelt sich um Jugendliche und junge Erwachsene, die zwischen 1953 und 1966 geboren wurden.

Die angeführten Zahlen und Beobachtungen signalisieren einen tiefgreifenden Umbruch. Das Ausmaß und die Reichweite des bereits eingetretenen Wandels wurden vor allem in den beiden vergangenen Jahrzehnten deutlich wahrnehmbar und drangen in das öffentliche Bewußtsein. Die Ursachen der als „Krise“ interpretierten Veränderung liegen jedoch weiter zurück als die Zeitspanne von 1968 bis 1973, die wiederholt als entscheidende Zeit des Umbruchs genannt wird, die aber im Hinblick auf die beschriebene Entwicklung mehr in der Weise eines Katalysators, denn als Primärusache gewirkt haben dürfte.[22]

Abgenommen hat die Bereitschaft zu einer auch öffentlich manifestierten Kirchenbindung. Gewachsen ist die Distanz zur institutionell verfaßten Kirche. Nur eine Minderheit der Getauften steht in einem regelmäßigen Austausch mit den Kirchengemeinden und ihrem

Gottesdienst. Nur eine Minderheit der Eltern ist bereit, ihre Kinder in der Familie auf einem Weg zu begleiten und zu unterstützen, der diesen einen Zugang zum Gemeindeleben und die Teilnahme an seinen Vollzügen erschließt. Die Erwartungen, die Eltern im Hinblick auf den schulischen Religionsunterricht entwickeln, zielen mehrheitlich weniger auf den Aufbau und die Festigung religiöser Bindungen als auf eine Förderung sozial erwünschter Einstellungen und Verhaltensweisen wie Rücksichtnahme, Verantwortungsbewußtsein und soziales Engagement.[(23)] Die in diesem Zusammenhang zunehmenden Schwierigkeiten der Glaubenstradierung sind Ausdruck und Folge einer zunehmenden Entfremdung zwischen einem großen Teil der heutigen Generation der Erwachsenen, vor allem der jungen Erwachsenen, und der gegenwärtigen Kirche. In der Geschichte dieser wachsenden Entfremdung liegen die Ursachen für die abnehmende Bereitschaft vieler Eltern, bei ihren Kindern Interesse zu wecken für eine Orientierung aus dem Glauben, die sie selbst als Kraft in ihrem Leben nicht oder nicht mehr erfahren und erleben.

Die Bemühungen von Katecheten und Lehrern, den christlichen Glauben jungen Menschen näherzubringen und zu erschließen, stoßen in den vergangenen Jahren seltener auf einen engagierten oder gar aggressiven Widerstand: Sie begegnen in wachsendem Maße einer Haltung des Desinteresses, der Gleichgültigkeit oder der Indifferenz.[(24)] Gleichgültigkeit, das heißt: es bestehen keine Befürchtungen, die zum Widerspruch reizen, es bestehen aber auch kaum Erwartungen, die ein positives Interesse wecken würden. Das, was der christliche Glaube bezeugt und wozu er aufruft, erscheint vielen jungen Menschen – so wie sie diesem Glauben in ihrem erlebten Alltag begegnen – als für ihr eigenes Leben und die eigene Lebensführung bedeutungslos, irrelevant.

Wie kommt es zu diesem Bedeutungsverlust des Glaubens? Wie kommt es, daß offensichtlich der Zuspruch und Anspruch, aber auch der Widerspruch der christlichen Botschaft hierzulande immer weniger wahrgenommen wird oder wahrgenommen werden kann? Und dies, wie bereits erwähnt, nicht nur hierzulande, sondern auch in vielen unserer westeuropäischen Nachbarländer. Wo liegen die Ursachen und Wurzeln dieses öffentlichen Bewußtseinswandels, an dem Erwachsene und junge Mensch gleichermaßen partizipieren?

Die Tradierung des christlichen Glaubens an die kommende Generation ist in Westeuropa, zumal in der Bundesrepublik Deutschland, vielfach gestört, nicht selten abgebrochen.[(25)] Die überkommenen

Tradierungsformen, die von einem sich wechselseitig unterstützenden Zusammenwirken von Familie, Pfarrgemeinde und Schule ausgehen, fallen zum Teil aus oder erweisen sich vielfach als überfordert, wenn sie den Auswirkungen dieser Tradierungskrise wirksam begegnen sollen. „Ist die Tradierung, die Überlieferung religiöser Überzeugungen erst einmal derart gestört, läßt sich die Entwicklung nicht mehr kurzfristig umkehren.“[(26)]

2. Tradierungskrise des Glaubens in der Konsequenz eines gewandelten Beziehungsverhältnisses von Individuum, Kirche und Gesellschaft

Kirchliche Glaubensüberlieferung ereignet sich nicht in einem ungeschichtlichen, sozial und kulturell unbestimmten Tradierungszusammenhang. Sie gelingt oder mißlingt im Zusammenhang konkreter kirchlicher Sozialformen. In sie eingebettet, werden religiöse Überzeugungen plausibel, werden im Glauben motivierte Wertorientierungen glaubwürdig, bewähren sich konkrete christliche Lebens- und Handlungsformen. Solche Sozialformen und ihnen korrespondierende Weisen der religiösen Erziehung, Bildung und Unterweisung unterliegen dem Wandel. Sie müssen immer wieder überprüft werden, ob sie eine situationsangemessene Erschließung und Vermittlung des Glaubens fördern und nicht hindern. Es muß überprüft werden, ob in den von ihnen bereitgestellten Lernzusammenhängen Lebensmöglichkeiten aus dem Glauben erfahrungsbezogen entdeckt, mit Herz und mit Verstand angeeignet und schließlich im praktischen Umgang gelebt und verwirklicht werden können. Die wachsende Distanz und die zunehmende Indifferenz, mit der viele junge und erwachsene Menschen der gegenwärtigen Kirche begegnen, ist auch ein Indiz dafür, daß offensichtlich die in diesem Zusammenhang begegnenden Lernangebote an Kraft verlieren, den christlichen Glauben heute so zu erschließen, daß er eine erfahrungsbezogene Glaubwürdigkeit und Motivationskraft erlangen könnte.

Die beobachteten Veränderungen können jedoch nicht allein aus einem binnenkirchlichen Blickwinkel heraus verständlich gemacht werden. Sie sind auch Folgen einer gesamtgesellschaftlichen Entwicklung, die in der Neuzeit und Moderne zu einem gewandelten Verhältnis von Kirche und Gesellschaft führte und deren Auswirkungen auf die individuellen glaubensbezogenen Lernprozesse erst heute in vollem Ausmaß erkennbar werden.

2.1 Die Soziologie beschreibt die Entwicklung, die zur Ausbildung der komplexen modernen Gesellschaft führte, als einen Prozeß zunehmender *Differenzierung.* Immer mehr Lebensbereiche lösen sich aus dem bisher von der Kirche und dem christlichen Glauben her strukturierten Zusammenhang. Sie organisieren sich nach eigenen, vernünftig begründeten Sachgesetzlichkeiten: als selbständige, autonome Lebensbereiche und Sinnbezirke. So entstehen autonome Wissenschaften und Künste, ein eigenen Sachgesetzen folgender Bereich der Wirtschaft, ein sich eigenständig und ohne unmittelbaren Rekurs auf den christlichen Glauben begründender Raum des Rechts und des staatlichen und politischen Handelns. Es entwickelt sich nicht zuletzt das neuzeitliche, sich in der Erfahrung der praktischen Vernunft legitimierende Ethos der Freiheit und Gerechtigkeit, der Menschenwürde und der Menschenrechte, daß auch ohne eine explizit religiöse Begründung allgemeine Geltung gewinnt und beansprucht.

Dieser Prozeß einer *Rationalisierung* weiter Lebensbereiche wurde seitens der christlichen Kirchen vielfach mit Mißtrauen betrachtet und begleitet. Es wurde vorwiegend als ein Prozeß der „Entchristlichung" und der „Säkularisierung" interpretiert und wahrgenommen. Erst allmählich wuchs die Einsicht, daß die recht verstandene Autonomie der irdischen Wirklichkeiten nicht im Widerspruch, sondern in der Konsequenz des recht verstandenen christlichen Schöpfungsglaubens steht: daß – wie es das Zweite Vatikanische Konzil formuliert – in der christlichen Heilsordnung „die richtige Autonomie der Schöpfung und besonders des Menschen nicht nur nicht aufgehoben, sondern vielmehr in ihre eigene Würde eingesetzt und in ihr befestigt"(27) wird.

Die Ablehnung und die Verurteilungen, mit denen man kirchlicherseits vielfach dieser neuzeitlichen Freiheitsgeschichte begegnete, wirken bis heute nach. Die Entfremdung und Beziehungslosigkeit zwischen Kirche und neuzeitlicher Kultur ist bis heute für nicht wenige ein Grund, dem christlichen Glauben und der kirchlichen Verkündigung dieses Glaubens mit Skepsis und Vorbehalt zu begegnen. In all dem stellt sich drängend die Frage, wie heute eine mündige Existenz in den säkularen Lebenszusammenhängen im Glauben gelebt und verwirklicht werden kann. „Dieses Mündigsein bewährt sich in sittlichen Entscheidungen, Belangen und in der Übernahme von Verantwortung und setzt voraus, daß sich jemand um ein Urteilsvermögen bemüht. Der mündige Mensch geht mit Vernunft vor, respektiert Freiheit und Autonomie, ist sich aber auch bewußt, wie stark wir eingebunden sind in Bindungen, Beziehungen und Verpflichtung zur Mitmenschlichkeit."(28) Es bereitet noch immer vielerorts Probleme, die in solchen „weltlichen“ Vollzügen gewonnenen Erfahrungen mündiger gläubiger Männer und Frauen auch innerhalb der Kirche als authentische Glaubenserfahrungen zu bejahen und anzuerkennen. Es war ein wichtiges Anliegen des Zweiten Vatikanischen Konzils, in den Laien nicht nur Träger gesellschaftlicher Verantwortung, sondern auch Mitträger eines lebendigen Kirchenlebens zu sehen: „Sie bringen ihre Erfahrungen in Ehe und Familie und allen Bereichen der modernen Lebenswelt ein. In ihrer Berufstätigkeit erleben sie die relative Eigenständigkeit der weltlichen Sachbereiche, die sie kompetent mitgestalten, und praktizieren . . . die demokratischen Regeln von Beratung, Mitbestimmung und Dialog. Sie müssen auch im kirchlichen Zusammenleben (mehr als bisher, W. S.) als authentische und kompetente Partnerinnen und Partner anerkannt werden.“[(29)]

2.2 Die Ausgliederung einzelner Teilbereiche aus dem gesamtgesellschaftlichen Zusammenhang führt zu einer Aufspaltung. Sie *segmentiert* den individuellen und sozialen Lebenszusammenhang. Der einzelne nimmt vielfältige, als Rollen beschreibbare Teilbeziehungen wahr. Er lebt gleichzeitig in einer Vielzahl von Lebenswelten: in der Welt des Berufes und der Freizeit, der Welt des familiären Zusammenlebens und der öffentlichen Kommunikation, der Welt der Politik und der Religion. Er lebt diese Teilbeziehungen nicht selten in einem spannungsreichen, ja widersprüchlich erlebten Nebeneinander, das einen übergreifenden Gesamtzusammenhang nicht mehr erkennen und erfahren läßt. „Obwohl unser Wissen über die Verhältnisse, in denen wir und andere leben, im einzelnen immer weiter zunimmt, wird doch unser Wissen von der Welt im Ganzen immer fragmentarischer. Oder genauer: Wir verlieren immer mehr die Illusion, die Welt im Ganzen begreifen zu können.“[(30)]

Auch der christliche Glaube, der im vorneuzeitlichen Lebenszusammenhang eine solche Integration sicherte, bleibt von diesem Wandel nicht unberührt. Er gewinnt im Zuge der neuzeitlichen Entwicklung einen neuen Stellenwert. Der Bereich der Religion wird im Rahmen der gesamtgesellschaftlichen Arbeitsteilung ein Teilbereich neben anderen, der von den Kirchen autonom und in eigener Verantwortung verwaltet und gestaltet wird. Ein gesamtgesellschaftlich verbindliches Monopol der Weltdeutung kann er in diesem Zusammenhang nicht mehr beanspruchen. Religion und christlicher Glaube werden mehr und mehr zur „Privatsache“, zum Gegenstand individueller Wahl und Auswahl und tendenziell dem Freizeitbereich zugeordnet. „‚Kirche‘ und ‚kirchlich verwaltete Religion‘(!) sind zu spezifischen Sinnprovinzen der Moderne geworden, ähnlich dem Arbeitsleben, der Politik oder der Familie, welche die Person und ihre Fähigkeiten zur Weltbewältigung nur noch marginal betreffen. Kirchlichkeit wird zur Rollenbeziehung unter anderen."[31] Solche Religion vermittelt den Menschen Sinn an den Krisen- und Wendepunkten ihres Lebens. Sie ermutigt sie zu einem verantwortungsbewußten Handeln. Diese funktional eingepaßten Teilleistungen sind sozial durchaus erwünscht und akzeptiert. Andererseits werden jedoch „Einmischungen" der kirchlichen Verkündigung, die etwa vorherrschende Wertorientierungen anderer gesellschaftlicher Teilbereiche kritisch in Frage stellen, als illegitime „Grenzüberschreitungen" zurückgewiesen. Kirche ist so einerseits geachtet, andererseits aber oft einflußlos, wo es um mehr als die ihr gesamtgesellschaftlich eingeräumten Teilaufgaben geht. Der gesamtgesellschaftliche Bedeutungsverlust, den der christliche Glaube in diesem Zusammenhang erfährt - seine *„Privatisierung"* und *„Marginalisierung"* - bedeutet auch einen Verlust an sozialer und kultureller Unterstützung für seine Tradierung. Seine soziale Plausibilität wird geringer. Die Weitergabe und die Übernahme des tradierten Glaubens werden dadurch weniger selbstverständlich.

2.3 So führt die Säkularisierung weiter Lebensbereiche zugleich zu einer *„Verkirchlichung des Christentums"* in dem Sinne, daß sich das christliche Moment in Kultur und Gesellschaft mehr und mehr in der kirchlichen Organisation konzentriert, die damit in zunehmendem Maße zum öffentlichen Repräsentanten des Christlichen in der Gesamtgesellschaft wird.[32] Der Ausbau der kirchlichen Organisation folgt dabei dem Vorbild und den Grundsätzen vergleichbarer Großorganisationen im Bereich von Staat und Wirtschaft. Auch in der kirchlichen Verwaltung kommen mehr und mehr die Momente einer bürokratischen Organisation zum Tragen mit der Tendenz zur Verrechtlichung und Formalisierung der Sozialbezüge, mit einer klaren Abgrenzung der Kompetenzen in einer arbeitsteiligen Gesamtorganisation, mit eindeutigen Unter- und Überordnungen und einer wachsenden Zentralisierung der Entscheidungskompetenz. Es kommt zur Ausbildung jener bürokratischen Organisationsform von Kirche, die aufgrund ihres anonymen Systemcharakters und aufgrund der Machtförmigkeit, mit der in ihr Entscheidungen gefunden und durchgesetzt werden, gerade heute zunehmend in Widerspruch gerät zu dem erneuerten Selbstverständnis der Kirche als einer geschwisterlichen Gemeinschaft, die aus der Mitverantwortung aller ihrer Glieder lebt und handelt.[33]

Auch die erzieherischen und katechetischen Bemühungen werden in einem bisher nicht gekannten Ausmaß „organisiert": vor allem in der nun in den Vordergrund tretenden Form des schulischen Religionsunterrichts, der nach der Durchsetzung der allgemeinen Schulpflicht potentiell alle Kinder und Jugendlichen im schulpflichtigen Alter erreicht. Ihn erteilen entsprechend ausgebildete und geprüfte Geistliche und Lehrer, berufsmäßig, in Jahrgangsklassen, stundenweise, nach zugelassenen und verbindlichen Lehrplänen und Schulbüchern, die das im Unterricht zu vermittelnde Wissen gliedern und zusammenfassen. Im Hinblick auf das Ziel der geordneten Wissensvermittlung erweist sich der so organisierte schulische Unterricht durchaus als effektiv. Er ist in dieser Hinsicht dem eher zufälligen Lernen im Alltag überlegen. Andererseits trennt er jedoch die religiöse Unterweisung von den lebensgeschichtlich bedeutsamen Handlungszusammenhängen, löst sie heraus aus dem unmittelbaren Umgang mit den primären Bezugspersonen. Er verliert dadurch notwendig an erzieherischer Kraft. Sekundäre Bezugspersonen erlangen den Status von kompetenten Experten, während den primären Bezugspersonen nur mehr hinführend-vorbereitende oder unterstützend-begleitende Aufgaben verbleiben. Glaubensweitergabe geschieht im amtlichen Auftrag. Sie wird zur Dienstleistung, die durch ein professionell ausgebildetes und hauptamtlich für diese Aufgabe angestelltes Personal wahrgenommen wird.[(34)] Die erzieherischen Grenzen eines so organisierten und von den ursprünglichen Handlungs- und Lebensvollzügen des zwischenmenschlichen Umgangs abgehobenen religiösen Lernens liegen auf der Hand. Dennoch wurden sie erst allmählich wahrgenommen und rücken vielfach erst heute in das allgemeine Bewußtsein.

2.4 Die Grenzen blieben zunächst auch deshalb verdeckt, weil die schulische religiöse Erziehung und Unterweisung eingebettet blieb in das Milieu einer konfessionell geprägten katholischen Teilkultur, jener *Sozialform des „Katholizismus“,* wie sie sich seit Beginn des 19. Jahrhunderts vor allem im west- und mitteleuropäischen Raum entwickelte.[(35)] Das sozial und kulturell prägende „katholische Milieu“ war eine zumeist aus der Minderheitenposition heraus gefundene Antwort auf die neuzeitlichen Wandlungsprozesse. Es kommt zum Ausbau konfessioneller Sonderinstitutionen für alle relevanten Lebensbereiche: von Schulen und Einrichtungen der Krankenpflege, von Berufs- und Sozialverbänden, von politischen Parteien und einem konfessionellen Pressewesen bis hin zu vielfältigsten Vereinen gemeinsamer Freizeitgestaltung. Dieser in den alltäglichen Lebenszusammenhängen verankerte Lebensraum förderte und stützte eine konfessionell begründete Identität. Das Leben in diesem sich wechselseitig bestätigenden Zusammenhang der verschiedenen Lebensbereiche ermöglichte Orientierung und entsprach zugleich dem Bedürfnis nach Sicherheit in einer Zeit des sozialen und kulturellen Umbruchs. „In ihm blieb die gesamte soziale Wirklichkeit noch im Rahmen eines einheitlichen Deutungssystems interpretierbar. Die Milieus bildeten große Lebenswelten, an deren Grenzen Folgeprobleme der Modernisierung für die individuelle Lebensführung abgefangen und abgefedert werden.“[36] Ihre relative Geschlossenheit wurde erkauft mit der Reduktion der Sozialkontakte zu denen, die „draußen“ standen und nicht der eigenen Konfession angehörten. Sie wurde erkauft mit einer sich distanzierenden Abgrenzung gegenüber den kulturellen Entwicklungen und Neuaufbrüchen der Moderne. Die sozialisierende Kraft des „katholischen Milieus“ auf einen großen Teil der nachwachsenden Generationen darf nicht unterschätzt werden, zumal es auch in seinen Verbänden und Organisationen weithin in den alltäglichen und personal vermittelten Sozialbezügen verwurzelt blieb. Es führte „zu einer historisch einmaligen Blüte eines konfessionell geprägten, kirchenbezogenen Christentums“[37].

Die mit diesem Konzept einer katholischen Teilkultur verbundene Abgrenzung konnte jedoch spätestens mit dem nach 1945 auch in der Bundesrepublik Deutschland verstärkt einsetzenden Modernisierungsschub nicht länger durchgesetzt und aufrechterhalten werden. Die Bevölkerungsverschiebungen in der Folge von Kriegszerstörungen und Vertreibung, die zunehmende örtliche und soziale Mobilität veränderten die konfessionellen Mehrheitsverhältnisse. Berufliche Mobilität und ein verändertes Bildungsverhalten, die selbstverständlich werdende Teilnahme am gesamtgesellschaftlichen Austausch von Meinungen und kulturellen Neuerungen - dabei kommt der Vermittlungsfunktion der Massenmedien eine wachsende Bedeutung zu - führen tendenziell zur Aufhebung und Auflösung konfessionell bestimmter Teilkulturen. Auch die Differenz von Stadt und Land verliert dabei zunehmend an Bedeutung. „Was wir heute als Entkirchlichung auch im katholischen Raum erleben, ist also teilweise eine Konsequenz des Aufbrechens der katholischen Subkultur nach dem Zweiten Weltkrieg. Wir zahlen heute den Preis für die Abschottung der Katholiken von den Entwicklungen der Neuzeit . . .“[38].

„Das Abschmelzen des katholischen Milieus führte zu einem Individualisierungsschub, der auch das Glaubensverständnis und die Bindung an die Kirche erfaßte.“[39] Konflikte zwischen allgemein vorherrschendem und kirchlichem Wertbewußtsein werden nun bewußter wahrgenommen und werden individuell unterschiedlich gelöst.[40] Auch die Tradierung religiöser Wertorientierungen und Überzeugungen wird mehr und mehr zu einer „freiwilligen“ Leistung von einzelnen. Sie erfolgt zunehmend selektiv, nämlich gemäß den individuellen Auswahlkriterien subjektiver Bedeutsamkeit und Zustimmung.[41]

2.5 Die beschriebene Entwicklung führt nicht nur zu einem veränderten Verhältnis von Religion und Gesellschaft. Sie hat auch ein verändertes Verhältnis des einzelnen Menschen zur Religion und zur Gesellschaft zur Folge. Die Aufspaltung des Lebenszusammenhangs in autonome Teilbereiche, in denen der einzelne je spezifische Rollenbeziehungen wahrnimmt, und der *Pluralismus* möglicher Sinnorientierungen, der mit dieser Ausdifferenzierung einhergeht, stellen einen gesamtgesellschaftlich verbürgten Sinnzusammenhang in Frage, aus dem heraus der einzelne seine Identität gewinnen könnte. Der einzelne steht vor einer Überfülle werthaltiger Lebensmöglichkeiten, die ihn zwingen, auszuwählen und zu gewichten. „Die Folge gesteigerter gesellschaftlicher Komplexität scheint eine Nivellierung unserer Kultur zu sein, die im Stichwort des ‚Pluralismus‘ auf ihren Begriff kommt. Diese Nivellierung und die daraus folgenden ‚Sinnkrisen‘ sind nun allerdings keine Konsequenz eines Wertverlusts . . ., sondern eher die Folge einer Hypertrophie der Werte. Moderne Gesellschaften sind in der Stabilisierung der verschiedensten werthaften Möglichkeiten so erfolgreich, daß kein Menschenleben ausreicht, um diese Vielfalt auch nur annähernd zu erfahren und ins Lebensdienliche umzusetzen.“[42] Die Gesamtkultur kann in dieser Situation nur noch selektiv angeeignet werden. Identität ist nicht länger vorgegeben, sie ist immer neu aufgegeben. Sie wird dort erlangt, wo der einzelne als Person die vielfältigen Herausforderungen - auswählend und gewichtend - in einer sinnvollen lebensgeschichtlichen Perspektive annimmt, integriert und verantwortlich gestaltet. Zu den Voraussetzungen dieser Identität gehört auch die Kraft, im Augenblick nicht auflösbare Mehrdeutigkeiten und Unstimmigkeiten als solche auszuhalten.[43]

Diese Einheit des personalen Handelns und die Kontinuität des lebensgeschichtlichen Zusammenhangs sind gefährdet. Sie müssen gegen den raschen Wechsel situationsspezifischer Anforderungen und im Zusammenhang vielfältiger, oft nur punktueller Sozialkontakte immer wieder neu gewonnen werden. Nicht wenige Menschen erfahren diese Situation als eine Überforderung und resignieren angesichts der gestellten Aufgabe. Erschwerend kommt hinzu: „Wo eine Kultur keine ‚höchsten Möglichkeiten‘ mehr definiert, sondern ihre Werte als grundsätzlich gleichberechtigt vertritt, werden sie aus der Perspektive des einzelnen gleich gültig und damit gleichgültig, beliebig.“[44] In dieser sozial-kulturell bedingten Erfahrung der *„Gleich-Gültigkeit“* sieht der Religionssoziologe Franz-Xaver Kaufmann den „Kern des religiösen Indifferentismus" der Gegenwart.(45) Die konkreten Formen, in denen sich dieser Indifferentismus äußert, reichen von einem reflektierten Agnostizismus, der sich unter Hinweis auf die begrenzte Reichweite der endlichen Vernunft eines Urteils über die Wahrheit religiöser Letztbestimmungen enthält, bis hin zu hedonistischen und utilitaristischen Alltagsorientierungen des menschlichen Handelns, die die Gültigkeit *allgemein* verbindlicher ethischer Maßstäbe lebenspraktisch in Frage stellen.(46) Gemeinsam ist diesen Formen der Indifferenz die Haltung, die Entscheidung über die Verbindlichkeit unentschieden, in der Schwebe zu lassen, Zustimmung oder Ablehnung aufzuschieben. Sie beziehen sich nicht allein, aber auch auf religiöse oder Glaubensentscheidungen. Religiöser Indifferentismus ist in diesem Zusammenhang auch der „subjektive Reflex einer gesamtgesellschaftlich desorientierten Situation"(47).

3. Perspektiven der Erneuerung

Die bisherigen Überlegungen waren Bemühungen, besser zu verstehen, wie es zu der gegenwärtig beobachtbaren Krise der Tradierung des christlichen Glaubens kam und welche Gründe sich aufgrund der Entwicklung des Christentums im Kontext von Kultur und Gesellschaft der Neuzeit und der Moderne für eine Erklärung nahelegen. Im Folgenden soll nun vor diesem Hintergrund gefragt werden: Wie können und sollen wir dieser Situation begegnen? Welche Aufgaben stellen sich heute? Welche Schwerpunkte sollten bei diesen Bemühungen gesetzt werden?

3.1 Betrachten wir zunächst die Eigenart der Lernprozesse, in denen religiöse Wert- und Sinnorientierungen erworben werden. Individuelle Werthaltungen entwickeln und entfalten sich in persönlichen Begegnungen und im zwischenmenschlichen Umgang. Sie werden aufgebaut durch Identifikation und in der Auseinandersetzung mit Bezugspersonen, die als vorbildhaft erlebt und bewertet werden. Solches Lernen durch Identifikation setzt verläßliche und dauerhafte Sozialbeziehungen voraus. Es wird möglich in Lebenszusammenhängen, die überschaubar sind, so daß die konkreten Folgen des eigenen und fremden Handelns unmittelbar erlebt und anschaulich wahrgenommen werden können, was zugleich die Voraussetzung dafür ist, daß auch konkrete Übertragungen auf analoge Situationen anschaulich vorstellbar werden.

„Die Frage ist, wo sich heute noch soziale Situationen ausreichender Dichte und Dauer finden, daß in ihnen persönliche Beziehungen ausreichender Intensität für die Übernahme christlicher Werte entstehen können."[48] Hauptaufgabe zukünftiger Pastoral muß es sein, solche Erfahrungsräume zu sichern und zu schützen und sie dort, wo sie verlorengegangen sind, in neuer Weise wiederzugewinnen.

3.2 Aufgrund der Intimität der in ihr gelebten Beziehung und aufgrund der ihr eigenen ganzheitlichen und personalen Formen des Umgangs ist die *Familie* ein ursprünglicher Ort solcher werttradierender Lernprozesse. Sie fällt jedoch als Ort der Glaubenstradierung zur Zeit weithin aus.

Die Entfremdung zwischen vielen jungen Eltern, Männern und Frauen, und der gegenwärtigen Kirche ist groß. Kirche wird von der Mehrzahl der jungen Erwachsenen, wie auch in der breiten Öffentlichkeit, vor allem in ihrem institutionellen Handeln, als „Amtskirche", wahrgenommen. Sie erleben vielfach die kirchliche Verkündigung mehr als den Anspruch einer Amtsautorität, eheliches und familiäres Leben gleichsam „von außen" - gebietend und verbietend - zu normieren, denn als eine Hilfe und Unterstützung, die ermutigt, ein partnerschaftliches Zusammenleben in Ehe und Familie eigenverantwortlich zu gestalten - im Horizont eines verheißungsvollen und befreienden Glaubens. Nur dort, wo Eltern den christlichen Glauben selbst als eine sinnstiftende Kraft für ihr eigenes Leben wiederentdecken, werden sie auch daran interessiert sein, ihre Kinder an dieser gemeinsamen Lebensorientierung teilnehmen zu lassen. Insofern kommt der Pastoral der jungen Erwachsenen eine Schlüsselrolle zu.

Gesprächskreise junger Erwachsener, gemeinsame Freizeiten, Eheseminare auf pfarrlicher und überpfarrlicher Ebene könnten Orte der Begegnung und des Austausches sein, an denen gemeinsam neu darüber nachgedacht wird, wie heute christlicher Glaube mitten im alltäglichen Leben konkret Gestalt gewinnen kann und wie von den Verheißungen des Glaubens her Ehe und Familie in einer überzeugenden und hoffnungsvollen Weise gelebt werden können.

Die Privatisierung von Religion und Glaube führt dazu, daß auch in der Familie nicht selten unterschiedliche religiöse Überzeugungen und Lebensstile nebeneinander gelebt werden. Religion wird auch in der Familie immer mehr zur „Privatsache", zum Gegenstand individueller Wahl und Entscheidung. „Die Durchschnittsfamilie von heute ist religiös auf verschiedenste Weise gespalten."[49] Dies erschwert nicht nur die Ausbildung gemeinsamer religiöser Lebensformen innerhalb des alltäglichen und sonntäglichen Zusammenlebens. Auch das Gespräch und der Austausch über religiöse oder Glaubensfragen ist in vielen Familien verstummt: „Man klammert aus dem täglichen Leben aus, worüber man nicht einig ist. Dazu gehört in der Regel auch der Glaube. Das hat tendenziell zur Folge: man vermeidet das religiöse Gespräch und entsprechend auch jede religiöse Praxis. Glaube wird tabuiert, Religion findet in der Familie nicht mehr statt."[(50)]

Vor diesem Hintergrund wächst den Gemeinden eine wichtige kompensatorische Aufgabe zu. Sie sind Orte, an denen Glaube gemeinsam und öffentlich bezeugt, gefeiert und in vielfältigen Formen des Engagements gelebt wird. Sie sind so zugleich Orte, die einladen könnten, in ihrer Mitte gemeinsam das weithin verstummte Gespräch über den Glauben neu aufzunehmen. Es ist für die Weitergabe des Glaubens unerläßlich, daß es in der Gemeinde vielfältige Orte und Gelegenheiten gibt, an denen ein solches Glaubensgespräch geführt wird: in Gruppen und Gemeinschaften, in denen Menschen sich kennen, gemeinsam über die Bibel sprechen, die Belange der Not bei sich selbst, innerhalb und außerhalb ihrer Gemeinschaft wahrnehmen, beten und sich am sozialen und politischen Leben ihrer Umwelt beteiligen[(51)], und in all dem immer neu fragen und suchen, was hier und jetzt der Wille Gottes ist, wie heute Nachfolge Jesu gelebt werden kann. Weitergabe des Glaubens geschieht dort, wo Menschen in diese gemeinsame Suche nach dem konkreten Willen Gottes mithineingenommen werden. Sie lernen, eigene Lebenserfahrungen im Licht des Glaubens zu deuten. Sie erfahren, wie sich Glaube im Leben aus dem Glauben bewährt.

Auf der anderen Seite läßt sich jedoch gleichzeitig beobachten, daß das erzieherische Engagement der gemeindeverbundenen Eltern im Vergleich zu früher zugenommen hat. Viele dieser Eltern leben ihr eigenes Leben aus dem Glauben und möchten in diesem Zusammenhang auch ihren Kindern einen Zugang zu einem Leben aus dem Glauben erschließen und offenhalten. Sie fühlen sich dabei jedoch nicht selten überfordert und unsicher, insofern sich viele überkommene Formen der eigenen religiösen Erziehung als nicht mehr situationsangemessen erweisen. Gemeinden würden Eltern eine wichtige Hilfestellung leisten, wenn sie Orte der Begegnung bereithielten, an denen sich Eltern, aber auch alleinstehende Erzieher über Fragen und Probleme der religiösen Erziehung ihrer Kinder austauschen und wechselseitig stützen könnten. Ziel all dieser Bemühungen müßte es sein, die Eltern zu einer eigenverantwortlichen Wahrnehmung ihrer Erziehungsaufgabe zu ermutigen und sie darin zu fördern. Vielfach bewährt haben sich in diesem Zusammenhang Elternkreise, die sich regelmäßig treffen, punktuelle Bildungsveranstaltungen zu Einzelfragen, Gruppen von Eltern, die gemeinsam Kindergottesdienste vorbereiten und gestalten, schließlich Gruppen von Müttern und Vätern, die die Kinder und Jugendlichen während der Vorbereitung auf den Erstempfang der Sakramente begleiten. Nicht zuletzt stellt sich die Frage, wie von diesen Gruppen her auch Impulse für eine Erneuerung und für den Wiedergewinn einer elementaren religiösen Familienkultur ausgehen könnten: für das gemeinsame Gebet, für die Feier des Sonntags, für die Feier der Feste des Kirchenjahres.

3.3 Eine wichtige Aufgabe wird auch in Zukunft den *Kindergärten und Kindertagesstätten* zukommen, die sich in der Bundesrepublik Deutschland mehrheitlich in kirchlicher Trägerschaft befinden. Es sind oft pragmatische Gründe, die für die Wahl des konfessionellen Kindergartens entscheidend sind. Jedoch ist das Interesse der Eltern an dem, was ihre Kinder dort erleben und erfahren, in der Regel hoch. In den persönlichen Begegnungen des täglichen Umgangs erfahren die Kinder Zuwendung, Annahme und Gemeinschaft. Und eingebettet in diese Erfahrung, hören viele Kinder zum erstenmal von Gott und Jesus, erleben sie zum erstenmal Gebet und die Feier der Feste des Glaubens. Elternabende suchen das Gespräch mit den Müttern und Vätern auch im Hinblick auf diese Bemühungen um eine religiöse Erziehung. Erzieherinnen und Eltern suchen gemeinsame Antworten. Was zunächst im Hinblick auf die Erziehung der Kinder bedacht wird, wird dabei nicht selten zum Anlaß, auch eigene Fragen und Schwierigkeiten mit dem Glauben anzusprechen und zu bedenken. Indem Eltern an den Fragen und Erlebnissen ihrer Kinder Anteil nehmen, sammeln sie selbst neue Erfahrungen, die sie verändern können. Es ist wichtig, daß die Arbeit der Erzieherinnen in den Gemeinden anerkannt und unterstützt wird und daß die Kinder in ihrer spezifischen Art des Erlebens und Feierns auch im Gottesdienst der Gemeinde angenommen werden und eine Heimat finden.

3.4 Welche Rolle kommt im Gesamt der religiösen Erziehung dem *schulischen Religionsunterricht* zu? Es muß davon ausgegangen werden, daß die meisten Schüler, die am Religionsunterricht teilnehmen, keinen oder nur einen geringen Kontakt zur Pfarrgemeinde haben. Für nicht wenige von ihnen ist der schulische Religionsunterricht die einzige kontinuierliche Begegnung mit dem christlichen Glauben. Die Abmeldequote vom Religionsunterricht ist in den Bundesländern, in denen er als ordentliches Lehrfach erteilt wird, eher gering. Insofern hat die Bedeutung des Religionsunterrichts in den vergangenen Jahren eher zu- als abgenommen.

Der Religionsunterricht erschließt den Glauben unter den Bedingungen schulischen Lernens. Darin liegen seine Grenzen, aber auch seine Chancen[52]: Er macht die Schüler bekannt mit der christlichen Glaubensüberlieferung und Erscheinungen des kirchlichen Lebens. Er bedenkt die Wahrheit des Glaubens im Fragehorizont und im Bezug zu den konkreten Lebenssituationen und Erfahrungen der Schüler sowie in Auseinandersetzung mit alternativen Sinn- und Wertorientierungen der Gesellschaft. Er hilft, den Glauben denkend zu verantworten. Ein solchen Zielsetzungen verpflichteter Religionsunterricht ist auch für die Kirche eine lohnende und dringliche Aufgabe. Er zwingt sie, immer neu den Zusammenhang des christlichen Glaubens mit den grundlegenden menschlichen Sinnfragen zu bedenken und Rechenschaft über den Glauben zu geben unter den Bedingungen und in Auseinandersetzung mit dem welt- und lebensanschaulichen Pluralismus der Gegenwart. Es ist wichtig, daß dies auch öffentlich, im Raum der öffentlichen Schule geschieht, auf einem Niveau, das nicht hinter der geistigen Auseinandersetzung in vergleichbaren Fächern zurückbleibt.

Der schulische Religionsunterricht ist einer der wenigen Orte, an denen sich gemeindlich gebundene und kirchlich distanzierte junge Menschen begegnen, um sich gemeinsam mit Fragen des Glaubens zu befassen. Er wird so zu einem wichtigen Bindeglied zwischen Kindern und Jugendlichen, die in einer weithin säkularisierten Welt zu Hause sind, die religiösen Fragen oft mit Desinteresse begegnet, und einer Kirche, die in eben dieser Situation nicht selten in der Gefahr steht, sich als geschlossene Glaubensgemeinschaft nur auf sich selbst zurückzuziehen: „Die Kerngemeinden könnten durch aufmerksames Hinhören auf die Erfahrungen und Probleme der Religionslehrer viel für ihre eigene Einstellung zum Phänomen der kirchlich distanzierten Christen lernen."[53]

Andererseits sind dem schulischen Religionsunterricht durch die organisatorischen Rahmenbedingungen Grenzen gesetzt. Gruppen werden als Lerngruppen für eine begrenzte Zeit und mit einer begrenzten Aufgabenstellung gebildet. „Je nach Situation wird das, was im Unterricht vernünftigerweise angestrebt werden kann, erheblich verschieden sein . . . Die schulischen Bedingungen und Zielsetzungen des Faches sind verkannt, wenn an diesen Unterricht zu hohe Erwartungen hinsichtlich des Glaubensvollzugs gerichtet werden."[54]

Religionslehrer und Katecheten werden von den Schülern zunächst in ihrer berufsspezifischen Teilrolle erlebt und wahrgenommen. Ob es darüber hinaus gelingt, im Religionsunterricht auch persönliche Beziehungen aufzubauen, wird entscheidend davon abhängen, wie es gelingt, die unterrichtliche Arbeit einzubetten in einen mitmenschlichen Umgang, der geprägt wird von einer Haltung der wechselseitigen Achtung und Wertschätzung, der Anteilnahme und der Sympathie. Hier gibt es Grenzen des Plan- und Machbaren. Es stimmt hoffnungsvoll, wenn immer wieder vom Unterricht her lebendige Gruppen wachsen, in denen sich Schülerinnen und Schüler auch außerhalb des Unterrichts treffen, in Schulen oder in Gemeinden, um an Nachmittagen, an Wochenenden und in Freizeiten, in Arbeitsgemeinschaften und in Einzelprojekten das weiterzuführen, was im Unterricht nur ansatzweise geschehen kann: der erfahrungsbezogene Austausch im Gespräch, das konkrete Engagement dort, wo Not herrscht und Hilfe möglich ist, die gemeinsame Feier des Glaubens in kind- und jugendgemäßen Formen des Gottesdienstes.

Viel wird davon abhängen, wie die Arbeit der Religionslehrer und Katecheten von den einzelnen Gemeinden unterstützt und mitgetragen wird, so daß sie sich in ihrer oft schwierigen Aufgabe nicht allein und im Stich gelassen fühlen.[55] Viel wird davon abhängen, ob die Schüler in Gemeinden und Gemeinschaften konkret erleben können, wovon im Unterricht nur verweisend und stellvertretend gesprochen werden kann: „Religionsunterricht ist im letzten eine Interpretation dessen, was unsere Gemeinden glauben, hoffen, feiern, lieben, tun.“[56] Die Glaubwürdigkeit dieser Interpretation steht und fällt mit den konkreten Erfahrungen, die Schüler in ihren Begegnungen mit Gemeinden machen, wie sie sich dort mit ihren Fragen, ihren Hoffnungen, ihren Sorgen und ihrem Lebensstil ernstgenommen und angenommen wissen.

„Unterrichtliche Bildungsprozesse gelangen nur dort zu ihrem Ziel, wo sie eingebettet sind in Lebensformen eines menschlichen Miteinander.“[57] In diesem Zusammenhang besitzen *katholische freie Schulen* die Chance, über den Religionsunterricht hinaus Freiräume bereitzustellen, in denen in exemplarischer Weise eine vom Geist des Evangeliums getragene Kultur des mitmenschlichen Umgangs im Raum der Schule erfahrbar gelebt werden und Gestalt gewinnen kann: eine Kultur des Gesprächs, der Arbeit, der Feier, des persönlichen und des sozialen Engagements. Es müßte konkret erfahrbar werden, „wie unter dem Zuspruch des Glaubens Freiheit realisiert und Verantwortung übernommen werden kann, einschließlich der freien und verantwortlichen Entscheidung, das eigene Leben aus dem Glauben heraus zu gestalten und zu verwirklichen“[58].

„Glaubenswissen ist wichtig, erlangt aber erst dort orientierende Kraft, wo es eingebettet ist in lebendige Erfahrung. Von ihr her und auf sie hin wird es bedeutsam, indem es Leben aus dem Glauben verstehen hilft."[59] Glaubwürdigkeit erlangt Glaube nur dort, wo er in solchen lebendigen Bezügen erfahren wird. Erst dort erlangen auch Unterricht und Katechese erzieherische Kraft und Wirksamkeit.

3.5 Im Zuge der Individualisierung der Lebensvollzüge nimmt die Vielgestaltigkeit der persönlichen Lebensgeschichten zu. In ihrer Konsequenz wächst auch die Vielgestaltigkeit der Glaubensbiographien, die in diese Lebensgeschichten eingebettet sind. Das bisherige Modell der gemeindebezogenen katechetischen Einführung in den Glauben war vorwiegend altersstufenbezogen. Es setzte in seinen Grundannahmen voraus, daß die Kinder und Jugendlichen gleichzeitig und gemeinsam gleiche Schritte auf einem gestuften Glaubensweg gehen und dementsprechend jahrgangsbezogen gemeinsam auf diese Schritte vorbereitet werden können. Diese Voraussetzung wird durch die gewandelte Situation mehr und mehr in Frage gestellt.

Häufiger als bisher begegnen wir im schulischen Religionsunterricht, aber auch in den *Gemeinden* jungen Menschen, die nicht getauft sind oder noch keine feste Kirchenbindung eingehen wollen, die aber dennoch an einer ernsthaften Auseinandersetzung mit dem Sinnangebot des christlichen Glaubens interessiert sind. Häufiger als bisher werden aber auch in den sog. „Kerngemeinden" ungleichzeitige Glaubenswege gegangen. Im Lauf der persönlichen Lebensgeschichte werden Glaubensbezüge und der Bezug zur Glaubensgemeinschaft in unterschiedlicher Intensität wahrgenommen und gelebt. Soll die Tradierung des Glaubens gelingen, wird sie diesen veränderten Voraussetzungen Rechnung tragen müssen.

Das Modell der altersstufenbezogenen gemeinsamen Einführung in den Glauben muß ergänzt werden durch ein Modell religionspädagogischen Handelns, das sich stärker an den individuell lebensgeschichtlichen Lebenssituationen orientiert und eine persönliche Begleitung auf diesem Weg ermöglicht. Neben den institutionellen Formen werden in Zukunft verstärkt die persönlichen Formen der Beratung, Unterstützung und Ermutigung auf dem Weg einer gestuften Hinführung zum Glauben zu bedenken sein. Die geistliche und erzieherische Begleitung durch solche, die aufgrund eigener Erfahrung Hilfestellungen geben können, wie ein persönliches Leben aus dem Glauben gelingen kann, gewinnt an Gewicht. Die gemeindebezogene Kinder- und Jugendarbeit steht und fällt auch in Zukunft mit dem „personalen Angebot", das in ihr zum Tragen kommt. Es wird für die Zukunft entscheidend werden, in welchem Umfang auch weiterhin Jugendliche und Erwachsene sich bereitfinden, in Gruppen und in der persönlichen Begegnung den Kindern und Jugendlichen als Gesprächs- und Ansprechpartner zur Verfügung zu stehen.

„Die Pastoral ist nicht mehr imstande, genügend religiös motivierte Identifikationspartner für den Alltag bereitzustellen. Ich verweise lediglich auf den Priestermangel sowie auf den zunehmenden Anteil der Eltern als religiöse Identifikationspersonen. Eine Pastoral, die unter diesen Bedingungen noch erfolgreich sein will, müßte sich wahrscheinlich viel konsequenter als bisher auf bestimmte Phasenübergänge des Lebens konzentrieren, wo sich im Menschen tatsächlich Entscheidendes vollzieht.“(60) Lebensgeschichtliche Einschnitte und Umbrüche lassen innehalten. Sie laden ein, nach dem zu fragen, was trägt, worauf wir uns verlassen sollen, worauf wir hoffen dürfen und was uns Zukunft erschließen kann. Die für die Biographie der jungen Menschen einschneidende Übergangsphase ist die Zeit der Adoleszenz. In ihr erfolgen Neuorientierungen, die für die zukünftige Lebensgestaltung von grundlegender Bedeutung sind: die Wahl eines Berufs, die Wahl eines Lebenspartners, die Begründung eines eigenständigen Haushalts und die mit diesen Entscheidungen einhergehende Klärung des eigenen Lebensentwurfs. Es wird für die zukünftige Weitergabe des Glaubens von entscheidender Bedeutung sein, ob und wie es gelingt, den christlichen Glauben in dieser Übergangszeit neu und in der für diese Phase spezifischen lebensgeschichtlichen Perspektive zur Sprache zu bringen und erfahrbar werden zu lassen. Es ist wichtig, daß es in den Gemeinden und auf der überpfarrlichen Ebene profilierte Orte der Begegnung gibt, Gruppen und Gemeinschaften, in denen interessierte junge Menschen in der Begegnung mit glaubwürdigen Christen sowohl Möglichkeiten zur persönlichen geistlichen Orientierung und zur inhaltlichen Auseinandersetzung mit dem Glauben, aber auch zum konkreten Engagement erhalten und wo ihnen Hilfen zur eigenen Lebensgestaltung gegeben werden.(61) Zu diesen Hilfen könnte in der Zukunft auch verstärkt das Angebot christlicher Wohngemeinschaften gehören, in denen gemeinsam Formen eines bewußten Lebens aus dem Glauben miteinander erprobt und in exemplarischer Weise verwirklicht werden. In all diesen Bemühungen müßte es darum gehen, den christlichen Glauben einladend und herausfordernd so zur Sprache zu bringen, daß er von den Jugendlichen und jungen Erwachsenen als eine überzeugende und lohnende alternative Lebensorientierung wahrgenommen und in der Situation ihrer persönlichen Lebensgeschichte in einer identitätsstiftenden Weise angeeignet werden kann. Ziel aller erzieherischen und katechetischen Unterstützung wird es sein, Hilfestellungen zu geben, daß eine solche Entscheidung bewußt und in einer verantwortlichen Weise vollzogen werden kann.

„Wenn die Vermutung einer epochalen Subjektivierung der menschlichen Lebensvollzüge zutrifft, so läßt sich daraus gleichzeitig ableiten, daß nur eine hohe Vielfalt christlicher Identifizierungsangebote die Tradierungschancen des Christentums unter komplexen Gesellschaftsbedingungen erhält. Es ist also geradezu notwendig, die Vielfalt der christlichen Traditionen neu zu akzentuieren, und dies setzt eine organisatorische Vielfalt des Christentums aus soziologischer Perspektive notwendigerweise voraus.“[62] Der innerkirchliche Pluralismus der verschiedenen Glaubensprofile und die reiche Vielfalt der möglichen Formen einer verbindlichen Glaubenspraxis, wie sie in den unterschiedlichen Gruppen und Gemeinschaften gelebt und verwirklicht werden, erhöhen die Wahrscheinlichkeit, daß auch von individuell sehr verschiedenen Ausgangsvoraussetzungen her persönliche Zugänge zu einem profiliert gelebten Glauben gefunden werden können.

Sind wir in unseren Gemeinden auf diese Situation und die in ihr anstehenden Aufgaben bereits ausreichend vorbereitet? Sind unsere Gemeinden offene und einladende Gemeinden, die suchende und fragende Menschen gastfreundlich aufnehmen und annehmen und sie in ihrer Mitte zu Hause sein lassen? Sind wir bereit, sie auf diesem Weg zu begleiten und zu fördern, indem wir sie teilnehmen lassen am Leben der Gemeinde: an unseren Zusammenkünften und Feiern, an unseren Gruppen und Gesprächskreisen, an unserem Einsatz für die, die in Not sind und unsere Hilfe brauchen - in unserer Mitte, in unserer Stadt, in der Ferne? Unsere Gemeinden müßten Orte sein, an denen gemeinsam und doch zugleich in einer differenzierten Weise Glaube gelebt werden kann: auch der Glaube, der erst keimt und anfanghaft wächst und Gestalt gewinnt.

3.6 Fassen wir zusammen:

1. Soll die Weitergabe des Glaubens gelingen, so müssen in der Kirche unterhalb der organisierten Ebene Lebensräume wiedergewonnen werden, in denen Glaube in persönlichen Begegnungen und in praktischen Handlungszusammenhängen erfahren und erlebt werden kann. Aufgabe der übergeordneten organisatorischen Ebenen muß es sein, Freiräume bereitzustellen und zu schützen, in denen solche persönlichen Beziehungen wachsen und sich entwickeln können.[63]

2. Vor dem Hintergrund, daß zur Zeit die Familie als Lernort des Glaubens vielfach ausfällt, und angesichts der organisationsbedingten begrenzten Möglichkeiten des schulischen Religionsunterrichts hat die Bedeutung der Gemeinde als Lernort des Glaubens zugenommen. Sie wird diese Aufgabe jedoch als Pfarrei nur dann erfüllen können, „wenn sie selbst durch Gruppenbeziehungen oder sogenannte soziale Netzwerke geprägt ist".[(64)]

3. Familie, Schule und Gemeinde dürfen als Lernorte des Glaubens nicht gegeneinander ausgespielt werden. Religiöse Erziehung wird nur dort gelingen, wo sie in gemeinsamer Solidarität und in wechselseitiger Unterstützung der an den verschiedenen Lernorten tätigen Erzieher geschieht.[(65)]

4. Angesichts der weitgehenden Privatisierung und Individualisierung gelebter Religion bieten die Gemeinden die Chance, christlichen Glauben öffentlich und in einer gemeinsamen Verbindlichkeit zu leben und zu realisieren. Dies schließt ein und nicht aus, daß der Glaube vom einzelnen immer auch in einer individuell-lebensgeschichtlichen Perspektive angeeignet werden muß, in der sich der Glaube bewährt, indem er als Verheißung Zukunft erschließt und so persönliche Identität und ein sinnorientiertes persönliches Handeln ermöglicht.

5. Glaubwürdigkeit wird christlicher Glaube auch in Zukunft nur dort erlangen, wo er sich von seiner Mitte her – im Vertrauen und in der Hoffnung auf den Gott Jesu Christi – als heilsam und Not wendend erweist, nicht nur im Leben des einzelnen Christen, sondern auch angesichts der Herausforderungen und Nöte des gemeinsamen Zusammenlebens. „Glaubwürdig wirkte zu allen Zeiten christlich inspiriertes und motiviertes Tun, das sich als hilfreich erwies."[(66)] Dort wo der christliche Glaube Antwort gibt auf die wirklich bedrängenden Fragen heutiger Menschen, dort wird auch die christliche Verkündigung neu vernommen werden. „Es ist die Folgenlosigkeit eines erfahrungslosen, nur geglaubten Glaubens . . ., die dazu führt, daß die nachfolgende Generation sich immer weniger davon ansprechen läßt."[(67)]

Anmerkungen:

(1) Vgl. Erich Feifel/Walter Kasper (Hg.), Tradierungskrise des Glaubens, München 1987.
(2) Vgl. die Dokumentationen des 4. Europäischen Katechetischen Kongresses 1986 in Rom zum Thema „Christlich glauben und leben lernen in Europa": Christlich-pädagogische Blätter 99 (1986) 400–425, und des Katechetischen Kongresses 1987 in

München zum Thema „In vielen Sprachen einmütig - Glauben lernen in Europa“: Katechetische Blätter 112 (1987) Heft 9.

(3) Vgl. Manfred Plate (Hg.), Ungläubige Jugend? Briefe und Bekenntnisse, Freiburg 1987.

(4) Jürgen Werbick, Glauben als Lernprozeß? Fundamentaltheologische Überlegungen zum Verhältnis von Glauben und Lernen - zugleich ein Versuch zur Verhältnisbestimmung von Fundamentaltheologie und Religionspädagogik: Konrad Baumgartner/Paul Wehrle/Jürgen Werbick (Hg.), Glauben lernen - leben lernen. Beiträge zu einer Didaktik des Glaubens und der Religion (FS Erich Feifel), Sankt Ottilien 1985, 3-18, hier 13.

(5) Ebd.

(6) Vgl. ebd., 14 ff.

(7) David A. Seeber, Religiöse Gleichgültigkeit - Auswirkungen auf die Weitergabe des Glaubens: Katechetische Blätter 111 (1986), 89-99, hier 94.

(8) Ebd.

(9) Auf den engen Zusammenhang von Kirchenbezug und privater christlicher Religiosität verweist: Renate Köcher, Religiös in einer säkularisierten Welt: Elisabeth Noelle-Neumann/Renate Köcher, Die verletzte Nation. Über den Versuch der Deutschen, ihren Charakter zu ändern, Stuttgart 1987, 164-197 (Anhang-Tabellen, 198-281), besonders 180 ff. Vgl. auch: Wolf Sichler, Der Glaube, die Generationen und die Deutschen. Die Allensbacher Auswertung einer internationalen Werte-Umfrage: Herder-Korrespondenz 41 (1987), 383-391, hier 388 ff. - „(D)ie Hoffnungen auf eine neue Form kirchendistanzierter oder gar außerkirchlicher Christlichkeit haben sich nicht erfüllt. Es bleibt allenfalls eine wenig tradierungsfähige gefühlsmäßige Bindung.“ (Franz-Xaver Kaufmann, Kirche für die Gesellschaft von morgen: Ders./ Johann Baptist Metz, Zukunftsfähigkeit. Suchbewegungen im Christentum, Freiburg 1987, 11-54, hier 12.).

(10) Vgl. Informationen. Für Mitarbeiter in den Gemeinden in West-Berlin 10/Januar 1986, 32.

(11) Vgl. Herder-Korrespondenz 41 (1987) 344.

(12) Vgl. Renate Köcher, Jugend und Kirche: Elisabeth Noelle-Neumann/Edgar Piel (Hg.), Allensbacher Jahrbuch für Demoskopie 1978-1983, Band VIII, München 1983, 134-140. Ferner: Dies., Abwendung von der Kirche. Eine demoskopische Untersuchung über Jugend und Religion: Herder-Korrespondenz 35 (1981) 443-446 - „Kirchenbindung wurde zunehmend zum Ausdruck einer Alterskultur, getrennt von einer weitgehend kirchenfernen Jugendkultur.“ (Dies., Die Entwicklung von Religiosität und Kirchlichkeit seit dem Zweiten Weltkrieg bis heute: Diakonia 19 (1988) 35-39, hier 35.)

(13) Vgl. Der Tagesspiegel vom 30. 10. 1988.

(14) Vgl. Der Tagesspiegel vom 9. 3. 1988.

(15) Vgl. Heinrich Jaenecke, Großer Gott, warum sind Deine Häuser so leer? Stern-Umfrage über Kirche in Deutschland: Stern 1987, Nr. 15 (2. 4. 1987), 88-101, hier: 96.

(16) Vgl. Renate Köcher, Tradierungsprobleme in der modernen Gesellschaft: Feifel/ Kasper (Hg.), Tradierungskrise . . . a.a.O. (Anm. 1), 168-182, hier 170. Auch: Dies., Religiös . . . a.a.O., (Anm. 9), 231. Ferner: Dies., Religiosität Jugendlicher ohne Kirche?: Religionsunterricht heute. Informationen des Dezernates Schulen und Hochschulen im Bischöflichen Ordinariat Mainz 1985/1+2, 6-10.

(17) Vgl. Norbert Martin, Familie und Religion. Eine EMNID-Spezialbefragung, Paderborn 1981, 21 f.

(18) Vgl. Michael Heinschke, Entwicklungen im Leben der katholischen Kirche im Westteil des Bistums seit Ende der 50er Jahre: Informationen. Für Mitarbeiter in den Gemeinden in West-Berlin 10/Januar 1986, 31.

(19) Vgl. Martin, Familie . . . a.a.O. (Anm. 17), 24–27.
(20) Vgl. Köcher, Religiös . . . a.a.O. (Anm. 9), 178 f.
(21) Vgl. ebd., 228.
(22) Vgl. Köcher, Tradierungsprobleme . . . a.a.O. (Anm. 16), 168 f.; Sichler, Glaube . . . a.a.O. (Anm. 9), 389 f.
(23) Vgl. Institut für Demoskopie, Thesen zur aktuellen Situation des Religionsunterrichts, 1987 (Manuskript).
(24) Vgl. die Dokumentation der Religionspädagogischen Jahrestagung 1985 des Deutschen Katecheten-Vereins zum Thema „Religiöse Indifferenz“: Katechetische Blätter 111 (1986) Heft 2. Ferner: Gabriele Miller, Situation des Religionsunterrichts. Behauptungen und Fragen. Feifel/Kasper (Hg.), Tradierungskrise . . . a.a.O. (Anm. 1), 196–202; Günter Lange, Religionsunterricht auf dem Prüfstand – in Naurod und in Allensbach: Katechetische Blätter 113 (1988) 489–492.
(25) „Insoweit es nicht gelingt, christliche Traditionsbestände so an nachfolgende Generationen zu vermitteln, daß diese ihre Kinder auch wiederum christlich erziehen wollen, ist die Tradierung unterbrochen.“ (Franz-Xaver Kaufmann, Gesellschaftliche Bedingungen der Glaubensvermittlung: Günter Stachel u. a. (Hg.), Sozialisation – Identitätsfindung – Glaubenserfahrung, Zürich 1979, 67–100, hier 76.)
(26) Köcher, Abwendung . . . a.a.O. (Anm. 12), 445.
(27) Gaudium et Spes. Pastoralkonstitution über die Kirche in der Welt von heute, Artikel 41.
(28) Werner Herbeck, Das Christentum und die Kirche an der Schwelle zum dritten Jahrtausend. Welche Probleme, welche Aufgaben stellen sich uns?: Hirschberg 40 (1987) 406–413, hier 410.
(29) Begleitpapier „Zur Situation“: Ergebnisse der Schlußversammlung des Pastoralkongresses der Katholischen Kirche in Berlin (West). Herausgegeben im Auftrag der Schlußversammlung vom Vorstand des Pastoralkongresses, Berlin 1988, 159–167, hier 165/166.
(30) Kaufmann, Kirche . . . a.a.O. (Anm. 9), 26.
(31) Ders., Bedingungen . . . a.a.O. (Anm. 25), 69.
(32) Zur These der „Verkirchlichung des Christentums“: Franz-Xaver Kaufmann, Kirche begreifen. Analysen und Thesen zur gesellschaftlichen Verfassung des Christentums, Freiburg 1979, besonders 100 ff. – „Im Konzept der gesamtgesellschaftlichen Differenzierung betrachtet, entsprach die Verkirchlichung des Christentums der einsetzenden Intimisierung der Familie, der Verstaatlichung der Herrschaft und der Kapitalisierung der Wirtschaft.“ (Karl Gabriel, Nachchristliche Gesellschaft heute! Christentum und Kirche vor der entfalteten Moderne: Diakonia 19 (1988) 27–34, hier 30.)
(33) Zur Ambivalenz des Phänomens der Bürokratisierung der Kirche auf organisatorischer Ebene: Wilhelm Zauner, Von der Ambivalenz der Bürokratie: Diakonia 19 (1988) 217–220 – Auf der einen Seite gilt: „Nur organisierte Gebilde haben unter den gegenwärtigen Bedingungen noch die Aussicht, sich auf gesamtgesellschaftlicher Ebene Gehör zu verschaffen und somit auch kulturell präsent zu sein.“ (Kaufmann, Bedingungen . . . a.a.O. (Anm. 25), 94/95.) Auf der anderen Seite tendiert die zentralisierende Bürokratisierung zur Schwächung der regionalen und intermediären Strukturen und der in diesen verankerten sozialen Lebensformen: „Die interaktive und lebensweltliche Ebene ist – ohne böse Absicht, einfach den bürokratischen Funktionserfordernissen entsprechend – bedroht.“ (‚Sozialform‘ der Kirche – ein Hindernis für die Weitergabe des Glaubens? Ein Interview mit Franz-Xaver Kaufmann: Katechetische Blätter 112 (1987) 139–144, hier 140.) – Vgl. auch Karl Gabriel, Zur Sozialform des neuzeitlichen Katholizismus: Orientierung 50 (1986) 153–157.

(34) Das Abschieben der religiösen Erziehungskompetenz an „Kirche" und Schule erscheint in diesem Zusammenhang als eine „konsequente Folge der strukturellen und funktionalen Ausdifferenzierung von Familie und Religion" (Kaufmann, Kirche ... a.a.O. (Anm. 9), 43.) Vgl. dazu auch: Hartmann Tyrell, Familie und Religion im Prozeß der gesellschaftlichen Differenzierung: Volker Eid/Laszlo Vascovics (Hg.), Wandel der Familie - Zukunft der Familie, Mainz 1982, 19-74.

(35) Vgl. Karl Gabriel/Franz Xaver Kaufmann (Hg.), Zur Soziologie des Katholizismus, Mainz 1980. Ferner: Karl Gabriel/Franz-Xaver Kaufmann, Der Katholizismus in den deutschsprachigen Ländern: Franz-Xaver Kaufmann/Bernhard Schäfers (Hg.), Religion, Kirchen und Gesellschaft in Deutschland, Opladen 1988 (= Gegenwartskunde, Sonderheft 5), 31-57. - Einen geschichtlichen Überblick geben: Heinz Hürten, Geschichte des deutschen Katholizismus 1800-1960, Mainz 1986; Klaus Schatz, Zwischen Säkularisation und Zweitem Vatikanum. Der Weg des deutschen Katholizismus im 19. und 20. Jahrhundert, Frankfurt 1986. - Im Hinblick auf die im folgenden angesprochenen Teilaspekte: Franz-Xaver Kaufmann/Günter Stachel, Religiöse Sozialisation: Christlicher Glaube in moderner Gesellschaft 25 (1980), 117-140, hier 128-134. Ferner: Karl Gabriel, Nachchristliche Gesellschaft ... a.a.O. (Anm. 32); ders., Lebenswelten unter den Bedingungen entfalteter Modernität. Soziologische Anmerkungen zur gesellschaftlichen Situation von christlichem Glauben und Kirche: Pastoraltheologische Informationen 8 (1988) 93-106.

(36) Gabriel, Nachchristliche Gesellschaft ... a.a.O. (Anm. 32), 29.

(37) Ebd., 30.

(38) Franz-Xaver Kaufmann, Religiöser Indifferentismus: Eugen Paul/Alex Stock (Hg.), Glauben ermöglichen. Zum gegenwärtigen Stand der Religionspädagogik (FS Günter Stachel), Mainz 1987, 115-127, hier 123.

(39) Gabriel, Nachchristliche Gesellschaft ... a.a.O. (Anm. 32), 32.

(40) Vgl. in diesem Zusammenhang die Ergebnisse der zu Beginn der 1970er Jahre durchgeführten Befragungen: Gerhard Schmidtchen, Katholiken im Konflikt. Überblick über die Ergebnisse der Synoden-Untersuchung und einige Schlußfolgerungen: Karl Forster (Hg.), Befragte Katholiken - Die Zukunft von Glaube und Kirche, Freiburg 1973, 164-194; Friedrich Fürstenberg, Die unbewältigte Säkularisierung. Religionssoziologische Überlegungen zum Forschungsbericht „Zwischen Kirche und Gesellschaft": Ebd., 198-208.

(41) Vgl. Laszlo Vascovics, Thesen zur Interdependenz religiöser Organisationen und familialer Subsysteme: Concilium 10 (1974) 72-76, hier 75.

(42) Franz-Xaver Kaufmann, Christentum im Westen: Spannungsfeld der Verweltlichung: Ders./Metz, Zukunftsfähigkeit ...a.a.O. (Anm. 9), 55-90, hier 77.

(43) Lothar Krappmann spricht von der Fähigkeit der „Ambiguitätstoleranz" als einer Bedingung der Möglichkeit gelingender personaler Identität. Vgl. Lothar Krappmann, Soziologische Dimensionen der Identität, Stuttgart 1982, 150-167. Auch: Hans Zirker, „Für Glaube kein Bedarf". Hintergründe und Umgebungen der religiösen Indifferenz: Katechetische Blätter 110 (1985) 486-498.

(44) Kaufmann, Christentum ... a.a.O. (Anm. 42), 77.

(45) Ebd., 77/78.

(46) Franz-Xaver Kaufmann/Walter Kerber/Paul Michael Zulehner, Ethos und Religion bei Führungskräften. Eine Studie im Auftrag des Arbeitskreises für Führungskräfte der Wirtschaft, München 1986. Dazu auch: Kaufmann, Religiöser Indifferentismus ... a.a.O. (Anm. 38); ders., Religiöser Indifferentismus. Befunde und gesellschaftliche Hintergründe: Religionsunterricht an höheren Schulen 30 (1987) 348-353. - Zum Aspekt des religiösen Agnostizismus: Karl-Heinz Weger, Die verdrängte Frage nach

Gott. Zum Problem der religiösen Gleichgültigkeit: Stimmen der Zeit 198 (1980) 32–44; ders., Religiöse Gleichgültigkeit als Herausforderung der (Fundamental-) Theologie: Katechetische Blätter 101 (1986) 101–110; Heinz Robert Schlette, Vom religiösen Indifferentismus zum Agnostizismus: Concilium 19 (1983) 370–377.

(47) Kaufmann, Religiöser Indifferentismus . . . a.a.O. (Anm. 38), 125.

(48) Kaufmann, Bedingungen . . . a.a.O. (Anm. 25), 97.

(49) Seeber, Religiöse Gleichgültigkeit . . . a.a.O. (Anm. 7), 97.

(50) Ebd.

(51) Vgl. Zur Situation . . . a.a.O. (Anm. 29), 167.

(52) Vgl. zum Folgenden: Der Religionsunterricht in der Schule. Beschluß der Gemeinsamen Synode der Bistümer in der Bundesrepublik Deutschlad. Abgedruckt in: Ludwig Bertsch u. a. (Hg.), Gemeinsame Synode der Bistümer in der Bundesrepublik Deutschland. Beschlüsse der Vollversammlung, Freiburg 1967, 123–152, besonders 139–143 („2.5. Ziele des katholischen Religionsunterrichts"; „2.6. Das Interesse der Kirche am Religionsunterricht").

(53) Adolf Exeler, Entfremdet der Religionsunterricht von der Kirche?: Ders., Religiöse Erziehung als Hilfe zur Menschwerdung, München 1982, 137–164, hier 159.

(54) Der Religionsunterricht in der Schule . . . a.a.O. (Anm. 52), 143 (2.6.5).

(55) Vgl. in diesem Zusammenhang die Vorschläge der vom Sachausschluß 11 des Berliner Pastoralkongresses erarbeiteten Vorlage „Schule und Gemeinde": Ergebnisse . . . a.a.O. (Anm. 29), 67–73.

(56) Beschlüsse der Diözesansynode Rottenburg-Stuttgart 1985/86. Weitergabe des Glaubens an die kommende Generation. Herausgegeben vom Bischöflichen Ordinariat Rottenburg, Ostfildern 1986, 82 (III 17).

(57) Schule und Gemeinde . . . a.a.O. (Anm. 55), 70.

(58) Ebd.

(59) Ebd.

(60) Kaufmann, Religiöse Indifferenz als Herausforderung: Religionsunterricht an höheren Schulen 31 (1988) 67–75, hier 75.

(61) Vgl. die diesbezüglichen Anregungen der vom Sachausschluß 20 erarbeiteten Vorlage „Neue Religionen" des Berliner Pastoralkongresses: Ergebnisse . . . a.a.O. (Anm. 29), 132 ff.

(62) Kaufmann, Kirche begreifen . . . a.a.O. (Anm. 32), 145/146.

(63) Vgl. auch: Günter Stachel, Glaubensvermittlung: Ulrich Ruh/David Seeber/Rudolf Walter (Hg.), Handwörterbuch religiöser Gegenwartsfragen, Freiburg 1986, 150–155.

(64) Kaufmann, ‚Sozialform' . . . a.a.O. (Anm. 33), 140. – Vgl. in diesem Zusammenhang auch: Norbert Mette, Die Aufgaben der kirchlichen Gemeinde im religiösen Lernprozeß: Concilium 20 (1984) 329–334; ders., Kirchliche Strukturen und Vermittlung des Glaubens:Feifel/Kasper (Hg.), Tradierungskrise . . . a.a.O. (Anm. 1), 139–167; Wolfgang Bartholomäus, Christsein in Kirche und Welt von morgen: Concilium 20 (1984) 335–341.

(65) Vgl. Miteinander glauben lernen in Familie, Gemeinde, Schule. Dokumentation des Deutschen Katechetischen Kongresses 1983, Herausgegeben vom Deutschen Katecheten-Verein, München 1984.

(66) Kaufmann, Christentum . . . a.a.O. (Anm. 42), 88.

(67) Norbert Mette, Zur Situation der religiösen Sozialisation und der christlichen Initiations-Prozesse in der Bundesrepublik Deutschland: Religionspädagogische Beiträge 16/1985, 169–178, hier 178.

MATTHIAS LUTZ-BACHMANN

Kirche und Theologie vor der Herausforderung des „postmodernen Denkens"

1. Das Zweite Vatikanische Konzil und die Krise der Moderne

Die Geschichte der katholischen Kirche und Theologie der letzten eineinhalb Jahrhunderte ist in wesentlichen Zügen durch das Ringen um die Einstellung der Kirche zum Denken der Aufklärung und zu den neuzeitlichen Freiheitsprozessen bestimmt. Dem Verlauf und den Dokumenten des Zweiten Vatikanischen Konzils kommt gerade in dieser Hinsicht eine epochale Bedeutung zu; hier vollzieht sich nämlich - nach langem Zögern der Kirche - ein gesamtkirchlich verbindlicher und im Ergebnis konsensualer Prozeß der positiven Rezeption wesentlicher Anliegen der europäischen Aufklärung: So anerkennt die „Erklärung über die Religionsfreiheit" („Dignitatis humanae")(1) mit dem Recht der Religionsfreiheit auch die - vom Aufklärungsdenken proklamierte - allgemeine Idee der Menschenrechte und der Autonomie der Freiheit, die die Würde der Person bestimmt. Was in dieser „Erklärung über die Religionsfreiheit" im Blick auf die politische Freiheitsgeschichte der Neuzeit geschieht, vollzieht sich auch in anderen Dokumenten des Zweiten Vatikanischen Konzils: Die Offenbarungskonstitution („Dei verbum")(2) rezipiert die aus dem Denken der aufklärerischen Vernunft hervorgegangene historisch-kritische Exegese der Heiligen Schrift und entfaltet zugleich einen theologisch vertieften Begriff der göttlichen Offenbarung; die Kirchenkonstitution („Lumen gentium")(3) formuliert eine ökumenisch offene, geschichtlich-heilsgeschichtlich konzipierte Lehre von der Kirche, die insbesondere die Pastoralkonstitution („Gaudium et spes")(4) fruchtbar auf das Verhältnis der Kirche zu der in ihrer Säkularität anerkannten „Welt von heute" bezieht. Gerade aufgrund dieser Rezeption zentraler Einsichten und Postulate der europäischen Aufklärung erwächst der Kirche des Zweiten Vatikanischen Konzils immer wieder Kritik von solchen Gruppierungen, die sich noch nicht oder auch nicht mehr zu einem positiven Verhältnis zur Aufklärung bewegen lassen.

Die gesamtkirchliche Anerkennung zentraler Anliegen des europäischen Aufklärungsprozesses vollzieht sich jedoch zu einem Zeitpunkt, an dem deren Voraussetzungen und deren bis dahin scheinbar allgemeine Anerkennung in eine tiefe Krise geraten sind. Ich meine damit jene Irritation der „aufgeklärten Vernunft", die in den Ländern der westlichen Zivilisation unter dem Namen der „Postmoderne" seit einigen Jahren beobachtbar ist. Geschichtlich betrachtet ist das Phänomen des Widerspruchs zum Programm der Aufklärung nicht neu: So folgte dem „Zeitalter der Aufklärung" im 18. Jahrhundert das der Romantik, der Revolution die Restauration. Doch dies vollzieht sich im großen und ganzen noch im Rahmen desjenigen Denkens, das die Aufklärung selbst hervorgebracht hat; denn vom Anspruch der Kritik ist die Figur ihrer Bestreitung nicht abzulösen, wenn Aufklärung sich selbst nicht dogmatisch mißverstehen will(5). Doch von dieser Art der Kritik und Fortführung des Programms der Aufklärung scheint das „postmoderne Denken"(6) sich unterscheiden zu wollen. Dabei bleibt bei den Vertretern dieses neuen Denkens auf eine absichtsvolle Weise mehrdeutig und diffus, was mit dem Begriff der „Postmoderne" bezeichnet werden soll. So ist es auch nicht verwunderlich, daß der Begriff der „Postmoderne" gerade bei denen, die ihn positiv gebrauchen, auf eine Stimmung oder Gefühlslage verweist. In ihm scheint sich auch im alltäglichen Sprachgebrauch ein Unbehagen artikulieren zu wollen, das viele von uns heute mehr oder weniger bestimmt: das Gefühl einer Bedrohung angesichts der beständig fortschreitenden Zerstörung unserer natürlichen Umwelt, das Empfinden von Unsicherheit aufgrund weltweiter Armut und wachsender Gewaltpotentiale, eine oft unartikulierte private oder politische Zukunftsangst.

Über diesen alltäglichen Verwendungszusammenhang hinaus begegnet der Begriff der „Postmoderne" aber auch in der engeren Diskussion der Kultur- und Geisteswissenschaft, insbesondere der Philosophie. Wenn die Wortschöpfung und Verwendung dieses Begriffs hier auch jüngsten Datums ist – das, was der Begriff in diesem Zusammenhang zum Ausdruck bringen will, ist älter und begegnet schon einige Jahrzehnte zuvor: Während Hitlers Armeen scheinbar widerstandslos von Sieg zu Sieg eilten, saßen zwei jüdische Intellektuelle zusammen – von Hitlers Schergen nach Kalifornien, gleichsam ans andere Ende der Welt, vertrieben – und schrieben die denkwürdigen Sätze nieder, in denen wie in einer Ouvertüre das Thema der „Postmoderne" erklingt. Gemeint sind jene programmatischen Feststellungen, mit denen Adorno und Horkheimer ihr gemeinsames Buch, die „Dialektik der Aufklärung" beginnen lassen. Sie schreiben dort: „Seit je hat Aufklärung im umfassendsten Sinn des fortschreitenden Denkens das Ziel verfolgt, von den Menschen die Furcht zu nehmen und sie als Herren einzusetzen. Aber die vollends aufgeklärte

Erde strahlt im Zeichen triumphalen Unheils."[7] Was sich hier artikuliert, ist mehr als nur ein diffuses Lebensgefühl, mehr als nur ein Erschrecken über Barbarei und Katastrophe von Terror und Krieg; es ist der Ausdruck einer tiefgreifenden intellektuellen Irritation gegenüber dem durch technischen Fortschritt bestimmten Prozeß einer alle überkommenen Lebensformen umwälzenden Rationalisierung, dem Prozeß der „Modernisierung", als den Max Weber die Geschichte der europäischen Aufklärung seit dem 17. und 18. Jahrhundert bezeichnet.[8]

Während Adorno und Horkheimer jedoch mit ihrer Kritik eine Selbstkritik der Aufklärung noch im Namen der Autorität der aufgeklärten Vernunft intendieren, gehen die Wortführer „postmodernen" Denkens heute einen entscheidenden Schritt weiter; sie lehnen den Anspruch von Aufklärung, von Vernunft und von moderner Rationalität insgesamt ab. Es werden nun das Instrument des Denkens der Aufklärung, nämlich die „kritische Vernunft", die sich in der Wahrheitsfähigkeit unserer Sprache und Erkenntnis artikuliert, sowie das als autonom gedachte erkennende und sittlich handelnde Subjekt von den Vertretern der „Postmoderne" einer grundlegenden Kritik unterzogen. So geschieht es beispielsweise bei Jean-François Lyotard, der mit seiner 1979 erschienenen Arbeit „Das postmoderne Wissen" den Begriff der „Postmoderne" allererst in die Diskussion der Philosophie und der Geisteswissenschaften eingeführt hat und daher als einer der Gründungsväter der „Postmoderne" gelten darf.[9]

Lyotard versteht unter „Postmoderne" etwas anderes als der zeitgenössische amerikanische Architekt Charles Jencks, von dem er den Begriff (der schon zuvor im Zusammenhang der Kulturtheorie und der Künste verwendet worden war) übernimmt. Für Jencks bedeutet der Begriff einer ‚postmodernen Architektur' eine neue Epoche der architektonischen Konzeptionsfindung, die die der „Moderne" (im Stil etwa der Vertreter des Bauhauses) abgelöst habe: Postmoderne Architektur ist für ihn gleichsam durch Mehrsprachigkeit oder „Mehrfachkodierung" bestimmt.[10] Lyotard greift diesen von Jencks geäußerten Gedanken eines jeden einheitlichen Stil relativierenden Pluralismus auf und überträgt ihn auf den Diskurs der Sozialwissenschaften und der Philosophie, wobei er ihm jeden zeitlichen Sinn eines Epochenbegriffs nehmen will. Lyotard möchte mit dem Begriff der Postmoderne vielmehr einem umfassenden und zeitlosen Pluralismus und Relativismus das Wort reden. Vorbild ist ihm hierbei die Theorie der Sprachspiele, wie sie im Werk des späten Wittgenstein entfaltet wurde: Alles, was wir tun, denken und sagen, also alle im Alltag vorkommenden Lebens-, Wissens-

und Handlungsformen, werden - dieser Theorie zufolge - als „Sprachspiele“[11] ausgelegt. Zwischen ihnen besteht für Lyotard jedoch, anders als bei Wittgenstein, nicht die Tendenz der Auffindung von Übereinstimmungen, sie bilden vielmehr ein offenes System des Wettstreits, der Konkurrenz und des Kampfes gegeneinander. Verständigung ist prinzipiell nur innerhalb der jeweiligen, gegeneinander differenten Sprachspiele möglich, niemals über deren Grenzen hinweg. Eine Metasprache, die die Übersetzung von einem Sprachspiel in ein anderes ermöglichte, gibt es für ihn nicht. So sind die vielen Sprachen, die wir im Alltag „sprechen“ grundsätzlich heterogen; das begründet für Lyotard die Notwendigkeit, auf einen einheitlichen Begriff einer „allgemeinen Vernunft“ zu verzichten; auch das Instrument der Kritik wird auf diesem Wege obsolet, wenn Kritiker und zu Kritisierendes, was stets unterstellt werden kann, verschiedenen, gegeneinander heterogen abgedichteten Sprachspielen zugehören. Dies aber führt zum Ruin der Idee des philosophischen Wahrheitsbegriffs: denn wenn „Wahrheit“ tatsächlich ausschließlich relativ sein soll auf individuelle und völlig heterogene Sprachspielkonstellationen, dann ist die Intention liquidiert, die Thomas von Aquin einst zu seiner Definition von Wahrheit gerade als einer „adaequatio rei et intellectus“[12], also als einer *Übereinstimmung* von Sache und Erkenntnis motiviert hatte. Dies führt bei Vertretern des Denkens der „Postmoderne“ zu einer radikalen Theorie eines Pluralismus der Sprachen, der Lebens- und Handlungsformationen, zu einer Absage an den Typus wissenschaftlich argumentierender, weil verständigungsfähiger und wahrheitsinteressierter Vernunft.

Diesen Zusammenhängen möchte ich nun im Folgenden im Blick auf das Werk von Michel Foucault nachgehen (2.), der als einer der profiliertesten Vertreter des Denkens der „Postmoderne“ zu betrachten ist.[13] Von besonderer Wichtigkeit ist dabei der innere Zusammenhang, der bei Foucault zwischen seinem fundamentalen Angriff auf den Vernunftbegriff der Aufklärung, seiner „Dekonstruktion“ des Subjektbegriffs und seiner Religionskritik besteht. In einem nächsten Schritt soll dann gezeigt werden (3.), worin die Herausforderung des Denkens bei Foucault für die Theologie und Kirche nach dem Zweiten Vatikanischen Konzil zu sehen ist. Nicht zuletzt vor dem Hintergrund einer vom „postmodernen Denken“ ausgehenden Sympathie für eine Wiederbelebung von Mythologie und Polytheismus soll abschließend der Versuch unternommen werden (4.), den Zusammenhang von Offenbarung, Glauben und Vernunft soweit anzudeuten, daß er gegen „postmoderne“ Herausforderungen abgegrenzt werden kann.

2. *Foucaults „Dekonstruktion" des Vernunftbegriffs der Aufklärung*

Michel Foucaults Entwurf einer „Archäologie des Wissens", so der Titel seines 1969 in Paris veröffentlichten[(14)] und 1973 deutsch publizierten Buches[(15)], entnimmt dem kritischen Programm der Philosophie Nietzsches wesentliche Einsichten und Motive, um sie jedoch zu einem höchst eigenständigen Konzept einer „Dekonstruktion" des Vernunftanspruchs der Humanwissenschaften zusammenzufügen. Schon in seiner 1961 veröffentlichten Schrift „Wahnsinn und Gesellschaft"[(16)] will Foucault in wissenschaftshistorischer Perspektive aufzeigen, daß der Vernunftbegriff der Moderne dem Phänomen des Wahnsinns reziprok entspricht. Hierzu untersucht Foucault die mit dem ausgehenden 18. Jahrhundert einsetzende wissenschaftliche Beschäftigung mit den Geisteskrankheiten und verfaßt eine Studie zur Frühgeschichte der Psychiatrie, in der er sich der von Lévi-Strauss entwickelten Untersuchungsmethode der strukturalistisch verfahrenden Ethnologie[(17)] bedient. Seine Analyse des wissenschaftlichen Diskurses der Psychiatrie hält noch an der Vorstellung fest, das geheime, durch die ärztliche Definition der Krankheit jedoch willkürlich ausgegrenzte „Vernunftpotential" der Geistesgestörten wieder, gleichsam archäologisch verfahrend, an das Licht der Gegenwart zu heben. Foucault schreibt: „Da uns die ursprüngliche Reinheit fehlt, muß die Strukturuntersuchung zu jener Entscheidung zurückführen, die Vernunft und Wahnsinn gleichzeitig trennt und verbindet. Sie muß versuchen, den ständigen Austausch, die dunkle gemeinsame Wurzel und die ursprüngliche Gegeneinanderstellung zu entdecken, die ebensosehr der Einheit wie der Opposition von Sinn und Irrsinn einen Sinn verleiht."[(18)] Das der Romantik wie der aus ihr hervorgehenden Hermeneutik verwandte Motiv einer Suche nach ursprünglichem Sinn und Authentizität, welches diese Untersuchung begleitet, tritt jedoch schon in der zwei Jahre später publizierten Schrift: „Die Geburt der Klinik"[(19)] deutlich zurück. Von nun an geht es Michel Foucaults Beschäftigung mit dem Diskurs der Humanwissenschaften nicht mehr um die Rekonstruktion von unter der Oberfläche der Sprache verborgenen ‚ursprünglichen Bedeutungen', sondern um eine Analyse von „diskursiven Tatsachen nicht als autonome Kerne vielfältiger Bedeutungen . . ., sondern als Ereignisse und funktionelle Elemente, die ein sich allmählich aufbauendes System bilden. Der Sinn einer Äußerung wäre nicht definiert durch den Schatz der in ihr enthaltenen Intentionen, durch die sie zugleich enthüllt und zurückgehalten wird, sondern durch die Differenz, die sie an andere, wirkliche und mögliche, gleichzeitige oder in der Zeit entgegengesetzte Äußerungen anfügt. So käme der systematische Gehalt der Diskurse zum Vorschein."[20] Die Entstehung der Klinik und insbesondere der psychiatrischen Anstalt ist für Michel Foucault das Paradigma jener Form von Disziplinierung, Unterwerfung und Gewalt, die er dem Rationalitätsbegriff der modernen Wissenschaft als ganzem unterstellt. Darin vollzieht Foucault auch seinen Bruch mit dem Strukturalismus, der dem Vernunftanspruch der Moderne gerade in seiner Leugnung einer tragenden Rolle des Subjekts noch verpflichtet bleibt. In seinen späteren Arbeiten steht daher im Mittelpunkt seiner Wissenschaftskritik der Begriff der Macht, den er nach dem Vorbild Nietzsches als das innere Band der wissenschaftlichen, politischen und gesellschaftlichen Diskurse ausgibt. Die wissenschaftliche *Suche nach Wahrheit* deutet Foucault dabei wie schon zuvor Nietzsche als den Ausdruck eines *Willens zur Macht.*[21]

Foucaults Methode bei der Analyse des historischen Diskurses der Humanwissenschaften veranlaßt ihn also zu einer Abkehr vom hermeneutischen Umgang mit Sprache und Geschichte: Foucaults Historik der Wissenschaften tritt auf wie eine Archäologie; sie negiert die Möglichkeit eines auf Verstehen von Überlieferungszusammenhängen ausgerichteten Verfahrens; sie tritt bewußt von außen an das Material ihrer Untersuchung heran und ist bemüht, jede Art wirkungsgeschichtlicher Sinnzusammenhänge zu destruieren. In seinem Vorwort zur deutschen Ausgabe von „Les mots et les choses"[22] schreibt Foucault über die von ihm gewählte Verfahrensweise: „Ich versuchte den wissenschaftlichen Diskurs nicht vom Standpunkt der sprechenden Individuen aus zu erforschen (wie die Hermeneutik - LB) noch, was sie sagen (wie der Strukturalismus - LB), sondern vom Standpunkt der Regeln, die nur durch Existenz solchen Diskurses ins Spiel kommen: welche Bedingungen hatte Linné (oder hatten andere Wissenschaftler) zu erfüllen, um seinen Diskurs nicht nur kohärent und im allgemeinen wahr zu machen, sondern ihm in der Zeit, in der er geschrieben und aufgenommen wurde, Wert und praktische Anwendung als wissenschaftlichem Diskurs - oder, genauer als naturgeschichtlichem, ökonomischem oder grammatischem Diskurs zu geben?"[23] Auf diesem Wege konstatiert Foucault eine Selbständigkeit und Wirkmächtigkeit der jeweiligen wissenschaftlichen sowie gesellschaftlichen Diskurse und ihrer immanenten Regularität, ohne sich jedoch dabei der strukturalistischen Idee eines alles dominierenden, synchronen und Identität stiftenden Strukturzusammenhangs des Sprachgeschehens auszuliefern. Foucaults Untersuchung zielt also darauf ab, diejenige Willkür freizulegen, mit der jede hermeneutisch oder auch strukturalistisch verfahrende Interpretation anderen Texten und Diskursen ihr jeweiliges Vorverständnis gleichsam gewaltsam überstülpt, um im fremden Text nur das eigene Vorurteil[24] vom anderen und d. h. doch nur sich selbst wiederzuerkennen. Dieses Verfahren sucht Foucault als einen Akt der Gewalt zu entlarven. Seine Bestreitung eines durch Kontinuität bestimmten, verstehbaren Überlieferungszusammenhangs zieht zugleich die Zerstörung des Begriffs „der Geschichte“ nach sich. Der Kollektivsingular „Geschichte“ löst sich für ihn jedoch nicht wieder in den vor Voltaire[25] gängigen Plural der vielen, narrativ vermittelbaren und als solche verstehbaren, gar lebensweltliche Identität stiftenden „Geschichten“ auf, sondern in eine Vielheit diskontinuierlich auftretender, einander bekämpfender und verdrängender strategisch vermittelter Diskurse, die in ihrem Inneren eigenen Regeln folgen, sich als solche aber keiner unhintergehbaren Subjektivität, keiner allgemeinen Vernunft und auch keiner übergreifenden Struktur verdanken: „Um der Kürze willen sagen wir also, daß die Geschichte in ihrer traditionellen Form es unternahm, die Monumente der Vergangenheit zu ‚memorisieren‘, sie in Dokumente zu transformieren und diese Spuren sprechen zu lassen, die an sich oft nicht sprachlicher Natur sind oder insgeheim etwas anderes sagen, als sie sagen; heutzutage ist die Geschichte das, was die Dokumente in Monumente transformiert und was dort, wo man den Menschen hinterlassene Spuren entzifferte, dort, wo man in Aushöhlungen das wiederzuerkennen versuchte, was sie gewesen war, eine Masse von Elementen entfaltet, die es zu isolieren, zu gruppieren, passend werden zu lassen, in Beziehung zu setzen und als Gesamtheiten zu konstituieren gilt . . . Man könnte, wenn man etwas mit den Worten spielte, sagen, daß die Geschichte heutzutage zur Archäologie tendiert - zur immanenten Beschreibung des Monuments.“[26] Mit diesem Programm ist für Foucault zwingend die Forderung verbunden, an die Stelle eines durch den Begriff von Subjektivität, von Fortschritt, von Teleologie oder durch das Denken in Schemata der Evolution bestimmten Geschichtsbegriffs - für ihn allesamt Kategorien des von ihm bekämpften Identitätsdenkens der Moderne - eine Vielfalt von Diskontinuitäten, Brüchen und „individualisierten Serien“ zu rükken.

Foucault beschreibt sein archäologisches Verfahren der wissenschaftshistorischen Kritik des Rationalitätsanspruchs der Moderne im Rückgriff auf Nietzsche als das einer Genealogie.[28] Das genealogische Verfahren muß darauf verzichten, „lineare Genesen“ beschreiben zu wollen, „als hätten die Wörter ihren Sinn, die Wünsche ihre Richtung, die Ideen ihre Logik immer bewahrt; als hätte es in dieser Welt der gesagten und gewollten Dinge nicht Invasionen, Kämpfe, Entführungen, Überlistungen gegeben. Die Genealogie kann darum nicht umhin, sich zu bescheiden: sie hat die Einmaligkeit unter Verzicht auf eine monotone Finalität ausfindig zu machen; sie muß den Ereignissen dort auflauern, wo man sie am wenigsten erwartet und wo sie keine Geschichte zu haben scheinen – in den Gefühlen, der Liebe, dem Gewissen, den Instinkten; sie muß ihre Wiederkunft erfassen, nicht um die langsame Kurve einer Entwicklung nachzuvollziehen, sondern um die verschiedenen Szenen wiederzufinden, auf welchen die Ereignisse verschiedene Rollen gespielt haben; sie muß auch Punkte ihres Ausbleibens definieren."(29)

Die Genealogie Foucaults lehnt die „Suche nach dem Ursprung" als das klassische Verfahren der metaphysischen Vernunft ab. Damit verbindet sich, Foucault zufolge, die in der Tradition der Metaphysik seit Platon und Aristoteles eingeübte „Suche nach dem genau abgegrenzten Wesen der Sache", „nach ihrer reinsten Möglichkeit", „nach ihrer in sich gekehrten Identität", „nach ihrer unbeweglichen und in allem Äußeren, Zufälligen und Zeitlichen vorgesehenen Form. Die Suche nach einem Ursprung ist die Suche nach dem ‚was schon war', nach dem ‚es selbst' eines mit sich selbst übereinstimmenden Bildes".(39) Dieses hier offensichtlich in Anspielung auf die platonische Ideenlehre beschriebene Konzept der metaphysischen Frage nach dem Ursprung sucht Foucault mit Nietzsche als illusionär zu entlarven. Als Mittel dient ihm dabei seine genealogisch verfahrende Historie: Das ‚metaphysische' Geheimnis gleichsam „hinter allen Dingen"(31) ist für ihn dies, daß die Dinge „ ohne Wesen sind oder daß ihr Wesen Stück für Stück aus Figuren, die ihm fremd waren, aufgebaut worden ist. Die Vernunft? Sie ist in durchaus ‚unvernünftiger' Weise entstanden – aus dem Zufall. Die Hingabe an die Wahrheit und die Strenge wissenschaftlicher Methoden? Sie sind aus der Leidenschaft der Gelehrten entstanden, aus ihrem Haß aufeinander. . . – aus langsam im Laufe persönlicher Kämpfe geschmiedeten Waffen. Und die Freiheit? . . . In Wirklichkeit ist sie nur eine ‚Erfindung herrschender Stände'. Am historischen Anfang der Dinge", so resümmiert Foucault, „findet man nicht die immer noch bewahrte Identität ihres Ursprungs, sondern die Unstimmigkeit des Anderen."(32) „So lehrt uns die Historie, über die Feierlichkeiten des Ursprungs zu lachen."(33)

Die Genealogie setzt nach Foucault nicht etwas anderes an die Stelle der entzauberten metaphysischen Begriffe, also nicht etwa an die Stelle der „Idee" oder der „forma substantialis" die „Materie", an die der „Identität des Denkens" die Entfaltung der Produktivkräfte oder eine naturgeschichtlich gedeutete Evolution, auch nicht an die Stelle des „Subjekts" die „Struktur"; sie will vielmehr die gesamte Fragestellung durch eine Zersetzung des Wahrheitsbegriffs unterlaufen; denn, so Foucault,

„die Frage nach der Wahrheit, ihr Anspruch, den Irrtum zurückzuweisen und sich dem Schein entgegenzusetzen, die Tatsache, daß sie zuerst den Weisen und dann nur noch den Frommen vorbehalten war und sich danach in eine unzugängliche Welt zurückzog, in der sie zugleich Tröstung und Verpflichtung war, daß sie schließlich als unnütze, überflüssige und allseits widerlegte Idee abgeschafft wurde - all das ist eine Geschichte, die Geschichte des Irrtums, der Wahrheit heißt."[34] Den archäologisch-historisch arbeitenden Genealogen vergleicht Foucault mit dem Arzt, dessen distanzierendem Blick sich die jeweils individuelle Krankheitsgeschichte und insbesondere die Entstehung der Krankheit, deren „niedrige Herkunft", nicht deren „erhabener Ursprung", im Leib erschließt. „Der Leib - und alles, was den Leib berührt - ist der Ort der Herkunft (und nicht des „Ursprungs" im Sinne von arche - LB): am Leib findet man das Stigma der vergangenen Ereignise, aus ihm erwachsen auch die Begierden, die Ohnmachten und die Irrtümer; am Leib finden die Ereignisse ihre Einheit und ihren Ausdruck, in ihm entzweien sie sich aber auch und tragen ihre unaufhörlichen Konflikte aus. Dem Leib prägen sich die Ereignisse ein (während die Sprache sie notiert und die Ideen sie auflösen). Am Leib löst sich das Ich auf (das sich ein substantielle Einheit vorgaukeln möchte). Er ist eine Masse, die ständig abbröckelt. Als Analyse der Herkunft steht die Genealogie also dort, wo sich Leib und Geschichte verschränken. Sie muß zeigen, wie der Leib von der Geschichte durchdrungen ist und wie die Geschichte am Leib nagt."[35]

Auch der Leib des Menschen darf für Foucault nicht für jenen Garanten von ‚ursprünglicher Einheit' gehalten werden, den die unter der Herrschaft metaphysischen Denkens stehende alteuropäische Rationalität beständig gesucht habe. „Nichts am Menschen - auch nicht sein Leib - ist so fest"[36], um zum Ursprung und Prinzip von Verstehen gemacht werden zu können. Im Leib wird ein „Wille zur Macht" spürbar, der sich jedoch nicht als metaphysisches Identitätsprinzip eignet; denn der hintergründig die theoretischen wie praktischen Diskurse im geschichtlichen Fortgang beherrschende „Wille zur Macht" ist für Foucault konkret bestimmt durch permanent wechselnde Strategie und diskontinuierliche Formation, die keinem allgemeinen und übergreifenden Gesetz gehorcht: „Die Kräfte im Spiel der Geschichte gehorchen weder einer Bestimmung noch einer Mechanik, sondern dem Zufall des Kampfes . . . Sie manifestieren sich nicht als die sukzessiven Formen einer vorgängigen Intention oder eines endgültigen Resultats. Sie treten im einzigartigen Würfelspiel des Ereignisses auf. Im Gegensatz zur christlichen Welt, die von der göttlichen Spinne gewoben wird, und im Unterschied von der griechischen Welt, die in ein Reich des Willens und ein Reich der großen kosmischen Dummheit geteilt ist, kennt die Welt der wirklichen Historie nur ein einziges Reich, in dem es weder Vorsehung noch Finalursachen gibt, sondern nur ‚jene eisernen Hände der Notwendigkeit, welche den Würfelbecher des Zufalls schütteln'. Dieser Zufall ist nicht als schlichte Auslosung zu verstehen, sondern als das ständig erneuerte Risiko des Willens zur Macht, der jedem Zufall einen anderen noch stärkeren Zufall entgegensetzt. Die Welt, wie wir sie kennen . . . ist ein Wirrwarr unzähliger Ereignisse."[(37)] Damit es unter diesen Umständen dennoch zu einer Gestalt von Wissen kommen kann, das jedoch keinen Anspruch auf Objektivtät oder Adäquation im Sinne des überlieferten Wahrheitsbegriffs beanspruchen kann, muß Foucault der Macht einen nicht nur historisch-empirischen, sondern zugleich ‚quasitranszendentalen' Status zubilligen.[(38)]

Die von Foucault intendierte „Auflösung der Subjektivität, ihre Zerstreuung in einer Sprache, die sie entmächtigt und im Raum ihrer Leere vervielfältigt"[(39)] ist an eine Erfahrung der Endlichkeit des Menschen gebunden, die Foucault - auch darin Nietzsche verwandt - mit dem von der Philosophie des 19. Jahrhunderts verkündeten Todes Gottes in Verbindung bringt. Er schreibt: „Dieser Tod ist nicht als Ende seiner historischen Herrschaft zu verstehen, auch nicht als die endlich getroffene Feststellung seiner Nichtexistenz, sondern als der von nun an konstante Raum unserer Erfahrung. Der Tod Gottes, der unserer Existenz die Grenze des Unbegrenzten nimmt, führt sie zu einer Erfahrung zurück, in welcher nichts mehr die Äußerlichkeit des Seins ankündigen kann, also zu einer inneren und souveränen Erfahrung. Aber eine solche Erfahrung, in welcher der Tod Gottes aufblitzt, entdeckt als ihr Geheimnis und Licht ihre eigne Endlichkeit, die unbegrenzte Herrschaft der Grenze, die Leere der Befreiung, in die sie fällt und in der sie fehlt."[(40)] Die sich aufgrund der Erfahrung des Todes Gottes einstellende ‚innere souveräne Erfahrung' des Menschen entpuppt sich als eine Erfahrung seiner Selbstauflösung, als eine, wie Foucault sagt, „Erfahrung des Unmöglichen (das Unmögliche ist der Gegenstand und die Bedingung der Erfahrung)"[(41)]; denn „der Tod Gottes gibt uns nicht einer begrenzten und positiven Welt zurück, sondern einer Welt, die sich in der Erfahrung der Grenze auflöst, die sich in dem sie überschreitenden Exzeß aufbaut und zerstört."[(42)] Die Erfahrung der Überschreitung (Foucault spricht von „transgression") deutet er als eine Erfahrung von Grenze bei deren gleichzeitiger Überwindung, um so in der Dynamik von erneuter Grenzerfahrung und neuerlicher Überschreitung bis zu jener äußersten Grenzerfahrung vorzustoßen, deren Überschreitung mit der inneren Zerstörung der Grenze selbst zusammenfällt. Die souveräne Überschreitung der Grenze führt so für Foucault zu einem Punkt, der „eine Verherrlichung dessen (bewirkt), was er ausschließt; die Grenze stößt gewaltsam die Tür zum Unbegrenzten auf, sie wird vom Gehalt, den sie zurückweist, überwältigt und von der fremden Fülle, die ihr Innerstes einnimmt, erfüllt. Die Überschreitung treibt die Grenze bis an ihre äußerste Grenze, sie läßt sie über ihrem drohenden Verschwinden erwachen, sie läßt sie in dem zu sich kommen, was sie ausschließt, und sich darin zum erstenmal erkennen, sie läßt sie ihre positive Wahrheit in ihrem Verlust spüren."[(43)]

In solch paradoxalen Formulierungen sucht Foucault gleichsam jenen Punkt sprachlich zu umkreisen, von dessen Erfahrung aus erst seine Anstrengung der Dekonstruktion des um Erkenntnis von Wahrheit bemühten Diskurses der Wissenschaften und der Philosophie ihre ‚Plausibilität' zu beziehen vermöchte. Die innere Aporetik dieses Versuches deckt zugleich die sachliche Verwandtschaft Foucaults mit dem Spätwerk Martin Heideggers auf. Auch er vermag seine Kritik an Metaphysik, Wissenschaft und Humanismus bzw. neuzeitlicher Subjektivität nur mehr im dunklen Verweis auf die Unsagbarkeit des Seins zu fundieren[(44)], der dem Verdacht der aporetischen Selbstbezüglichkeit des Denkens ausgesetzt bleibt. Ähnlich argumentiert Michel Foucault, wenn er die Erfahrung der inneren Auflösung des philosophischen Identitätsdenkens im immanenten Zersetzungsprozeß der Relation von erkennendem Subjekt und zu erkennender Welt artikulieren möchte und hierbei noch immer der Macht unterworfen bleibt, die der diskursiv verfahrenden Sprache seiner eigenen Analyse zufolge innewohnt. Er hat keine andere Wahl, als auf eine Gestalt von Denken zu verweisen, die einer anderen als unserer Sprache gehorcht. So schreibt er: „Die Möglichkeit eines solchen Denkens liegt für uns in einer Sprache, die uns das Denken als solches entzieht und bis zur Unmöglichkeit der Sprache selbst vorstößt, bis zu jener Grenze, wo das Sein der Sprache in Frage gestellt wird."[(45)]

Die gesuchte neue Sprache scheint auf im *Schatten* unserer seit Platon dialektisch-identifizierend verfahrenden Sprache – der Sprache unter der Herrschaft der verstandesgemäßen Richtigkeit, wie dies Heidegger[(46)] sagt; für Foucault begegnet deren Scheitern paradigmatisch im Sprechen Friedrich Nietzsches „von den Vorlesungen über Homer bis zu den Schreien des Wahnsinnigen in den Straßen von Turin[(47)] und im Werk George Batailles, dessen phantastische Imagination durch die Macht surrealistischer Bilder aus dem Gehäuse unserer Sprache ausbrechen will. Foucault interpretiert in diesem Sinne das von Bataille verwendete Bild eines aus seiner natürlichen Lage verdrehten Auges, „aus dem fremdes Licht fällt, welches das Leere bezeichnet, daraus es kommt und welches alles, was es erhellt und berührt, diesem Leeren zuwendet."[48] Dieses Bild versucht Foucault so zu deuten: „Bei Bataille bedeutet das verdrehte Auge nichts in seiner Sprache, da es deren Grenze markiert. Es gibt den Augenblick an, da die Sprache an ihre Grenzen gelangt, aus sich herausstürzt, explodiert und sich radikal aufgibt: im Lachen, in den Tränen, in den verdrehten Augen der Ekstase, im stummen Schauder des Opfers; die Sprache bleibt an der Grenze dieser Leere stehen und spricht von sich in einer zweiten Sprache, in der die Abwesenheit eines souveränen Subjekts ihre wesenhafte Leere bezeichnet und die Einheit des Diskurses restlos zerbricht. Das ausgeschälte und umgestülpte Auge ist der Raum der philosophischen Sprache Batailles, die Leere, in die sie sich verströmt und verliert, ohne jemals aufzuhören zu sprechen - etwa so wie das innere, durchsichtige und erleuchtete Auge der Mystiker den Punkt anzeigt, an dem sich die geheime Sprache des Gebets zusammenschnürt, erstickt und verstummt. Batailles Auge bezeichnet den Raum, in dem Sprache und der Ton einander zugehören, in dem die Sprache ihr Sein in der Überschreitung ihrer Grenzen findet: die Form einer nichtdialektischen Sprache der Philosophie."[49] Diese neue, höhere „Sprache" der Philosophie ist gleichbedeutend mit dem Verstummen der Erkenntnis des Menschen im Angesicht einer äußeren und inneren Wirklichkeit, die sich als Trümmerlandschaft vollendeter Nichtidentität darbietet.

3. Die Herausforderung für die Theologie

Nach diesem kurzen Versuch einer Präzisierung des philosophischen Programms der „Postmoderne" bei Michel Foucault möchte ich mich nun der Frage zuwenden, worin die Herausforderung des „postmodernen Denkens" für die katholische Theologie besteht. Zunächst kann grundsätzlich festgehalten werden, daß das Programm dieser „postmodernen" Vernunft- und Wissenschaftskritik einen fundamentalen Angriff auf die Grundlagen der Theologie als Wissenschaft enthält; es ist nämlich offensichtlich, daß auf der Basis von Foucaults Diskurstheorie keine Textinterpretation mehr gerechtfertigt werden kann, die auf die Tradition einer Überlieferung von Sinnzusammenhängen rekurriert. Dies aber würde jeden Versuch einer Auslegung der Heiligen Schrift unmöglich machen und die Fortsetzung von Fächern wie etwa der Kirchen-, Theologie- und Dogmengeschichte verbieten. Foucaults Zurückweisung des Wahrheitsbegriffs würde ferner nicht nur den Anspruch theologischer Disziplinen wie Fundamentaltheologie, Dogmatik oder Moraltheologie sinnlos erscheinen lassen, sondern auch und darüber hinaus die gesamte Gestalt des christlichen Bekenntnisses ad absurdum führen: Der Glaube könnte in der Folge der von Foucault beabsichtigten Aufhebung der Differenz von „wahr“ und „falsch“ nur noch die Rolle einer mehr oder weniger angenehmen oder lebensdienlichen Fiktion spielen; alle Weltinterpretationen, seien es mythische, religiöse, gnostische oder wissenschaftliche, würden gleich-gültig. Dem christlichen Glauben bliebe allein noch die Möglichkeit vorbehalten, die Aufgabe einer psychologischen Trostspendung und einer Kompensation lebensweltlicher Sinnverluste zu übernehmen: als feierliche Überhöhung oder schönes Ornament eines ansonsten durch Arbeit und Technik geprägten „stahlharten Gehäuses“ (Max Weber) unseres alltäglichen Lebens.

Die Folgen der „postmodernen“ Philosophie Michel Foucaults sind für Theologie und Kirche ebenso unannehmbar wie die Figur seines Denkens aporetisch ist. Foucaults Versuch einer „Dekonstruktion“ des Erkenntnisanspruchs unserer Sprache ist nämlich gezwungen, sich genau dieser ihrer allgemeinen Verstehbarkeit und Wahrheitsfähigkeit prinzipiell beraubten Sprache zu bedienen, um deren vermeintliches Scheitern aufzudecken. Dabei verfängt er sich jedoch, wie leicht ersichtlich, in einem performativen Selbstwiderspruch, der seinen eigenen Diskurs untergräbt. Doch, so könnte man diesem Einwand entgegnen, Foucault argumentiere ja nicht eigentlich gegen den Wahrheitsanspruch der diskursiven Vernunft, sondern er zeige genealogisch, und das heißt rein von außen kommend, also ohne sich dieser Vernunft zu bedienen, deren Herkunft aus den körpervermittelnden Strategien des Machterwerbs und der Gewaltanwendung auf. An diesem Argument ist richtig, daß Foucault versucht, den mit der sprachlichen Struktur assertorischer Aussagen immanent verknüpften Anspruch auf Wahrheit nicht eigentlich argumentativ zu entkräften, sondern zu unterlaufen. Er macht den vom Aussagesatz selbst schon reklamierten Wahrheitsanspruch der Rede zu einer Frage unseres von außen und gleichsam zusätzlich hinzukommenden ‚Geschmacks‘. Auf diese Weise deutet Foucault aber den der Sprache selbst innewohnenden Wahrheitsanspruch der vernünftigen und daher auch intersubjektiv verstehbaren Rede zu einer Angelegenheit der subjektivistisch ausgelegten Präferenz um. Damit verfehlt Foucault jedoch nicht nur ein angemessenes philosophisches Verständnis der Sprache und der elementaren Logik in ihr, er verfängt sich gerade in dieser Strategie eines Unterlaufens der Wahrheits- und Vernunftsansprüche menschlicher Rede erneut in der Aporie des Selbstwiderspruchs, da er ja mit dem von ihm nicht anders als in der Form assertorischer Aussagen mit propositionalem Gehalt vorgetragenen Diskurs etwas mitzuteilen beabsichtigt, von dem er annehmen darf, daß es sich von ‚sinnlosen' Äußerungen eben durch den impliziten Anspruch auf Verständlichkeit und Wahrheitsfähigkeit seiner Rede unterscheidet. Entscheidend ist in diesem Zusammenhang, daß Foucault selbst diese Aporie in seiner Argumentation genau wahrnimmt und ihr doch nicht entgehen kann. Dies geschieht an der Stelle, an der er die Unentrinnbarkeit des Verständigungs-und Vernunftpotentials in der menschlichen Sprache erkennt und an seiner Theorie nur mehr festhalten kann, indem er sich in die Paradoxien Batailles und in die Aufforderung flüchtet, daß der „wahre Philosoph" sich allein im Schweigen, im Verstummen - oder, wie im Falle Nietzsches, im Wahnsinn zeige.

Die „postmoderne" Rede von der Irrelevanz der Differenz von „wahr" und „falsch", von „Imagination" und „Wirklichkeit" hat in der Gegenwart zu einer beachtlichen Konjunktur von Gegenaufklärung und Mythologie geführt. Von hier geht, wie ich meine, ein Faszination von Mythos und Esoterik, von Gnosis und Obskurantismus jeglicher Art aus, die einen Fundamentalismus „rechter" wie „linker" Proveniens auch inmitten der christlichen Kirchen befördert. Dieser trägt unverkennbar die Signatur einer „postmodernen" Wissenschafts- und Aufklärungskritik: So singt etwa im außerchristlichen Bereich ein skeptischer Philosoph wie Odo Marquard ein hohes „Lob des Polytheismus".[(50)] Er plädiert damit für die Spielart einer sich „aufgeklärt" nennenden Wiederkehr polytheistischer Mythologie, an die heute zwar keiner mehr glaubt, die aber für den Einzelnen freiheitliche Folgen in einem allgegenwärtigen Wert- und Wahrheitsrelativismus haben soll. Auch ein Autor, der sich selbst christlich versteht, wie etwa Eugen Drewermann, plädiert für eine ausdrücklich *gegen* den neuzeitlichen Vernunft- und Aufklärungsbegriff gerichtete Apologie des vermeintlich Mythisch-Okkulten in der Mitte des Christentums[(51)]. Er versteht es, die latenten Angstpotentiale in unserer Zivilisation und die für viele Individuen abhanden gekommene Übersichtlichkeit und Identität ihrer Lebensgeschichte zur Sprache zu bringen und therapeutisch in eine Beziehung zu Texten der religiösen und außerreligiösen Erzähltradition zu setzen, was ihm eine gewisse Popularität einbringt. Doch in seiner fundamentalistischen und eingestandenermaßen postmodernen Ablehnung der europäischen Aufklärungstradition, die sich bei ihm auch deutlich in seiner Zurückweisung zentraler Einsichten von „Dei verbum" zeigt, verzeichnet er den spezifischen Charakter des christlichen Bekenntnisses, das sich, wie noch zu zeigen ist, erstens auf bestimmte historische Ereignisse gründet, zweitens wesentlich auf vernünftige Einsicht und diskursiv entfaltbare Plausibilität bezogen ist und daher auch drittens ein positiv bestimmbares Verhältnis zum europäischen Rationalisierungs- und Aufklärungsprozeß besitzt. Auch aus einem angemessenen theologischen Verständnis des christlichen Offenbarungsgeschehens müssen daher sowohl die Foucaultsche Kritik des Vernunftsanspruchs unserer Sprache und Erkenntnis, als auch solche fundamentalistischen Versuche zurückgewiesen werden, die den christlichen Glauben gegen die kritische Rationalität der Wissenschaft und gegen die Ideen der neuzeitlichen Freiheitsgeschichte auszuspielen suchen. Dies sei nun im Folgenden im Blick auf den theologischen Offenbarungsbegriff und das mit diesem Offenbarungsbegriff verbundene Glaubensverständnis näher dargelegt und begründet.

4. Offenbarung, Sprache und Vernunft – eine theologische Antwort auf das „postmoderne Denken"

Christlichem Selbstverständnis zufolge artikuliert der Begriff des Offenbarungsgeschehens[(52)] ein Handeln Gottes nicht außerhalb der Zeit oder hinter der Welt, sondern in der durch Raum und Zeit bestimmten Realität der Geschichte, durch welches Gott sich „nach Menschenart"[(53)], d. h. in der Sprache der Menschen, historisch identifizierbar und exoterisch kundtut – nicht jenseits der realen Geschichte, wie der Mythos, nicht „hinter der Welt"[(54)] wie die platonische Metaphysik, und nicht im Gegensatz zur Welt, wie die spätantike Gnosis[(55)] das Göttliche zu verorten suchten. Gottes historisch vermittelte Selbstoffenbarung verfolgt das Ziel, so die grundlegende Auskunft der Offenbarungskonstitution des Zweiten Vatikanischen Konzils, „daß die Menschen durch Christus, das fleischgewordene Wort, im Heiligen Geist Zugang zum Vater haben und teilhaftig werden der göttlichen Natur."[(56)] Diese Offenbarung Gottes vollzieht sich als seine Hinwendung zu den Menschen und ihrer vernehmenden Vernunft. In Aufnahme von Röm 1,19–20 spricht das Konzil davon, daß die natürliche Vernunft des Menschen Gott schon „jederzeit"[(57)] aus seiner Schöpfung erkennen könne, daß die vollständige „Wahrheit"[(58)] der göttlichen Selbstmitteilung sich aber, in Fortsetzung der alttestamentlichen Erfahrung des Sprechens Gottes im Horizont der Geschichte Israels, erst in Jesus Christus ereignet habe, „der zugleich der Mittler und die Fülle der ganzen Offenbarung ist."[(59)] Im Zentrum der christlichen Botschaft steht somit die sich trinitarisch vollziehende Kondeszendenz[(60)] Gottes, seine heilshafte Hinwendung zu den Menschen; daß diese reale, sich geschichtlich vollziehende „Mitteilung" an die Menschen gerade keine mythisch mißverstehbare Epiphanie sein kann, wie Drewermann glaubt[(61)], belegt der festgehaltene biblische Gedanke der Transzendenz Gottes im Gegenüber zur Welt, seiner Schöpfung, die jedoch schon für sich alleine betrachtet den Menschen kraft seiner natürlichen Vernunft auf Gott als den Schöpfer verweist.

Der antimythologische Gedanke der Nichtgöttlichkeit der Welt leitet über zu einem zweiten Grundzug des christlichen Offenbarungsbegriffs, in dem eine weitere entscheidende Differenz der christlichen Rede von Gott zu Mythos und klassischer griechischer Philosophie begründet ist. Der Mythos thematisiert nämlich ausdrücklich das Un- und Vorgeschichtliche, den Uranfang und das stets gleichbleibende Gesetz, das er im Schema von Regularität und Wiederholung zu erfassen sucht. Auch noch der Logos der sich aus der Erzählstruktur des Mythos methodisch lösenden griechischen Philosophie sucht die „archai", d. h. die obersten, zeitlos gedachten Ursachen und Prinzipien des Seins in anamnetischer Rückkehr zu dem Anfang zu ergründen. Dagegen läßt die christliche gedachte Einheit von Gottes Kondeszendenz und Transzendenz zur Welt nur ein Offenbarungsgeschehen zu, das ein geschichtlich Neues, ein noch nicht Gehörtes, also ein nicht stets und überall gleichermaßen Mögliches oder Notwendiges in freier, ungeschuldeter und personaler Zusage Gottes zur Sprache bringt: die Botschaft einer neuanbrechenden Wirklichkeit, dem nahen Gottesreich, und der Selbstmitteilung Gottes an die Menschen im Kreuz Jesu Christi, das wie nichts sonst sowohl den unbeirrbaren Heilswillen Gottes als auch die Nichtgöttlichkeit der Welt sowie zugleich das Aufbrechen ihres tödlichen Immanenzzusammenhangs bezeugt. Das christliche Offenbarungsverständnis artikuliert damit jedoch ein Verständnis von Geschichte, die sich nicht, wie es antike Mythologie und griechische Philosophie unterstellten, im Kreislauf von Werden und Vergehen bewegt, dessen Ende als Rückkehr zum Anfang gedeutet werden muß.

Auch eine gnostische Entwertung der realen Geschichte kann nicht als die Position einer christlichen Theologie akzeptiert werden. Das unableitbare Neue, wovon die Offenbarung berichtet, konstituiert mit dem Begriff einer Geschichte singulärer Ereignisse zugleich den der Unvertretbarkeit des Einzelnen und seiner Individualität sowie seiner im Handeln zu vollziehenden Freiheit: Erst im Horizont christlicher Gottesrede gewinnen die Begriffe Geschichte, Individualität und Freiheit nicht *von,* sondern *in* Geschichte die sachliche Bedeutung, die diese zu einer unverzichtbaren Grundlage der europäischen Aufklärungs- und Freiheitsgeschichte macht. Nietzsches Rede vom Tode Gottes führt daher mit einer gewissen Zwangsläufigkeit zum Angriff auf das Programm der neuzeitlichen Idee der Freiheit und Autonomie des Subjekts, wie er bei

Foucault begegnet. Zugleich muß im Blick auf den theologischen Offenbarungsbegriff festgehalten werden, daß der Selbstoffenbarung Gottes in der Geschichte eine Vorläufigkeit zukommt, die auf ihre noch ausstehende Vollendung eschatologisch verweist.[62] In dieser dritten Dimension des Offenbarungsbegriffs[63] reflektiert sich der christliche Gedanke einer bleibenden Transzendenz Gottes gegenüber der Welt, dessen Selbstmitteilung in der Geschichte daher stets den doppelten Grundzug von Zusage und Verheißung, Inkarnation und Aufhebung besitzt. Dies veranlaßt christliche Theologie, ihren Aussagen über Gottes Verhältnis zur Welt des Menschen den Charakter der Analogie, der Ähnlichkeit ihrer Aussagen mit dem Ausgesagten bei bleibender jeweils größerer Unähnlichkeit zuzuerkennen.[64]

Die geschichtliche Selbstoffenbarung Gottes im „inkarnierten Wort" zielt ab auf einen Glauben, der vom Menschen nicht eine blinde Unterordnung oder ein „sacrificium intellectus" verlangt, sondern umgekehrt die Bestätigung seines freien Willens und kritischen Verstandes zwingend voraussetzt.[65] Der durch Freiheit bestimmte, durch das Vermögen der kritischen Vernunft getragene, personal-dialogisch beschreibbare und existential zu vollziehende Akt des Glaubens setzt auf seiten des Menschen ein Hören- und Verstehenkönnen der Selbstmitteilung Gottes voraus.[66] Somit entspricht der bei Matthäus 28,19 formulierte Missionsauftrag der Kirche der inneren Struktur des Offenbarungsgeschehens: Der allen Menschen zu verkündigende Glaube enthält die Botschaft von einem Gott, der sich geschichtlich-real allen Menschen heilshaft zuwendet. So ist von dieser Botschaft zu sagen, daß ihr Gehalt nicht prinzipiell uneinsehbar und d. h. nicht un- oder widervernünftig, sondern vernunftgemäß, wenn auch die menschliche Vernunft übersteigend ist. Dieser Offenheit für die menschliche Vernunft korrespondiert die Universalität des sich offenbarenden Gottes: Das bei Markus 12,32 wiederaufgenommene Bekenntnis von Deuteronomium 6,4: „Höre Israel! Jahwe, unser Gott, ist einzig" formuliert einen Monotheismus, dessen universale Geltung beansprucht, eine Wahrheit für alle Völker und Kulturen zu sein. Um dieses *universalen Wahrheitsanspruches* des im Glauben verkündeten „einen" Gottes willen, der sich selbst allen Menschen im menschlichen Wort offenbaren will, muß der Inhalt dieses Glaubens auch vor der kritischen Vernunft als möglich und d. h. im Horizont der diskursiv verfahrenden, sprachlich verfaßten Vernunft philosophischer Rationalität in seiner legitimen Eigenbestimmtheit und Differenz zur Vernunft ausgewiesen werden können.

Der christliche Glaube an den „einen" Gott, der sich den Menschen geschichtlich als „dreieiner" offenbart, widersteht so der „postmodernen" Rede vom Verlust der wahrheitsfähigen Vernunft durch deren Auflösung in sprachlich vermittelte Strategien der Macht, wie sie bei Foucault im Gefolge seines Versuchs einer Auflösung des neuzeitlichen Geschichts- und Subjektsbegriffs begegnet. Auch Odo Marquards These von der verderblichen Herrschaft, die vom „Monomythos" des christlichen Glaubes ausgehe[(67)], führt in die Irre, und zwar in mehrfacher Hinsicht: Zum einen ist der christliche Glaube, wie gezeigt worden ist, aufgrund seiner inneren, unaufhebbaren Beziehung zum Wahrheitsanspruch sprachlicher Vernunft distinkt von der mythischen Rede verschieden, allen anderslautenden Interpretationsvorschlägen Eugen Drewermanns zum Trotz[(68)], die sich durch ein „gnostisches" Mißverständnis des christlichen Offenbarungs- und Glaubensbegriffs auszeichnen[(69)]; zum anderen artikuliert der Glaube seinem Gehalt nach nicht ein Prinzip der Einheit von Ursprung und Herrschaft, wie dies im Mythos narrativ vergegenwärtigt und noch im neuplatonischen „hen" spekulativ gedacht worden war. Im Unterschied zur Überlieferung des Mythos und zur Tradition griechischer Philosophie offenbart sich nämlich der „dreieine" Gott nicht als das vorgeschichtliche Prinzip der „arche", der Einheit von Ursprung und Herrschaft über den Kosmos und das ihm eingeschriebene eherne Gesetz strenger Notwendigkeit, sondern als der den Menschen und ihrer Geschichte nahe, mitleidende Gott des Exodus und der personalen Liebe, dessen Gegenüber dem Menschen Identität, Freiheit und geschichtliche Zukunft eröffnet. Der trinitarische Gott der christlichen Offenbarung[(70)], der in sich selbst Personenvielfalt, Liebe und Mitteilung ist, eignet sich nicht zur Fundierung von Herrschaft, weder auf dem Gebiet oberster metaphysischer Prinzipien und Ursachen noch auf dem Feld der konkreten Geschichte und Politik[(71)]. Daher bedarf die Tradition theologischer Gotteslehre auch keiner äußeren ‚Ergänzung' durch die Einführung mythenfreundlicher Gottesbilder und -attribute, wie dies im Sinne des „postmodernen" Zeitgeists in zeitgenössischen Beiträgen gefordert wird[(72)].

Gleichwohl muß festgehalten werden: Der sich in Geschichte und menschlicher Sprache mitteilende Gott des christlichen Glaubens ist als der sowohl immanente als auch transzendente Gott ein ‚Geheimnis', als das er sich den Menschen offenbart. Als solches bleibendes Geheimnis übersteigt er die Kompetenz menschlichen Sprechens und Erkennens und kann so auch als der „ganz Andere" bezeichnet werden. Karl Rahner hat in seiner Theologie immer wieder darauf hingewiesen, daß diese unaufhebbare „Unbegreiflichkeit Gottes" (Thomas von Aquin) als des „Deus semper maior"[(73)] dem Gedanken seiner Selbstoffenbarung nicht nur nicht widerspricht, sondern ihn erst erfüllt[(74)]; denn Gott enthüllt sich christlichem Glauben zufolge gerade *als* das bleibende Geheimnis, das er für den Menschen und seinen Existenzvollzug ist. Daher ist auch derjenige Akt des Menschen, in dem dieser sich in der Identität seiner Person vor dieses letzte und umfassende Geheimnis seiner eigenen Existenz bringt, nicht gleichbedeutend mit einem dumpfen Verstummen seiner Sprache und einem Einswerden mit der Macht der kosmischen Gewalt, die Ursprung und Herrschaft bedeutet. Ein solches Verhalten blinder Unterwerfung hatte einst der Mythos unter Anwendung gesellschaftlich vermittelter Gewalt den Menschen abverlangt, wie dies Horkheimer und Adorno in ihrer „Dialektik der Aufklärung“[(75)] treffend beschrieben haben. Die im Zeichen der „Postmoderne“ stehende Propaganda für eine Renaissance des Mythos im 20. Jahrhundert – wie das Beispiel der dreißiger Jahre zeigt, geht der Versuch einer Wiederherstellung von Mythen im 20. Jahrhundert aufgrund deren historisch gebrochener Unmittelbarkeit politisch mit einer Zunahme an gesellschaftlicher und politischer Repression einher – weist samt ihrer Ablehnung des neuzeitlichen Aufklärungs- und Freiheitsbegriffs den Weg in ähnliche Richtung: Auch Foucaults Plädoyer für ein Verstummen der wahrheitsfähigen Sprache der Philosophie und seine Beschreibung der Auflösung des sprechenden und verantwortlich handelnden Subjekts begünstigen eine inhumane und tendenziell gewaltgeprägte Situation der Unterordnung der Menschen unter undurchschaute Machtkonstellationen. Anders dagegen das mit den Ideen der Aufklärung versöhnte christliche Gottesbekenntnis, wie es uns in den Texten des II. Vaticanums begegnet: Der vor seinem in der Geschichte sich als bleibendes Geheimnis offenbarenden Gott stehende Mensch verliert weder seine Sprache noch seine Identität als Subjekt; im Gegenteil: In menschlichen Zeichen und Worten und mit weltveränderndem Handeln bezeugt er seinen Glauben an Gott; in der Kraft seiner begrenzten Vernunft gibt er argumentativ von seinem Glauben Rechenschaft; mit Hilfe seiner menschlichen Sprache sucht er in Liturgie[(76)] und Gebet der zuvorkommenden Anrede Gottes zu antworten, um so das Anerkennen Gottes als der „universalen Wahrheit“ in die Sprache der Anbetung übergehen zu lassen: „Adoro te devote latens Deitas“[(77)].

Anmerkungen

(1) Dignitatis humanae (DH), Erklärung über die Religionsfreiheit vom 7. 12. 1965, Lat.-dt. Text mit Kommentar, in: LThK, Das Zweite Vatikanische Konzil, Band II, Freiburg 1967, 703-748.

(2) Dei verbum (DV), Dogmatische Konstitution über die göttliche Offenbarung, Lat.-dt. Text mit Kommentar, in: LThK, Das Zweite Vatikanische Konzil, Band II, Freiburg 1967, 497-583.

(3) Lumen gentium (LG), Dogmatische Konstitution über die Kirche, Lat.-dt. Text mit Kommentar, in: LThK, Das Zweite Vatikanische Konzil, Band I, Freiburg 1966, 137-351.

(4) Gaudium et spes (GS), Pastorale Konstitution über die Kirche in der Welt von heute, Lat.-dt. Text mit Kommentar, in: LThK, Das Zweite Vatikanische Konzil, Band III, Freiburg 1968, 241-592.

(5) Vgl. hierzu die wie ein Programm der deutschen Aufklärung wirkende kleine Schrift Immanuel Kants: Beantwortung der Frage: Was ist Aufklärung?, insb. A 481.

(6) Vgl. hierzu u. a.: J. Habermas, Die Moderne - ein unvollendetes Projekt, in: ders., Kleine politische Schriften I-IV, Frankfurt 1981, 444-464; M. Frank, Was ist Neostrukturalismus?, Frankfurt 1984; B. Waldenfels, In den Netzen der Lebenswelt, Frankfurt 1985; A. Wellmer, Zur Dialektik von Moderne und Postmoderne. Vernunftkritik nach Adorno, Frankfurt 1985; J. Habermas, Der philosophische Diskurs der Moderne, Frankfurt 1985; W. Welsch, Vielheit ohne Einheit? Zum gegenwärtigen Spektrum der philosophischen Diskussion um die „Postmoderne". Französische, italienische, amerikanische, deutsche Aspekte, in: Philosophisches Jahrbuch 94 (1987) 111-141; ders., Unsere postmoderne Moderne, Weinheim 1987 sowie der Sammelband: Moderne oder Postmoderne? Zur Signatur des gegenwärtigen Zeitalters, hrsg. von P. Koslowski, R. Spaemann u. R. Löw, Weinheim 1986.

(7) Th. W. Adorno/M. Horkheimer, Dialektik der Aufklärung, Frankfurt 1969, 9.

(8) Vgl. Max Weber, Gesammelte Aufsätze zur Religionssoziologie, Bd. I, Tübingen 1978^{7}; vgl. hierzu das Urteil von J. Habermas in: Theorie des kommunikativen Handelns, Bd. 1, Frankfurt 1981: „Max Weber ist unter den soziologischen Klassikern der einzige, der mit den Prämissen des geschichtsphilosophischen Denkens wie mit den Grundannahmen des Evolutionismus gebrochen hatte und gleichwohl die Modernisierung der alteuropäischen Gesellschaft als Ergebnis eines universal-geschichtlichen Rationalisierungsprozessses begreifen wollte."

(9) Vgl. J.-F. Lyotard, La condition postmoderne. Rapport sur le savoir, Paris 1979; deutsche Ausgabe: Das postmoderne Wissen - ein Bericht, Graz/Wien 1986; ders., Grundlagenkrise, in: Neue Hefte für Philosophie 26 (1987) 1-33; ders., Der Widerstreit, München 1987;

(10) Vgl. Ch. Jencks, Die Sprache der postmodernen Architektur. Die Entstehung einer alternativen Tradition, Stuttgart 1980^{2}.

(11) Vgl. u. a. L. Wittgenstein, Philosophische Untersuchungen, Frankfurt 1967, 24 f.

(12) Thomas von Aquin, De veritate q. 1, a. 1; lat.-dt. Ausgabe, hrsg. von A. Zimmermann, Hamburg 1986, 8.

(13) Vgl. hierzu auch: W. Welsch, Unsere postmoderne Moderne, a.a.O. (Fußnote 6), 139-141.

(14) M. Foucault, L'archéologie du savoir, Paris 1969.

(15) Ders., Die Archäologie des Wissens, übers. v. U. Köppen, Frankfurt 1973.

(16) Ders., Folie et déraison. Histoire de la folie à l'âge classique, Paris 1961; deutsch: Wahnsinn und Gesellschaft. Eine Geschichte des Wahns im Zeitalter der Vernunft, übers. v. U. Köppen, Frankfurt 1969.

(17) Vgl. insb. Lévi-Strauss, Strukturale Anthropologie, Frankfurt 1967, vgl. hierzu S. Clarke, The foundations of strukturalism, 1981.

(18) Foucault, Wahnsinn und Gesellschaft, a.a.O., 282.

(19) Ders., Naissance de la clinique, Une archéologie du regard médical, 1. Auflage Paris 1963, 2. rev. Auflage Paris 1972; deutsch: Die Geburt der Klinik. Eine Archäologie des ärztlichen Blicks, übers. v. W. Seitter, München 1973.

(20) Ebd., 15.

(21) Vgl. hierzu Fr. Nietzsche, Nachgelassene Fragmente April–Juni 1885, Kritische Gesamtausgabe VII 3, Berlin/New York 1984, 272 f.

(22) Foucault, Les mots et les choses. Une archéologie des sciences humaines, Paris 1966; deutsch: Die Ordnung der Dinge, übers. v. U. Köppen, Frankfurt 1974.

(23) Ebd., 15.

(24) Vgl. H.-G. Gadamer, Wahrheit und Methode, Grundzüge einer philosophischen Hermeneutik, Tübingen ^{2}1965, 250–275.

(25) Vgl. Voltaire, Essai sur l'histoire générale et sur les mœurs et l'esprit des nations, 1756; ders., Philosophie de l'Histoire, 1765; vgl. hierzu auch mein Buch: Geschichte und Subjekt. Zum Begriff der Geschichtsphilosophie bei I. Kant und K. Marx, Freiburg/München 1988, insb. 9–17.

(26) Foucault, Die Archäologie des Wissens, a.a.O., 15.

(27) Ebd. 17.

(28) Vgl. ders., Nietzsche, die Genealogie, die Historie, in: ders., Von der Subversion des Wissens, Frankfurt 1987, 69–90.

(29) Ebd., 69.

(30) Ebd., 71.

(31) Ebd., vgl. hierzu den Sprachgebrauch Nietzsches, der den Begriff ‚Metaphysik' mit „Hinterwelt" wiedergibt, wie z. B. im Text seines „Zarathustra", in: KGW VI 1, Berlin/New York 1968, 31–34.

(32) Foucault, ebd.

(33) Ebd.

(34) Ebd., 72.

(35) Ebd., 75.

(36) Ebd., 79.

(37) Ebd., 80 f.

(38) Dies meint wohl G. Deleuzes, wenn er in seinem Buch: Foucault, Frankfurt 1987, 114 f. schreibt: „Die Präsentation reiner Kraftverhältnisse oder die Aussendung reiner Singularitäten ist folglich das Analogon zum Kantschen Schematismus: er ist es, der die Beziehung zwischen den beiden irreduziblen Formen der Spontaneität und der Rezeptivität sicherstellt, aus denen sich das Wissen herleitet. Und dies, insofern die Kraft eine Spontaneität und eine Rezeptivität besitzt, die ihr eigentümlich sind, obgleich sie nicht-formell oder eher weil sie nicht-formell sind. Ohne Zweifel, die Macht sieht nichts und sagt nichts, wenn man sie abstrakt betrachtet. Sie ist ein Maulwurf, der sich nur im Netz seiner Gänge, seines multiplen Baus auskennt: sie ‚geht von unzähligen Punkten aus', sie ‚kommt von unten'. Gerade indem sie nicht spricht und nicht sieht, bringt sie zum Sehen und Sprechen." Vgl. hierzu auch J. Habermas, der im Blick auf Foucault sogar von einem „transzendentalen Historismus" spricht, in: ders., Der philosophische Diskurs der Moderne, a.a.O. (Fußnote 6), 296.

(39) Foucault, Préface à la transgression, in: Critique 195/196 (1963); deutsch: Vorrede zur Überschreitung, in: ders., Von der Subversion des Wissens, a.a.O., (Fußnote 28), 37.

(40) Ebd., 30.

(41) Ebd.

(42) Ebd. 30 f.

(43) Ebd., 32.

(44) Vgl. M. Heidegger, Brief über den Humanismus, in: ders., Platons Lehre von der Wahrheit. Mit einem Brief über den Humanismus, Bern ^{2}1954, 76-89.

(45) Foucault, ebd., 36.

(46) Vgl. M. Heidegger, Platons Lehre von der Wahrheit, a.a.O. (Fußnote 44), 40-48.

(47) Foucault, ebd., 37. Er befragt das Sprechen Nietzsches an dieser Stelle wie folgt: „Wer hat denn diese kontinuierliche, so hartnäckig dieselbe Sprache gesprochen? Der Wanderer oder sein Schatten? Der Philosoph oder der erste der Nicht-Philosophen? Zarathustra oder sein Affe oder bereits der Übermensch? Dionysos oder Christus oder ihre versöhnten Gestalten oder einfach dieser Mensch da? Die Auflösung der Subjektivität, ihre Zerstörung in einer Sprache, die sie entmächtigt und im Raum ihrer Leere vervielfältigt, ist wahrscheinlich eine der grundlegenden Strukturen des zeitgenössischen Denkens."

(48) Ebd., 39.

(49) Ebd., 41 f.

(50) O. Marquard, Lob des Polytheismus. Über Monomythie und Polymythie, in: ders., Abschied vom Prinzipiellen, Stuttgart 1981, 91-116.

(51) Vgl. hierzu E. Drewermann, Tiefenpsychologie und Exegese, Band I, Olten/Freiburg 1985^{3}, Band II Olten/Freiburg 1986^{2}; zur Kritik an Drewermann vgl. u. a. G. Lohfink/R. Pesch, Tiefenpsychologie und keine Exegese, Stuttgart 1987; A. Görres/W. Kasper (Hrsg.), Tiefenpsychologische Deutung des Glaubens? Anfragen an Eugen Drewermann, Freiburg 1988 sowie M. Theobald, Die Autonomie der historischen Kritik – Ausdruck des Unglaubens oder theologische Notwendigkeit?, in: L. Honnefelder/M. Lutz-Bachmann (Hrsg.), Auslegungen des Glaubens. Zur Hermeneutik christlicher Existenz, Berlin/Hildesheim 1987, 21-45.

(52) Zur neueren Diskussion des Offenbarungsbegriffs in der katholischen Theologie vgl. u. a. R. Latourelle, Théologie de la Révélation, Brügge 1963; K. Rahner/J. Ratzinger, Offenbarung und Überlieferung, Freiburg 1965; E. Stakemeier, Die Konzilskonstitution über die göttliche Offenbarung, Paderborn ^{2}1967; E. Klinger, Offenbarung im Horizont der Heilsgeschichte, Zürich 1969; H. Waldenfels, Offenbarung. Das Zweite Vatikanische Konzil auf dem Hintergrund der neueren Theologie, München 1969; P. Eicher, Offenbarung. Prinzip neuzeitlicher Philosophie, München 1977; R. Schaeffler, Der Offenbarungsbegriff. Die Frage nach Kriterien seines sinnvollen Gebrauchs, in: ders. u. a., Offenbarung im Denken F. Rosenzweigs, Essen 1979; S. Wiedenhofer, Art. Offenbarung, in: Neues Handbuch Theologischer Grundbegriffe, Band 4, München 1985, 270-287; W. Kern/H. J. Pottmeyer/M. Seckler (Hrsg.) Handbuch der Fundamentaltheologie, Band 2: Traktat Offenbarung, Freiburg 1985, insb. die Beiträge: J. Schmitz, Das Christentum als Offenbarungsreligion im kirchlichen Bekenntnis, a.a.O., 15-28; M. Seckler, Der Begriff der Offenbarung, a.a.O., 60-83; W. Löser, „Universale concretum" als Grundgesetz der oeconomia revelationis, a.a.O., 108-121; W. Kern, Das Kreuz Jesu als Offenbarung Gottes, a.a.O., 197-222; J. Schmitz, Offenbarung, Düsseldorf 1988.

(53) Vgl. DV, insb. 550/551.

(54) Vgl. Fußnote 31.

(55) Vgl. hierzu u. a. H. Jonas, Gnosis und spätantiker Geist, Teil 1, Göttingen 1934, Teil 2/1, Göttingen 1954; H. G. Kippenberg, Versuch einer soziologischen Verortung des antiken Gnostizismus, in: Numen 17 (1970) 211-231; K. Rudolph (Hrsg.), Gnosis und Gnostizismus, Darmstadt 1975; ders., Die Gnosis. Wesen und Geschichte einer spätantiken Religion, Göttingen 1978.

(56) DV, ebd., 506/507.

(57) Ebd., 508/509.

(58) Ebd.

(59) Ebd., vgl. auch 510–513.

(60) Vgl. Art. Kondeszendenz, in: Historisches Wörterbuch der Philosophie, Bd. 4, Basel/Darmstadt 1976, Sp. 942–946.

(61) Vgl. E. Drewermann, Band I, a.a.O., 70, 178, 320 sowie Band II, a.a.O., 71, 136 f., 518 f., 765 f.

(62) Vgl. Die Aufnahme von 1 Joh 3,2 in DV, ebd., 516/517.

(63) Zur Unterscheidung der drei Dimensionen des Offenbarungsbegriffs in: Schöpfung, Heilsgeschichte und „Stand der Vollendung" durch die theologische Tradition vgl. J. R. Geiselmann, in: Art. Offenbarung, in Handbuch theologischer Grundbegriffe, Band II, München 1963, 242–250.

(64) Vgl. die Definition des Lateranense IV, DS 806: „quia inter creatorem et creaturam non potest similitudo notari, quin inter eos maior sit dissimilitudo notanda."

(65) Vgl. hierzu die Aufnahme der einschlägigen Aussagen des Ersten Vatikanischen Konzils durch „Dei Verbum", ebd., 512/513; zur Konstitution „Dei Filius" des Ersten Vatikanischen Konzils vgl. neben den Literaturangaben in Anm. 52 ferner: H. J. Pottmeyer, Der Glaube vor dem Anspruch der Wissenschaft. Die Konstitution über den katholischen Glauben „Dei Filius" des Ersten Vatikanischen Konzils und die unveröffentlichten Voten der vorbereitenden Kommission, Freiburg 1968; zur Vorgeschichte vgl. ferner G. Heinz, Divinam christianae religionis originam probare. Untersuchung zur Entstehungsgeschichte des fundamentaltheologischen Offenbarungstraktats der katholischen Schultheologie, Mainz 1984.

(66) Karl Rahner, Hörer des Wortes, München [2]1963 sowie ders., Grundkurs des Glaubens, Freiburg [4]1976, insb. 54–96, 122–177.

(67) Vgl. O. Marquard, a.a.O., 97–106.

(68) Vgl. u. a. Drewermann, Band I, a.a.O., 106–109.

(69) Drewermanns archetypenorientierte Auslegung des Offenbarungsgeschehens überführen Lohfink und Pesch in ihrer treffenden Kritik ihres im Kern „gnostischen" Charakters; vgl. Lohfink/Pesch, a.a.O., 26–47. Zur Affinität zwischen Gnosis und Archetypenlehre C. G. Jungs vgl. ferner Gilles Quispel, Die Gnosis als Weltreligion. Die Bedeutung der Gnosis in der Antike, Zürich 1972.

(70) Vgl. hierzu die Übersicht zur frühchristlichen Entfaltung der Trinitätstheologie bei: F. Courth, Trinität. In der Schrift und Patristik, HdDG II 1a, Freiburg 1988, insb. 13–66, 110–119 sowie 165–189; vgl. ferner: H. Vorgrimler, Theologische Gotteslehre, Düsseldorf 1985, insb. 38–43, 79–147.

(71) Vgl. E. Petersons Kritik der Politischen Theologie Carl Schmitts, in: E. Peterson, Theologische Traktate, München 1951; vgl. hierzu: A. Schindler (Hrsg.) Monotheismus als politisches Problem? Erik Peterson und die Kritik der politischen Theologie, Gütersloh 1978; J. Taubes (Hrsg.), Der Fürst dieser Welt. Carl Schmitt und die Folgen, München/Paderborn/Wien/Zürich 1983; S. Wiedenhofer, Politische Theologie, Stuttgart/Berlin/Köln/Mainz 1976. Zur gesamten Fragestellung vgl. auch J. B. Metz, Zur Theologie der Welt, Mainz 1968; ders., Zeit der Orden? Zur Mystik und Politik der Nachfolge, Freiburg 1977; ders., Glaube in Geschichte und Gesellschaft. Studien zu einer praktischen Fundamentaltheologie, Mainz 1977; vgl. hierzu: H. Peukert (Hrsg.) Diskussion zur „Politischen Theologie", Mainz/München 1969 sowie meinen Beitrag: Politische Theologie, in: Ökumene-Lexikon, hrsg. v. H. Krüger, W. Löser, W. Müller-Römheld, Frankfurt 1987[2], 973–977.

(72) Vgl. hierzu auch die Kritik von Metz an der „postmodernen“ Feier der Mythologie: Theologie gegen Mythologie. Kleine Apologie des biblischen Monotheismus, in: Herder-Korrespondenz 42 (1988) 187–193.

(73) K. Rahner, Vom Offensein für den je größeren Gott, in: ders., Schriften zur Theologie VII, Einsiedeln/Zürich/Köln 1966, 32–53; vgl. hierzu u. a. H. Vorgrimler, Karl Rahner verstehen. Eine Einführung in sein Leben und Denken, Freiburg 1985, insb. 11–59.

(74) Vgl. hierzu u. a. K. Rahner, Grundkurs des Glaubens, a.a.O., 61–79; ders., Über den Begriff des Geheimnisses in der katholischen Theologie, in: ders., Schriften zur Theologie IV, Einsiedeln/Zürich/Köln 1960, 51–99; ders., Die menschliche Sinnfrage vor dem absoluten Geheimnis Gottes, in: ders., Schriften zur Theologie XIII, Zürich/Einsiedeln/Köln 1978, 111–128; vgl. ferner: K. Lehmann (Hrsg.), Vor dem Geheimnis Gottes den Menschen verstehen, mit Beiträgen von R. Pesch, W. Wild, H. Vorgrimler, E. Jüngel, K. Rahner und K. Lehmann, München/Zürich 1984.

(75) Th. W. Adorno/M. Horkheimer, Dialektik der Aufklärung, a.a.O. (Fußnote 7), insb. 9–49.

(76) Vgl. hierzu z. B. E. Lengeling, Liturgie - Dialog zwischen Gott und Mensch, Freiburg 1981.

(77) Vgl. hierzu K. Fischer, Der Mensch als Geheimnis. Die Anthropologie Karl Rahners, Freiburg 1973, 388.

Ernst-Ludwig Grasmück

Erneuerung aus dem Ursprung – Modelle der Kirchengemeinschaft in der frühen Kirche

Wenn im Rahmen theologischer Ortsbestimmung zu Krise und Erneuerung der Kirche hier die Frage nach der Möglichkeit der Erneuerung aus dem Ursprung gestellt wird, dann ist das zunächst Wichtige die Fragestellung des Erfragten als Fraglichem. Das heißt: Besteht die Möglichkeit der Erneuerung aus dem Ursprung, wenn es um Selbstverständnis und Praxis der Kirche geht? Kirche als Werk des Heiligen Geistes darzustellen, läßt nicht ohne weiteres den ungeheuren Wandel von den Möglichkeiten frühchristlichen Gemeinschaftslebens zu der Gestalt der Ortskirchen, wie diese sich zwischen 200 und 400 u. Z. ergeben haben, zu. Gemeinschaft im Geiste Jesu und aus dem Geiste Jesu, koinonia tou hagiou pneumatos, als Träger des Basileia-Gedankens und der Basileia-Verkündigung ermöglichen – ganz andes als bei der Thematik „Kirche als Werk des Heiligen Geistes" – nicht nur die Erörterung der so ungeklärten Frage des Verhältnisses von Christentum und Geschichte(1), sondern führen unmittelbar zu der dieser Klärung wohl vorausliegenden Frage nach der Art, den Modellen, christlichen Gemeinschaftslebens und Gemeinschaftsverständnisses in der frühen Kirche bis zum ausgehenden 2. Jahrhundert(2). Schöpfung, Basileia-Erwartung und Parusie sind die drei Elemente, die das Gemeinschaftsverständnis ebenso wie die Geschichtsvision der Christen bestimmen. Basileia-Erwartung und Jesus-Ereignis werden im Blick der frühesten Christen(3) zusammengesehen, denn der Blick der Anhänger der charismatischen Jüngerbewegung ist auf Christus gerichtet. Konstitutiv für Gemeinschaftsverständnis und Gemeinschaftsbewußtsein ist das Thema der Erinnerung (memoria)(4). Nur geht es nicht um „gelenkte Erinnerung", sondern um den Ausblick, die Erwartung des Ausstehenden, um die Hoffnung. Die Hoffnung ist an die Erinnerung gebunden. Die Erinnerung aber wird getragen, bewahrt, realisiert in der Gemeinschaft der sich Erinnernden, in ihrem Tun zur Erinnerung, wozu sie sich aufgefordert wissen.(5). Die Frage nach einer Erneuerung aus dem Ursprung zu stellen, macht die Kenntnis des „Ursprungs" notwendig. Diese Kenntnis ist nur zu ermitteln durch die Fragen: Wie sahen die Modelle frühchristlichen Gemeinschaftslebens aus? Wie wurden sie gesehen? Wie verstanden sie sich selbst?

Die Frage nach der Erneuerung aus dem Ursprung, um die Kirche wieder als Sache aller Getauften zu begreifen[6], macht die Definition des Begriffes Ursprung notwendig. Das allerdings kann nur geschehen, indem wir die uns zur Verfügung stehenden Dokumente befragen. Diese aber sind weder zeitgleich noch „ursprünglich", d. h. Dokumente des ersten Anfangs. „Ursprung" im Sinne der Thematik ist der Zeitraum, den eben die frühen Dokumente mit ihren Angaben zu den Modellen des Gemeinschaftslebens beschreiben. Kenntnis des Ursprungs heißt hier Kenntnis der sogenannten apostolischen und nachapostolischen Zeit, die uns bis in die Jahrzehnte um die Mitte des 2. Jahrhunderts führt.

Was uns und unserem Blick auf die Kirche zur Befragung entgegentritt, ist die Ortskirche der Spätantike, wie diese sich zwischen 200 und 400 herausgebildet hat, die Ortskirche unter der Leitung des Einzelbischofs, die aus Klerus und Laien besteht. Noch bilden in dieser spätantiken Zeit Klerus und Laien das „Volk Gottes". Im Zentrum der Ortsgemeinde steht der Gottesdienst als erster und wichtigster Ort der Verkündigung in Wort und Mahl[7]. Neben diesem ersten Schwerpunkt gibt es einen zweiten, der prägend für die Struktur der Ortskirche ist, nämlich Armenfürsorge und Katechumenat. Aus dieser Struktur der bischöflichen Ortskirche und deren Selbstverständnis[8] ist unsere heutige Vorstellung von Kirche abgeleitet. Für unsere Fragestellung „Erneuerung aus dem Ursprung" wird also der Rückgriff auf die Zeit vor der Struktur dieser Bischofskirche notwendig. Das heißt, wir können den Dreischritt der oben gestellten Frage noch einmal anders formulieren: Was sagen uns die Quellen, und wie haben wir uns nach diesen vorzustellen, was wir Gemeinde nennen? Was macht die Gemeinschaft der Anhänger Jesu zur Gemeinde[9]? Wie ist die Gruppe miteinander umgegangen?

Die Berechtigung der Fragestellung ließe sich bereits von Mk 7 her begründen[10]. Es gibt ebenso die Möglichkeit, die Begründung der Thematik rein theologisch zu geben, nämlich mit der Gemeindetheologie des Eph gegen Ende des 1.Jhs.[11], dessen Anliegen es ist, das Kreuzesmysterium, wie es Kol entfaltet, zur Aufgabe, zum Ziel, geradezu zum Konstituens der Gemeinde als Gemeinschaft zu machen[12]. Dieser so herausragende theologische Aspekt, dessen Deutlichkeit die späteren Generationen vielleicht nicht in der gleichen profilierten Weise zur Geltung gebracht haben, läßt sich methodisch jedoch nur für die Gemeinden, die sich in paulinischer Tradition verstehen, in Anspruch nehmen[13]. Wir haben verschiedene Gemeinschaftsmodelle vor uns, weil der Enthusiasmus der verschiedenen Gruppen durchaus unterschiedlich ist. Reklamieren läßt sich vielleicht für alle Gruppen der Basileia-Gedanke. Vielleicht können wir ebenfalls für alle Gruppen gleichermaßen das Anliegen des „Wortes", die Predigt oder die Verkündigung – also das, was wir so mißverständlich „Mission" nennen[(14)] – in Anspruch nehmen. Das allen Gruppen vielleicht gemeinsame Verheißungs- oder Erinnerungsmahl dürfte wohl nicht von allen in gleicher Weise interpretiert worden sein, wenn auch dieses Mahl im wesentlichen wohl bei allen unter dem Aspekt der Naherwartung gestanden hat. Ausdruck dieser Erwartung, dieses Glaubens, der nur als elpis verstanden werden kann, ist das Ethos der Christen, das sich in der Bruderliebe, der philadelphia, konkretisiert, die keine ersten und keine zweiten Plätze zuläßt. Strukturierung oder Organisation dieser Gruppen, soweit wir überhaupt davon sprechen können, resultiert ausschließlich aus dem Armendienst, also der von der Synagoge übernommenen Fürsorge für die Armen der Gemeinde. Jede Art von Aufgabe, alles, was sich als Charisma bezeichnen läßt[(15)], wird als diakonia verstanden.

Das, was diese Gruppen oder Gemeinschaftsformen als „Gemeinden" begreifbar macht, ist, um es mit anderen Worten zu wiederholen, ein Doppeltes: Es gibt das Wort: das, was man verkündigen möchte, und es gibt die Gemeinschaft derer, die durch dieses Wort zusammengeführt werden oder sich als unter dem Wort der Verkündigung erfüllter Verheißung stehend begreifen und dies in der Gemeinsamkeit des Mahles praktizieren.

Wenn wir also nach frühchristlichen Gemeinschaftsmodellen um der Erneuerung aus dem Ursprung willen fragen, gäbe die Antwort des Eph nur eine Auffassung wieder. Hier also muß interessieren, eine Antwort auf die Frage zu finden: Wie verstehen sich die verschiedenen Gemeinschaftsformen? Wer ist zuständig für das Wort der Verheißung, also die Predigt? Wer ist zuständig für die Berakah, die Danksagung und Lobpreisung bei dem Mahl und durch das Mahl? Gleichermaßen gültig ist für jede Gemeinschaftsform das Verständnis, im Geiste Jesu, das heißt im Namen Jesu, versammelt zu sein und in oder aus diesem Geiste zu reden und zu handeln.

Gleichermaßen festhalten läßt sich offensichtlich für alle Gruppen: Fundament der Gemeinde ist allein Christus. Keine Funktion, kein Dienst ist gemeindekonstitutiv. Gerade die frühen Dokumente, die wir aus den Paulusbriefen herauslösen können, scheinen diesen Befund zu bestätigen[(16)].

Auch wenn die Paulusbriefe nicht unsere Fragestellung nach den Gemeinschaftsmodellen im Auge haben, sondern jede Angabe sich aus der Situation ergibt, bleiben einige Erkenntnisse über bestimmte Charismata und damit eine gewisse Kenntnis bestimmter Dienste, auch wenn diese zunächst nur sehr bedingt einen Rückschluß auf Art und Verständnis der Gemeinschaft als Gemeinde zulassen.

Phil 1,1 erwähnt zum ersten Mal und für die Paulusbriefe das einzige Mal Episkopen. Episkopen und Diakone werden hier neben den Mitgliedern der Gemeinde genannt(17). Röm 16,1 f. nennt den weiblichen diakonos Phoebe. Vielleicht hat diese der kleinen Gemeinde in Kenchreae, dem östlichen Hafenvorort Korinths, ihr Haus für die Versammlung zur Verfügung gestellt und/oder die Obsorge für die Gemeindemitglieder übernommen und wird daher diakonos genannt. 1 Kor 12 nennt als Charismen Apostel, Propheten und Lehrer. Für die paulinischen Gemeinden gilt immer der Vorrang der Gemeinde(18). Der Geist teilt die verschiedenen Gaben, Charismata, zur Auferbauung der Gemeinde zu. Alle Glieder der Gemeinde sollen nach den ihnen gegebenen Fähigkeiten, Diensten, Leistungen ihren besonderen Beitrag zum Wohl des einen Leibes (als Bild) nach dem Willen Gottes leisten. Die mit allen anderen der Auferbauung geradezu an der Spitze dienen, sind Apostel, Propheten, Lehrer und die mit der Fürsorge beauftragten Vorsteher(19).

Apostel ist für Paulus(20) der durch eine „Erscheinung" des Auferstandenen unmittelbar zum Zeugnis und zur Verkündigung des Evangeliums Berufene. Dieser ist gemeindeübergreifend, das heißt, er wandert von Gemeinde zu Gemeinde und gehört nicht einer allein an. Dennoch versteht sich auch dieses Apostelsein als diakonia(21). Daneben gibt es wichtige und weniger wichtige Charismata, aber alle haben sich zum Nutzen aller zu begreifen, entsprechend der Unentbehrlichkeit der einzelnen Glieder des menschlichen Leibes. Es gibt keinen Rangunterschied. Alle haben der Einheit und dem Frieden zu dienen(22).

Propheten und Lehrer: Der prophetische Dienst in der Gemeinde ist auf die Glieder der Gemeinde in Ermunterung, Ermahnung, Trost und Lehre und ebenso auf die Abwehr des Irrtums bezogen(23).

In der Apostelgeschichte(24) ist der Apostelbegriff auf die „Zwölf" (dodeka) beschränkt. Die Situation in der Apostelgeschichte stellt sich folgendermaßen dar: Es gibt, 1. den Zwölferkreis, das sind die in die unmittelbare Nachfolge Gerufenen(25), 2. die drei „Säulen", Jakobus, Petrus und Johannes; 3. die Presbyter um Jakobus(26); 4. die „Sieben"(27), die wegen der Sprachschwierigkeiten und Differenzen in der

Witwenversorgung bestimmt sind für eben diesen Dienst. Möglicherweise bezeichnet die Siebenerliste das leitende Kollegium einer selbständigen Jerusalemer Gemeinde der Hellenisten, an deren Spitze Stephanus und Philippus stehen.

Wir können folgendes feststellen: Für *Jerusalem* lassen sich ausmachen: die „Sieben", der Herrenbruder Jakobus, die Ältesten (presbyteroi). Anders in Antiochia[(28)]: Hier sind es „Propheten und Lehrer"[(29)], die als Apostel bezeichnet werden[(30)]. Es sind vom Geist bevollmächtigte Apostel zur eschatologisch ausgerichteten Verkündigung des Evangeliums. Es handelt sich um Wandercharismatiker[(31)]. Das eigentliche Interesse des Verfassers der Apostelgeschichte gilt nicht Gemeindemodellen, sondern dem Nachweis, daß die „Tradition der apostolischen Lehre" (apostolikè parádosis) unverfälscht von Jesus über die Apostel, den „Weltmissionar" Paulus und die Ältesten der Gemeinde in die Gegenwart gelangt ist. Das heißt, daß in der Überlieferung der apostolischen Lehre die unverbrüchlich feste Verbindung der gegenwärtigen Gemeinde mit Jesus besteht.

Fassen wir die Beschreibung der Situation bis etwa zum Ende des 1. Jhs. zusammen, dann müssen wir feststellen: Paulus geht es (und ebenso den verschiedenen Redaktionen) um „seine" Gemeinde, um die Befestigung seiner Autorität (gegen seine Widersacher), um das Einschärfen seiner Lehre. Er will den Zusammenhalt dieser Gemeinschaften stärken. In den Quellen um und nach 70, das heißt vor allem bei den Synoptikern, geht es nicht um die Gemeinde, sondern um die schriftliche Fixierung (und redaktionelle Bearbeitung) der mündlichen Überlieferung und der frühesten schriftlichen Vorlagen über die Predigt des Lehrers und Propheten Jesus, der in Erfüllung der Verheißung der Christus Gottes ist.

Geht es gegen Ende des Jahrhunderts der Apostelgeschichte um den Weg des Evangeliums in zwei Perioden, nämlich der der Urgemeinde und der der „Weltmission", bis an das Ende der Erde, so wenden sich die etwa gleichzeitigen Deuteropaulinen[(32)] ganz bestimmten theologischen Anliegen zu[(33)], auch wenn Eph 4,11.12 sagt: Und er hat einige als Apostel, einige als Propheten, einige als Evangelisten, einige als Hirten und Lehrer eingesetzt, *damit* die Heiligen (sc. die Glieder der Gemeinde) zum Werk des Dienstes (eis ergon diakonias) zugerüstet werden, . . . damit wir nicht unmündig seien . . . (14) und uns von jedem Wind einer Lehre bewegen und umhertreiben lassen durch trügerisches Spiel der Menschen, mit dem diese uns arglistig verführen.

Gerade im Blick auf die eben genannten Charismata (Eph 4,11.12) ergibt sich die unbedingte Vorrangigkeit der Gemeinde und die theologisch relativierten - weil immer nur der einen diakonia verpflichteten - Charismata - auch wenn diese gruppensoziologisch um des Bestandes und der Ordnung willen noch so notwendig sind -, wenn wir unseren Blick auf die übrigen und historisch ebenso wichtigen Quellen lenken. Wie in der Apostelgeschichte betonen 1 Petr und Jak das Verständnis der hl. Gemeinde als der herausgerufenen Versammlung (vgl. qahal). In 1 Petr und Jak ist keine Rede von Episkopen und Diakonen; hier hat die Gemeindeversammlung Älteste (presbyter). Ihr Verständnis liegt unzweifelhaft im jüdisch-synagogalen Vorbild. Vielleicht sind Presbyter in den primär judenchristlichen Gemeinden anzutreffen. Joh und Hebr kennen weder Presbyter noch Episkopen. Ein Gemeindeverständnis mit Presbytern als Vorstand erinnert naturgemäß an die Synagogengemeinde. Für den Verfasser der Apostelgeschichte gibt es von der Vorstellung her auch in den von Paulus gegründeten Gemeinden Presbyter als Ältestenrat(34). Das heißt, neben und nach der charismatischen Ordnung werden auch für Philippi und Korinth Presbyter angenommen, selbst wenn dies nur literarischer Ausdruck oder zeitgenössischer, also späterer Zustand sein sollte.

Unter dem Aspekt unseres Themas sollte der 1. Clemensbrief, der kurz vor der oder um die Jahrhundertwende abgefaßt ist, im Vergleich gerade mit den Angaben der Apostelgeschichte, des 1 Petr und Jak gesehen werden. Im 1 Clem werden die Presbyter auch als Episkopen bezeichnet. Die Kollegialität gilt jedenfalls für beide Begriffe. Eine in unserem Zusammenhang interessante Formulierung findet sich in 1 Clem 42,3 f.: Die von Jesus ausgesandten Apostel haben in Stadt und Land ihre Erstlinge zu Episkopen und Diakonen der künftigen Gläubigen eingesetzt . . . Die Apostel gaben Weisung, daß nach deren Tod andere bewährte Männer deren leiturgia übernehmen sollten. Wir erhalten in 1 Clem keine Auskunft über diese genannten Diakone und deren Aufgaben. Vielleicht schließt sich die Formulierung 1 Clem 42,3 f. an Röm 16 oder 1 Kor 16 an. Anders bei den presbyteroi/episkopoi. Für diese entwirft der 1 Clem eine Linie von Gott zu Christus, von Christus zu den Aposteln, von den Aposteln zu den „Erstlingen", von den Erstlingen zu anderen bewährten Männern, die eben als Presbyter oder Episkopen bezeichnet werden. Diese Linie wird als göttliche Ordnung (taxis) bezeichnet. Sie entspricht dem Anlaß des Briefes, dem Streit um die abgesetzten Presbyter in Korinth, und erklärt die Akzentuierung bezüglich der Presbyter. Deren Aufgabe besteht in dem Dienst für die Herde Christi; ihre leiturgia meint das untadelige Darbringen der Gaben(35). Der 1 Clem entwirft eine Analogie zu dem alttestamentlichen Priestertum, wenn auch eindeutig nur als Typologie; diese dient der Affirmation der Presbyter/Episkopen und deren leiturgia. Verkündigung und Lehre werden im Zusammenhang mit den Presbyter/Episkopen nicht genannt. Ein mißverständlicher Priesterbegriff ist nach dem 1 Clem gar nicht möglich; denn der einzige Hohepriester ist Jesus Christus. Gerade der Anlaß und ebenso der Lösungsvorschlag des 1 Clem betonen, wie die übrigen frühchristlichen Quellen, die Vorrangigkeit der Gemeinde als Gemeinde. Es wird keine Autorität erkennbar, außer der der Apostel(36). Jedes Charisma ist der Gemeinde zugeordnet.

Beherrschend bleibt stets die Forderung des Sich-einander-Unterordnens, das Betonen der Gewaltlosigkeit(37) und der Wunsch nach Friede und Einheit (homonoia und eirene/pax und concordia) in der Gemeinde.

Die Didache, eine Gemeindeordnung wohl vom Anfang des 2. Jhs. aus Syrien-Palästina, also zeitlich den eben behandelten Quellen sehr nahe, setzt in Kap. 10–13 noch wandernde Charismatiker, die als Apostel und Propheten bezeichnet werden, voraus. Diese ziehen von Ort zu Ort, lehren in den (Haus-)Gemeinden, machen Mut, halten zur Erfüllung der Gebote an, feiern in diesen Gruppen die Eucharistie. Es gilt zu beachten, daß die Wandermissionare, also auch die, die unter den Begriff Propheten fallen, die Liturgen (im Sinne des 1 Clem) bei der Danksagung sind(38).

Kap. 15 der Didache läßt wohl die veränderte und zeitlich spätere Situation erkennen. Wanderpropheten und -lehrer sind wohl nicht mehr vorhanden, so daß es zu der Anweisung kommt: Wählt euch nun Episkopen und Diakone . . . sie leisten euch nämlich den Dienst der Propheten und Lehrer. Achtet sie also nicht gering; denn sie sind die ehrenvoll Ausgezeichneten unter euch mit den Propheten und Lehrern (Did 15,1–2). Das heißt, „bewährte Männer“, die aus der Gemeinde stammen, werden durch Wahl der Gemeindemitglieder zu Episkopen und Diakonen bestellt. Deren Funktionen sind einander zugeordnet(39). Ihre Aufgabe besteht in Unterweisung (Lehre) und Gottesdienst. Sonst ist deren Position noch wenig umschrieben, und offensichtlich bedarf auch ihr Ansehen noch des „Glanzes“ der Propheten und Lehrer, weil die Gemeinde zur Achtung gegenüber den von ihr Gewählten wie gegenüber Propheten und Lehrern ermahnt wird. Die Didache spricht nicht von Presbytern, noch läßt sie paulinischen Einfluß erkennen. Alle Anweisungen richten sich an die gesamte Gruppe, die als „lebendiger Tempel, in dem der Name Gottes wohnt“ (Did 10,2), bezeichnet wird. Sie, die Gemeinde, trägt die letzte, gesamte Verantwortung; sie steht unter der Richtschnur des Evangeliums (Did 15,3.4; 16)(40).

Die Deuteropaulinen 1 und 2 Tim und Tit, die zeitlich vielleicht ein wenig später, aber ebenfalls in den Anfang des 2. Jhs. zu datieren sind, haben folgendes Anliegen: Es gilt die „gesunde Lehre“ durch klare Anweisung für die (Ordnung der) Gemeinde zu sichern und zu festigen. In diesen Schriften begegnen uns der Begriff episkopos im Singular(41), der Begriff presbyterion und presbyteroi(42). Die Diakone werden nur 1 Tim 3,8–13 erwähnt. Propheten und Lehrer kennen diese Schriften offensichtlich nicht mehr, mindestens werden sie nicht mehr erwähnt. Aufseher, Älteste und Diakone begegnen uns insbesondere in den schon traditionellen Pflichtenkatalogen. Das also bedeutet, daß die hier erkennbare Strukturierung keineswegs überbewertet werden darf, weil sie immer nur in Bezug zur Gemeinde zu sehen ist, und diese, die Gemeinschaft, die stets Handelnde oder Beauftragende ist. Eine Ämtertrias begegnet uns nicht: 1 Tim 3,1–13 nennt - wie Phil 1,1 - Episkopen und Diakone. 1 Tim 5,17–19 nennt nur Presbyter. Tit 1,5 und 1,7 meint einen sogenannten Presbyterspiegel mit angeschlossenem Episkopenspiegel. Dem Verfasser dieser Deuteropaulinen lagen verschiedene Traditionen vor. Eine Stufung ist nicht erkennbar(43).

Die Anforderungen an die Person des Presbyters und die des Episkopen entsprechen einander. In den Funktionen werden keine Unterschiede deutlich: ein Tatbestand, der ja auch für den 1 Clem festgestellt werden mußte. Wird Tit 1,7 der Aufseher (episkopos) als Hausverwalter Gottes, dem die Sorge für die Gemeinde Gottes obliegt, bezeichnet, so sagt 1 Tim 5,17 von dem Presbyter, daß dieser fürsorgend leiten und verwalten soll. Beider Aufgabe ist die Unterweisung nach dem Vorbild der „Apostel”. Ihre Funktion im Gottesdienst wird nicht erwähnt. Wenn wir diese Quellen recht interpretieren, meint Unterweisung aber nicht mehr pneumatisch-enthusiastische Verkündigung(44), sondern Bewahren, Verkündigen, Verteidigen der apostolischen Überlieferung, der Parateke(45), wie diese die Schüler von den Aposteln empfangen haben. Die Lehre unverrückt zu bewahren und sie zuverlässigen und fähigen Männern weiterzugeben, ist der zentrale Auftrag der Gemeinde. Die Bestellung durch Handauflegung (cheirotonia) des von der Gemeinde Gewählten wird hier zum ersten Mal erwähnt.

Kommen wir noch einmal um der Form des Gemeindelebens willen auf Wesen und Funktion der Ältesten zurück. Diese sind aus der und von der Gemeinde gewählt(46), die ihrerseits im Geiste handelt. Sie sind kollegial und ohne Unterschied in der Stellung zugeordnet. Ihr Dienst ist diakonia an der Gemeinde und für die Gemeinde. Sie haben rastlos, wachsam, uneigennützig und frei von Herrschsucht zu sein. In ihrer Bereitschaft zu

Leiden und Tod um der furchtlosen Verkündigung der „unverfälschten“ Wahrheit und der Bewahrung der apostolischen Überlieferung(47) willen gewinnen sie vorbildhafte Bedeutung für die Gemeinde. Sie sind, mit anderen Worten, für Lehre und Gemeinde verantwortlich.

Selbst in den apologetischen Schriften(48) wird die Vorrangigkeit der Gemeinde als Gemeinde, gemessen an jeder Art von Strukturierung und organisatorischer Form, deutlich. Greifen wir repräsentativ die Schrift „An Diognet“(49) heraus. Sie will die theosebeia der Christen darstellen: die theosebeia, die als solche unsichtbar bleibt und die den christlichen Lebensvollzug mitten in dieser Welt meint. Das ist um so charakteristischer, weil wir in dieser Schrift nichts von einer lokalen Gemeinde, nichts über kirchliches Gemeinschaftsleben, nichts von Struktur und Organisation, ja nicht einmal etwas über den Gottesdienst und dessen mögliche Leitung erfahren. Entscheidend ist die Feststellung, 1. daß es Heil allein von Gott her gibt und 2., daß das von der Bruderliebe bestimmte Verhalten und Handeln der Glaubenden in der erkannten und erfahrenen Güte Gottes gründet. Wenn man so will, läßt sich hieraus eine Verhältnisbestimmung von Soteriologie und Ethos ableiten. Im Lebensvollzug geschieht unsichtbar der christliche Gottesdienst.

Was danach, also für das ausgehende 2. Jh. bis zum 4. Jh., zu beschreiben bliebe, wäre der Weg zu Stellung und Selbstverständnis des Einzelbischofs und die Entwicklung und Stellung der Bischofsgemeinde in der Spätantike. Diese aber bilden die Voraussetzung für die heutige Gestalt der Kirchen. Sie bieten nicht die Möglichkeit, für die hier zur Debatte stehende Anfrage, die Pluralität frühchristlichen Gemeinschaftslebens und Gemeinschaftsverständnisses sichtbar zu machen.

Wenn es im Rahmen der hier gehaltenen Vorträge um die Feststellung der Krise und möglicher Ansätze zur Erneuerung geht, läßt sich für die Formen frühchristlichen Gemeinschaftslebens als möglichem Modell für Innovationen als Ergebnis der angestellten Untersuchung einiges von Bedeutsamkeit festhalten. Jede Gemeinde versteht sich als Gemeinschaft im Geiste und aus dem Geiste Jesu; wir könnten auch sagen: als geistbeschenkte Versammlung (koinonia tou hagios pneumatos), als Leib Christi oder als Tempel Gottes. Daraus resultiert:

1. Es gibt keinen ersten und keinen zweitrangigen Platz, so wie es kein Gegenüber von Klerus und Laien gibt. Alle sind ein heiliges Volk, ein heiliges Priestertum.

2. Die frühchristliche Gemeinschaft jeder Art bedeutet völlige Relativierung jedweden Amtes oder Priestertums im überkommenen Sinn. Sie kennt wohl Aufgaben und Funktionen, aber keines der Charismata ist gemeindekonstitutiv. Jedes für sich und alle zusammen bedeuten diakonia. Die Autorität liegt in der Gemeinde selbst bzw. in der von ihr bewahrten und zur Geltung gebrachten apostolischen Überlieferung.

3. Was die Gemeinschaft zur Gemeinde macht, ist letztlich das Mysterion, die Einheit von Verkündigung und Mahl als Ausdruck der verheißenen Basileia, als Ausdruck des von Gott geschenkten Heils in Jesus, dem Christus.

4. Unübersehbar ist die Verantwortung aller, das heißt eines jeden Gliedes der Gemeinde. Diese besteht nicht primär in den je verschiedenen Diensten der Gemeinde und an der Gemeinde, sondern in der Erfüllung des Ethos, also in der gelebten und praktizierten Norm des Christseins = der Richtschnur der Wahrheit.

5. Daraus resultiert die äußerste Anforderung an das Leben des einzelnen Christen, an den Versuch der Nachfolge, der in seiner Radikalität wohl nur unter der unmittelbaren Naherwartung Bestand haben kann.

Vor diesem Hintergrund nach Erneuerung aus dem Ursprung zu fragen, läßt deutlich werden, daß dies Probleme mit sich bringt. Denn was die Gruppe, die Gemeinschaft (von außen gesehen eine Art „Verein") verbindet, ist das gemeinschaftsstiftende, über sich hinausweisende Mahl, das Erinnerung und Verheißung zugleich ist. Was die Gemeinde zusammenhält, ist die - wie auch immer zunächst verstandene - apostolische Überlieferung, deren praktizierte Erfüllung Ausdruck der neuen Botschaft vom Heil ist. Dies alles kann noch nicht Modell für eine Erneuerung abgeben. Aber es kann innovatorisch die Krise, deren Ursachen vielfältig sind, deutlich machen. Im Blick auf die frühchristlichen Gemeinschaftsformen stellt sich die Frage, ob die Kirche als Institution, so wie sie historisch geworden ist und sich versteht, sich nicht selbst im Weg steht für die Erfüllung der Botschaft, die sie verkünden soll. In und aus der Krise läßt sich doch mindestens dies als Gewinn erfahren: 1. Die Nähe zur Schrift, die zugleich Zugang zu frühchristlichem Denken und Verstehen gewährt. 2. Die Feststellung der theologischen Nähe der getrennten Kirchen und damit die allen gemeinsame mögliche Erkenntnis dessen, was die frühe Gemeinde als erstrangig im Glauben angesehen hat. 3. Das Wiederentdecken der Basis; denn nur über die Gemeinden als Basis läßt sich so etwas finden und entwickeln, das frühchristlichen Gemeinschaftsformen entsprechen mag.

Die Kenntnis frühchristlicher Gemeinschaftsformen stellt an die Christen die Forderung, daß jede Zeit zu dem, was sie als ihren „Ursprung“ benennen kann, neu Stellung nehmen muß. Wenn und wo dies nicht geschieht, steht jeder Traditionalismus in der Gefahr, zum Fundamentalismus zu werden, wie dies verschiedene Epochen der Geschichte genügend belegen. Die Rückbesinnung auf das, was hier als „Ursprung“ beschrieben wurde, läßt aber auch die Notwendigkeit erkennen, daß nicht nur jede Zeit neu Stellung nehmen muß zu dem ursprünglich Gemeinten, sondern auch, daß jede Autorität sich messen lassen muß an dem ursprünglichen Anspruch.

Anmerkungen

(1) Vgl. O. Camponovo, Königtum, Königsherrschaft und Reich Gottes in frühjüdischen Schriften, Freiburg (Schweiz)/Göttingen 1984; E. Zenger/L. Jacobs/A. Lindemann, Herrschaft Gottes/Reich Gottes II–V, in: TRE 15, Berlin 1986, 176–220.

(2) Die gnostischen Strömungen in den Haus- und kleinen Ortsgemeinden, die durchaus schulischen Charakter und damit verhältnismäßig großen Einfuß gewinnen, sind für die noch einmal zunehmende plurale Situation von besonderer Bedeutung.

(3) Der in Antiochia wohl zuerst aufkommende Name „Christen“ charakterisiert die veränderte Situation; anders die „ursprünglicheren“ Namen oder Selbstbezeichnungen als „Heilige“ oder „Erwählte“. Zum Basileia-Verständnis vgl. auch P. Hoffmann, Zukunftserwartung und Schöpfungsglaube in der Basileia – Verkündigung Jesu, in: Religionsunterricht an höheren Schulen 31, Düsseldorf 1988, 374–384.

(4) Vgl. dazu E. Hoornaert, Die Anfänge der Kirche in der Erinnerung des christlichen Volkes, Düsseldorf 1987, dessen Darstellung hier nicht im einzelnen abgrenzend oder affirmierend erörtert werden soll, obgleich das Anliegen des Verfassers in eine unsere Fragestellung berührende Richtung weist.

(5) Vgl. Lk 22,19: Tut dies zu meinem Gedächtnis.

(6) Dies gehörte in der Erörterung einzelner Themen der Tagungsperioden und in einigen der abschließenden Dokumente zu den zentralen Anliegen des Zweiten Vatikanischen Konzils.

(7) Vgl. die megale eucharistia, den späteren „Canon missae“ oder das Hochgebet, die von der sogenannten Präfation angefangen bis zur abschließenden großen Doxologie zusammengesehen und als danksagendes Gebet verstanden werden muß. In den Präfationen der westlichen = römischen Liturgie ist deren ursprüngliche Bedeutung nicht mehr ohne weiteres zu erkennen und zu verstehen.

(8) Deren Ausprägung im Westen, d. i. im lateinischen Sprachbereich, entscheidend von Cyprians Ekklesiologie bestimmt und geprägt ist. Die Bedeutung eines Verständnisses, wie dies aus Irenaeus (adv. haeres 3 und 4) herausgelesen werden kann, ist ebenso zurückgetreten, wie später die Theologie eines Theodor von Mopsueste nicht richtungweisend wird.

(9) Es geht nur um das Selbstverständnis dieser z. T. sehr kleinen Gruppen, deren erste Selbstbezeichnungen für sich genommen schon charakteristisch sind. Es handelt sich wohl meist um eine oder mehrere Hausgemeinden je nach der Zahl der „den Namen Jesu" Bekennenden und je nach Größe des Ortes. Erst in späterer Zeit, unter der Leitung des mittlerweile vorhandenen Einzelbischofs (etwa ab 160 n. Chr.), werden die verschiedenen Hauskirchen als die eine Ortskirche verstanden.

(10) Zu Mk 7,1-9 vgl. Dtn 4,1-8.

(11) Der Eph sollte vielleicht weniger ekklesiologisch denn gemeindetheologisch verstanden werden.

(12) Vgl. R. Hoppe, Epheserbrief, Kolosserbrief, Stuttgart 1987; R. Hoppe wird zu Kol und Eph eine weitere Untersuchung vorlegen, die dieses Anliegen berührt.

(13) Dieses Verständnis läßt sich nicht für die Gruppen beanspruchen, die sowohl zeitlich früher sind als auch in einer anderen Tradition, etwa der des Zwölferkreises oder der Jerusalemer Jakobustradition, stehen.

(14) Vgl. A. von Harnack, Mission und Ausbreitung des Christentums, Leipzig 1924.

(15) Zu Phil 1, 1 Thess 5, Röm 12, 1 Kor 12 und Gal 2 vgl. Apg 11; 13; 14 und Eph 4. Vgl. auch F. Hahn, Charisma und Amt. Die Diskussion über das kirchliche Amt im Lichte der neutestamentlichen Charismenlehre, in: ders., Exegetische Beiträge zum ökumenischen Gespräch. Gesammelte Aufsätze I, Göttingen 1986, 201-231.

(16) Auf die verschiedenen Redaktionsstufen der Paulinen braucht hier nicht eingegangen zu werden.

(17) Zu dem gesamten Problemkreis zuletzt und sehr genau: R. M. Hübner, Die Anfänge von Diakonat, Presbyterat und Episkopat in der frühen Kirche, in: A. Rauch/P. Imhof (Hg.), Das Priestertum in der einen Kirche. Diakonat, Presbyterat und Episkopat, Aschaffenburg 1987, 45-89. Zu episkopos und diakonos als terminus technicus vgl. H. W. Beyer, Art. diakonos, in: ThWNT II, Stuttgart 1935, 88-93; ders., Art. episkopos, in: ThWNT II, Stuttgart 1935, 604-617.

(18) Vgl. dazu besonders 1 Kor.

(19) Zu letzteren vgl. 1 Thess 5; Röm 12; 1 Kor 12.

(20) Vgl. Gal 1; Röm 1; 1 Kor 15.

(21) Der Begriff diakonia meint bei Paulus im allgemeinen Dienste und Leistungen materieller und geistiger Art.

(22) Gerade diese Forderung begegnet uns ebenso im 1. Clemensbrief und im Polycarpbrief.

(23) Nach Gal 6 ist Lehre die Auslegung von Gesetz und Propheten auf Christus hin.

(24) Vgl. Apg 1,21 f. Vgl. auch R. M. Hübner (s. Anm. 17).

(25) Vgl. dazu Mk 3; Mt 10; Lk 6.

(26) So bei dem letzten Aufenthalt des Paulus in Jerusalem i. J. 55/6. Zu presbyteroi vgl. Apg 11,30; 15,2.4.6.22 f.; 16,4. Dazu vgl. Gal 2 und 1 Kor 9,5. Für Begriff und Verständnis der presbyteroi sollte - außer dem möglichen Vorbild des synagogalen Ältestenrates - die LXX-Version von Num 11,25-29 beachtet werden.

(27) Vgl. die Siebenzahl des Ortsvorstandes synagogaler Gemeinden.

(28) Vgl. besonders Apg 11 und 13.

(29) Angefangen von Barnabas bis zu Paulus.

(30) Vgl. Apg 14.

(31) Vgl. J. Ebertz, Das Charisma des Gekreuzigten. Zur Soziologie der Jesusbewegung, Konstanz 1985.

(32) Abgesehen von den späteren sogenannten Pastoralbriefen, in denen es zunehmend um Aufgaben und Struktur und um Praxis der Gemeinde geht; vgl. N. Brox, Die Pastoralbriefe, Regensburg ^{4}1969.

(33) Vgl. oben Anm. 12.
(34) Vgl. Apg 14,23; 20,17.
(35) So 1 Clem 44,4.
(36) Vgl. Polyc., epist. ad Phil.: SCh 10 (ed. Th. Camelot), [4]1969.
(37) Keinem soll vis oder potestas über den anderen zukommen.
(38) Vgl. die Entsprechung Apg 13,1-2 für Antiochia Syriae.
(39) Die gesamten einschlägigen Quellen des 3. Jhs. zeigen noch, daß die Diakone an allen Orten dem (Einzel-)Bischof zugeordnet sind.
(40) Vgl. K. Wengst, Didache (Apostellehre), Barnabasbrief, Zweiter Klemensbrief, Schrift an Diognet, München 1984, (Didache 3-100; Schrift an Diognet 281-348), der für die Entstehung der Didache den geographischen Raum beansprucht, für den das Matthäusevangelium repräsentativ steht.
(41) Vgl. 1 Tim 3,1-7; Tit 1,7-9.
(42) Vgl. 1 Tim 4 und 5; Tit 1.
(43) Vgl. dazu 1 Tim 4,14, wonach Timotheus das Charisma durch Handauflegung der Presbyter empfangen hat. Vgl. auch R. M. Hübner (s. Anm. 17).
(44) Vgl. dies als Charakteristikum der prophetischen Rede aus dem Geiste.
(45) Vgl. 1 Tim 6,20.
(46) So 1 Petr und Jak.
(47) So Apg 20,20.24-30.
(48) Vgl. Just. apol. 1.
(49) Vgl. SCh 33 (ed. H. J. Marrou), [2]1965; zuletzt K. Wengst (s. Anm. 40); vgl. auch W. Eltester, ZNW 61, 1970, 278-293.

BRUNO SCHLEGELBERGER

Erneuerung aus der Peripherie? – Anstöße aus der lateinamerikanischen Kirche

Die Aufbruchsstimmung, die in der europäischen Kirche nach dem Zweiten Vatikanum herrschte, ist weithin Müdigkeit, Enttäuschung und Ängsten gewichen. Unter dem Eindruck wachsenden Wohlstands bei gleichzeitig zunehmender Armut befällt viele ein Gefühl der Sinnleere und des Überdrusses. Da dem schwer standzuhalten ist, liegt es nahe, in die Ferne zu schauen, um dort Orientierung zu suchen. Nicht zum erstenmal in der Geschichte richten derzeit viele europäische Christen ihre Hoffnung auf die Neue Welt. Auch der Papst soll im Gespräch mit Kardinal König auf die Frage, wo er die Zukunft der Kirche sehe, geantwortet haben: „Sicher nicht in Westeuropa, eher in Afrika, Südamerika, Indien, Asien - denn Westeuropa ist müde, im Wohlstand erstickt."[(1)] Diese verbreitete Erwartung, die Kirche würde sich von der Neuen Welt her erneuern, erinnert an die franziskanischen Millenaristen des 16. Jahrhunderts, die den Völkern Neuspaniens im Verhältnis zu den europäischen Christen eine ähnliche Rolle und Bedeutung zuerkannten, wie sie dem Volk Israel im Alten Testament für die Heiden zukam[(2)].

Zwar haben wir heute nicht mehr Grund als einst die franziskanischen Millenaristen, den Anbruch des Reiches des Geistes in der Neuen Welt zu erwarten, aber es läßt sich kaum noch übersehen, wie sich nicht nur in der römischen Kirche, sondern ganz allgemein das Schwergewicht der Christenheit zu den Jungen Kirchen hin verlagert[(3)]. Daher bedarf es nicht erst der Enttäuschung und der inneren Abkehr von der Alten Welt, um nach den Anregungen zu fragen, die uns die lateinamerikanische Kirche zu bieten vermag. Diese Frage ließe sich angehen, indem man in unserem kirchlichen Bereich eine Bestandsaufnahme jener Aktivitäten vornähme, die mit Lateinamerika zu tun haben, angefangen von den mit Adveniat verbundenen Arbeiten über Dritte-Welt-Gruppen oder Eine-Welt-Gruppen zu Nicaragua- und El-Salvator-Initiativen u. a., deren Wirkung auf die deutsche und europäische Kirche zu würdigen wäre. Man könnte auch den Buchmarkt studieren und zu ergründen suchen, von welchen Kreisen lateinamerikanische Theologie rezipiert wird und zu welchen Veränderungen die Rezeption führt. Darauf soll hier verzichtet werden. Statt dessen werden im folgenden, ohne einen Anspruch auf Vollständigkeit zu erheben, Beobachtungen aus Lateinamerika vorgestellt. Von diesen Beobachtungen ausgehend, soll gefragt werden, welche Anregungen sich uns von dorther bieten. Indem wir so vorgehen, machen wir uns die Chance ungleichzeitiger Entwicklung zunutze. Ungleichzeitigkeit regt an, sich auf den eigenen Standpunkt zu besinnen. Die Begegnung mit fremden Kulturen läßt uns neu nach den Sinngehalten der uns gewohnten Lebensformen fragen. Manch eine Aussage verschärfte sich wahrscheinlich, würde sie von einem Lateinamerikaner formuliert werden. Darauf müssen wir gefaßt sein zum bevorstehenden fünfhundertsten Gedenkjahr der Eroberung Lateinamerikas. Die Conquista wird nicht in einer Reconquista rückgängig gemacht werden, aber es wächst nun die Hoffnung, daß die Entdeckung von Differenzen nicht weiterhin zu Zerstörung und Unterjochung, sondern zur Wahrnehmung fremder und damit zur Besinnung auf die eigenen Werte führt.

Aus meinen Beobachtungen in Lateinamerika möchte ich Aspekte aus der Welt der Campesinos und aus Leben und Spiritualität der Theologie der Befreiung auswählen und zur Erwägung vorstellen. Die beiden Bereiche stehen miteinander in enger Verbindung. Denn die Theologie der Befreiung, die das Leben in der lateinamerikanischen Kirche in den letzten Jahrzehnten entscheidend mitgeprägt hat, erschloß neue Wege zur Entdeckung der Welt der Armen. Die Entdeckung der Welt der Armen, die mittlerweile in der Kirche neues Heimatrecht in Anspruch nehmen, öffnete aber nicht nur den Blick für die ökonomisch marginalisierten Massen, sondern förderte auch einen Wandel der Einstellung gegenüber den alten, fremd erscheinenden und verächtlich an den Rand der Existenz gedrängten Kulturen.

Anregungen aus der Welt der Campesinos

Im ersten Quartal des Jahres 1988 hatte ich Gelegenheit, ein paar Wochen in einer kleinen, fünf Stunden Fußweg von der Straße entfernten, in 4100 Meter Höhe gelegenen Landgemeinde des Departements Cuzco/Peru zu leben. Mein Interesse galt insbesondere den religiösen Bräuchen und Überzeugungen der dort lebenden quechuasprachigen Familien, Nachfahren der alten Bevölkerung des südlichen Andengebietes. Die Welt indigener Campesinos, wie sie mir in dem kleinen Ort namens Qico begegnete, entspricht einer Theologie betonter Immanenz, einer Theologie der Gegenwart Gottes im täglichen Leben[4]. Gott erscheint nicht erst in der Erfahrung letzter Grenzen einer gesichert erscheinenden Lebenszeit[5], sondern allenthalben im Leben, das alles andere als sicher erscheint und daher als unverfügbar und geschenkt gelebt wird. In Relation zu Hinfälligkeit und Üppigkeit des Lebens stehen die Bestätigung der Gemeinschaft im gemeinsamen Mahl aller Familien und im ausgiebigen Umtrunk aus Anlaß eines großen Festes. Auffallend an der uns so fernen Welt der Campesinos ist, daß man dort in der Gegenwart lebt und nicht in Projekten. Man versucht wohl sein Glück, man nimmt Gelegenheiten wahr, aber Mißerfolge werden nicht so durchschlagend erlebt wie bei uns. Dies bedeutet nicht, daß man nicht Glück und Trauer empfände, aber das Lebensgefühl wird weniger von schwer erfüllbaren Plänen als von der Gegenwart bestimmt. Ihren religiösen Ausdruck findet diese Einstellung gegenüber dem Leben in der Verehrung der Zeichen der Gegenwart Gottes, der Pachamama (Mutter Erde), der Apus (der in Gestalt der Berge gegenwärtigen schützenden Ahnen einer Gemeinschaft), des Taytacha (des Gekreuzigten) und der Mamacha Carmen (Maria vom Berge Karmel). Vor allem in der Verehrung der Pachamama erfährt der Campesino sich geborgen in Raum und Zeit[(6)]. So sehr die Campesinos in der Gegenwart leben, so wird doch auch die Gegenwart durch die Vergangenheit mitbestimmt.

Sieht man einmal von den harten und kargen Lebensbedingungen dieser Campesinos ab, dann kann man im Kontrast zu unseren mitteleuropäischen Lebensverhältnissen vor allem beobachten, wie intensiv und ausgiebig man dort Feste feiert, wie man gleichsam ständig in der Gegenwart lebt und wie sehr die Tradition bestimmend wirkt. Im folgenden sollen diese drei Aspekte ein wenig verdeutlicht und als Anfragen mit unserer Welt in Verbindung gebracht werden.

Fragt man z. B. einen Campesino nach Einzelheiten seiner religiösen Praxis, dann erhält man oft die Antwort: „Es costumbre, Padre." Das ist so Brauch. Damit wird eine Antwort umgangen, aber auch gesagt, was wirklich bedeutsam ist: Die Beachtung der überlieferten Regeln bietet nach der Vorstellung der Campesinos eine gewisse Gewähr für den Bestand der Gemeinde. Die Bewohner der Indianergemeinde, in der ich einige Wochen verbringen durfte, leben eingebunden in die Tradition ihrer Väter. Abweichungen vom Überkommenen werden im übrigen dadurch erschwert, daß bei aller Freiheit niemand, der im Dorfe lebt, sich je für sich allein zurückziehen kann. Selbst die Grundvollzüge des Lebens geschehen nahezu öffentlich.

Was kann uns ein solches Bauernleben für das Leben in unserer atomisierten Gesellschaft sagen? Zunächst gar nichts. Weil man mit diesen Menschen nichts anfangen zu können glaubt, weil man sich ihnen gegenüber weit überlegen wähnt, hat man sie marginalisiert, an den äußersten Rand gedrängt. Und wenn sie im Bereich der Zivilisation erscheinen, dann werden sie dort in der Regel von deren Repräsentanten übervorteilt und bedrängt. Kann demnach die Welt der Campesinos außer in den Augen eines Romantikers etwas für die moderne Welt bedeuten? Es wäre unsinnig, das Wertgefüge einer noch weithin statischen Gesellschaft auf unsere durch hohe Mobilität ausgezeichnete Welt zu übertragen. Wohl aber kann das Konstrasterlebnis deutlicher erkennen lassen, woran es uns fehlt.

Mobilität fordert ständig neuen Aufbruch und führt damit zu einer vergleichsweise starken Erfahrung des Ungeborgenseins. Aber auch wir können auf Geborgenheit nicht ganz verzichten. Die Ungeborgenheit muß von einer letzten Geborgenheit unterfangen sein. Was uns nicht mehr einfach gegeben ist, das können wir nicht wie die Campesinos in einfachem Festhalten an der Tradition, in nahezu selbstverständlichem Aufgehen in der Gegenwart und in der Hingabe an ausdauernde Feste bewahren, wir müssen es immer wieder von neuem suchen und uns aneignen.

In der Welt der Campesinos ist die Überlieferung unreflektiert gegeben, sie bestimmt das Leben der Gemeinschaft, der einzelne ist in die Tradition eingebunden und erfährt von daher eine große Sicherheit im Verhalten. In einer mobilen Gesellschaft hingegen kann Tradition nicht einfachhin als normativ angenommen werden. Dies gilt auch für die Kirche, die in Christus ihre Gegenwart von Vergangenheit her auf Zukunft hin versteht. So sehr Treue zum Ursprung für die Kirche eine Frage ihres Bestehens ist, so problematisch erweist sich auf der Suche nach Orientierung und Weisung der Begriff einer „sich stets gleichbleibenden Lehre“, da er zu legalistischen Fixierungen auf die Vergangenheit verleitet(7). Andererseits erscheint allgemein für das Leben jedes Volkes, insbesondere aber für die christliche Glaubensgemeinschaft Besinnung auf Tradition um der Orientierung willen unverzichtbar. Erneuerung der Kirche fordert Besinnung auf Tradition.

Die in den Texten des Zweiten Vatikanum herrschende Spannung zwischen Aufbruch und Beharren mag wohl auf das im Kompromiß endende Ringen um Konsens zurückzuführen sein und daher später die Lektüre erschweren und zu Streit Anlaß bieten. Aber diese Spannung bringt etwas Wesentliches zum Ausdruck: Aufbruch und Erneuerung der Kirche können nicht ohne ein rechtes Verständnis ihrer Tradition geschehen. Auch die Gegenwart der Kirche als Gemeinschaft der Glaubenden und Suchenden ist Teil der Geschichte des Volkes Gottes, das von Gott für die Welt gerufen und ständig herausgefordert wird und seinerseits Gott auf die Probe stellt, indem es mit ihm um den Sinn und die Richtung seines Weges ringt(8). Der ununterbrochene Prozeß des

Lebens aus der Verheißung und der Auseinandersetzung mit der Verheißung, wie er sich in immer neuen Interpretationen der Tradition vollzieht und von der Exegese für das Alte Testament als Überlieferungsgeschichte herausgearbeitet wurde, müßte auch für die Glaubensgeschichte der christlichen Zeit in stärkerem Maße als bisher aufgearbeitet werden. Noch erscheint unsere Dogmengeschichte zu sehr als Ideengeschichte und zu wenig als Glaubens- und Lebensgeschichte des Volkes Gottes. Der Vorteil der aus arbeitstechnischen Gründen vollzogenen Aufgliederung der Theologie in Spezialgebiete der Dogmatik, Moraltheologie und Kirchengeschichte führt zum Verlust des Verständnisses der Tradition als Geschichte des christlichen „trial and error". Zusätzlich wird der Zugang zu einem solchen Verständnis dadurch erschwert, daß aus denselben Gründen die Fragen nach den konfessionell eigenständigen Entwicklungen und nach den besonderen Beziehungen zwischen jüdischem und christlichem Glaubensweg ebenfalls jeweils gesonderten Fachgebieten zugeordnet werden. Das jüdisch-christliche „trial and error" des Glaubensweges kann aber nur als ökumenische Geschichte angemessen in den Blick kommen.

Tradition als überlieferte Erfahrung ständig neuen Glaubens und Suchens, als Zeugnis immer wieder aufbrechender Konfrontation zwischen Evangelium und Weltleben, aber auch als Zeugnis der Flucht vor dem Evangelium, könnte uns in bewegten Zeiten Halt und Entscheidungsfreude vermitteln, wenn wir uns auf sie einlassen. Bindung an die Tradition kann unter uns nicht mehr wie in der Welt der Campesinos einfachhin angenommen werden. Sie muß bedacht, d. h. kritisch vollzogen werden. Nur so kann sie als freie Bindung an die Kirche als Gemeinschaft Glaubender und Suchender gelebt und als befreiend erfahren werden.

Die Campesinos leben in der Gegenwart, so sehr, daß sie in ihr aufzugehen scheinen. Diese für den Campesino selbstverständliche Haltung ist uns in dieser Weise nicht mehr möglich. Wir müssen uns schon bewußt auf den Augenblick einstellen. Die Begegnung mit den Campesinos regt zu der Frage an: Haben wir Mut zur Gegenwart? Eindrucksvoll habe ich den Kontrast empfunden, der zwischen der vergleichsweise überraschend häufig inmitten eines armen, entbehrungsreichen und oft auch leiderfüllten Lebens zu beobachtenden Heiterkeit und Freude der Campesinos und der bei uns inmitten satten Wohlstands anzutreffenden gepflegten Traurigkeit, Verdrossenheit und Aggressivität besteht. Paradoxerweise scheint mit dem Maß der Sicherheit des Lebens das Gefühl der Unsicherheit und Verlorenheit zuzunehmen. Zwar ist die globale

Bedrohung, die wir im Zuge technischen Fortschritts durch Waffenproduktion und Raubbau an Ressourcen hervorrufen, durchaus real. Aber nicht weniger entspricht die Feststellung der Realität, daß das Leben eines jeden unter uns ungleich gesicherter ist als das Leben eines Campesino in den Anden. Ernährung, Hygiene, Krankenversorgung, Transport und Arbeitsbedingungen sind Faktoren, die die Lebenserwartung eines Campesino vergleichsweise niedrig erscheinen lassen. Woran liegt es dann aber, daß das unter den Campesinos und unter uns vorherrschende Lebensgefühl im umgekehrten Verhältnis zu den jeweils gegebenen Chancen erscheint?

Sieht man von möglichen Verzerrungen durch Berichterstattung in den Medien ab, die dafür allein nicht verantwortlich sein können, und sucht den Grund in unserer Lebenshaltung, dann könnte die unter uns zu beobachtende Verdrossenheit und Lustlosigkeit unter anderem auch darin begründet sein, daß wir, anders als die Campesinos, kaum noch in der Gegenwart zu leben vermögen. Wir greifen aus auf die Zukunft, leben für das, was wir vorhaben, und messen uns unerbittlich am Erfolg. Je größer aber unsere Vorhaben, desto größer auch die Erfahrung der Grenzen im Risiko oder im Scheitern. Dies führt dazu, daß sich gerade im Wohlstand die Leiden addieren: Wenn wir schon nicht am Mißerfolg leiden, dann doch unter der Sorge, es könnte ein Mißerfolg eintreten. So erscheint der gesicherte und doch zugleich geängstigte Mensch, der an das Evangelium von der falschen Selbstsicherheit des Reichen erinnert. Während aber der Tor in der Beispielerzählung des Lukasevangeliums[(9)] zu sich selbst noch sagen kann: „Ruh dich aus, iß und trink, und freu dich des Lebens", bereitet uns das wohlhabende Leben zunehmend Verdruß. Trotzdem gilt auch uns das abschließend kommentierende Wort Jesu: „So geht es jedem, der nur für sich selbst Schätze sammelt, aber vor Gott nicht reich ist." Das Leben der Campesinos, das sich stärker in der Gegenwart vollzieht, richtet an uns die Frage des Evangeliums: Haben wir Mut zur Gegenwart? Sind wir in der Lage, die Mitte unseres Lebens zu suchen und zu entdecken? Suchen wir die Freiheit in Gott oder in der Karriere? Auch in einer sich rasch wandelnden Welt sollten wir lernen, in der Gegenwart zu leben. Fortschritt würde dann nicht mehr atemlos, sondern sozusagen spielend verfolgt werden, den Kräften des Menschen entsprechend. Wir würden dann weniger Gefahr laufen, uns restlos nach Erfolg oder Mißerfolg unserer Pläne zu beurteilen. Zur berechtigten Freude an der Leistung könnte wieder vermehrt die Freude, beschenkt zu sein, treten. Denn eine Rückkehr in die Gegenwart ließe uns wieder die Beziehungen zu den Menschen, mit denen wir zusammenleben, stärker berücksichtigen. Es würde deutlicher, wie unsinnig es ist, „für uns selbst Schätze zu sammeln“. Die Freude, sich beschenkt zu wissen, ist aber ein möglicher Zugang zur Erfahrung der Gegenwart Gottes. Mut zur Gegenwart kann sich in der Fähigkeit ausdrücken, sich auf eine Sache einzulassen, sich einer Aufgabe mit Hingabe zu widmen, ohne sich von der Sorge bestimmen zu lassen, daß einem dabei etwas anderes entgeht. Mut zur Gegenwart kann sich erweisen in der Fähigkeit, eine Wahl zu treffen und den mit ihr verbundenen Verzicht zu leisten. Mut zur Gegenwart kann auch die häufig vermißte Fähigkeit, Bindungen einzugehen, stärken. Bewußte Wahl bewahrt vor innerer Zerrissenheit, vor einem geteilten Herzen[10].

Im Kontrast zu unserer Lebensweise stehen in der Welt der Campesinos nicht nur die unvergleichlich stärker bestimmende Tradition und die Art und Weise, in der Gegenwart zu leben, sondern auch die Fähigkeit, Feste zu feiern. Oft erstrecken sich die Feierlichkeiten über mehrere Tage. Was hierzulande noch lokal im rheinischen Karneval gegeben sein mag und vielleicht noch in spanischen Kleinstädten zu erleben ist, sonst aber nur noch im Direktorium der römischen Liturgie als Oktav von Weihnachten oder Ostern erscheint, kann man in der Gemeinde der Campesinos von Qico, aber auch an vielen anderen Orten in Lateinamerika erleben. Zugegeben, die Pfarrer beteiligen sich an den Festen oft nur recht zurückhaltend, nicht zuletzt deshalb, weil Auswüchse im Alkoholgenuß keine Seltenheit darstellen[11]. Aber die Beteiligung der Gemeinde bleibt darum nicht weniger eindrucksvoll. Dahinter verbirgt sich wohl das Verlangen, dem bescheidenen, oft bedrückenden Alltag für Stunden und Tage zu entrinnen. In allen Kulturen kann gegenüber Notständen auch die Flucht vorübergehend als hilfreich empfunden werden. Dies haben die Campesinos mit uns gemein. Anregend hingegen erscheint für europäische Christen der Aspekt, daß anläßlich der Feste noch einmal verdichtet die Fähigkeit der Campesinos begegnet, sich sozusagen im Augenblick zu verlieren und auf diese Weise die Gegenwart trotz der vielen Widrigkeiten positiv zu erleben. Nicht zuletzt wird dies dadurch erreicht, daß durch organisierte Einladungen zu Speise und Trank ein jeder von jedem etwas empfängt. Darüber hinaus werden an Karneval ähnlich wie bei uns an Weihnachten besondere Geschenke ausgetauscht. Alle verfügbare freie Zeit vor Karneval nutzen die Eheleute, um kostbare Webarbeiten herzustellen, mit denen sie sich zum Fest gegenseitig beschenken. Die Männer weben Zierbänder für die Festkleider ihrer Frauen, die Frauen Ponchos für ihre Männer.

Einschränkend und kritisch bleibt jedoch im Blick auf die Feste anzumerken: Die soziale Bedeutung der Feste für eine Gemeinde von

Campesinos ist durchaus nicht unumstritten. Ethnologen haben auf die Möglichkeit hingewiesen, daß Feste in den Anden als Institution zur Wahrung der Gleichheit in einer Gemeinde interpretiert werden müssen. Die unumgängliche Verpflichtung, Feste auszurichten, wirkt sich auf die Gemeinschaft nivellierend aus, weil sich die durch Wahl in Pflicht genommenen Autoritäten weit über ihre ökonomischen Kräfte hinaus verausgaben müssen. Für den Bereich meiner Beobachtungen wurde ich darauf aufmerksam gemacht, daß auch weniger vermögende Campesinos gedrängt werden, sich zu verpflichten, die Leitung und Ausrichtung eines Festes zu übernehmen, was sich dann so auswirkt, daß bestehende soziale Unterschiede verfestigt werden(12).

Die genannten sozialen Auswirkungen und nicht selten zu beobachtende Exzesse sind ernst zu nehmen, dennoch bleibt es eindrucksvoll, wie Campesinos im Fest die Gegenwart leben und als Geschenk erleben. Ihnen ist dies möglich, weil für sie der religiöse Gehalt ihrer Feste noch nicht verlorengegangen ist. Damit soll nicht etwa behauptet werden, daß sie deren theologischen Gehalt genau bestimmen könnten. Aber sie leben in Verehrung der Pachamama, der Apus, des Taytacha und der Mamacha. Von dieser Verehrung her empfangen die Feste ihre Mitte, so daß sie sich über das Niveau bloßer Unterhaltung erheben.

Anregungen aus Leben und Spiritualität der Theologie der Befreiung

In weiten Teilen Lateinamerikas hat die Kirche während der kurzen Zeit von zweieinhalb Jahrzehnten seit dem Beginn des Zweiten Vatikanum einen eindrucksvollen Wandel vollzogen. Die Pastoralkonstitution des Konzils sowie die Sozialenzykliken von Johannes XXIII. und Paul VI.(13) führten die Bischöfe dazu, sich stärker als zuvor auf die soziale Wirklichkeit ihres Kontinents einzulassen. Zu gleicher Zeit entstand, ebenfalls angeregt durch das Konzil, unter Ordensfrauen, Ordensmännern und Priestern in Hinwendung zur Masse der bislang weniger geachteten Armen die „Theologie der Befreiung“, die erstmals in der Geschichte des Kontinents Entwürfe einer eigenständigen lateinamerikanischen Theologie hervorbrachte. Ihren Namen verdankt diese Bewegung dem Titel eines Vortrags, den der Peruaner Gustavo Gutiérrez unmittelbar vor der zweiten Konferenz des lateinamerikanischen Episkopats in Medellín/Kolumbien im Juni 1968 gehalten hat. Die Theologie der Befreiung hat die Konferenz von Medellín und die Entwicklungen der folgenden Jahre über die dritte Vollversammlung der lateinamerikanischen Bischöfe in Puebla/Mexiko (1979) hinaus stark inspiriert, dabei aber auch zu langen und mitunter heftig ausgetragenen Kontroversen(14) geführt.

Der mit dieser Theologie vollzogene Wechsel der Perspektive mußte im gesellschaftlichen Kontext Lateinamerikas als Herausforderung aufgenommen werden. Sobald die Kirche sich in ihrer „vorrangigen Option für die Armen" nicht nur für die arme Bevölkerung einsetzte, sondern am Leben der Armen teilnahm und sich im Kampf um die Wahrung von Menschenrechten auf deren Seite stellte, wurde sie in die aus den starken sozialen Gegensätzen aufbrechenden Machtkämpfe hineingezogen. So ist der Streit um die Theologie der Befreiung nicht allein als innerkirchliche Auseinandersetzung um Lehre und Disziplin zu verstehen, sondern als Folge davon, daß starke Kräfte die Kirche für sich in Anspruch zu nehmen suchen oder, sofern ihnen dies nicht gelingt, sie durch Verfolgungen einzuschüchtern und zu neutralisieren streben. Prominentestes Opfer wurde Erzbischof Oscar Romero von San Salvador. In der Regel bleiben die Opfer jedoch namenlos. Mehr als 1500 Christen wurden in den zehn Jahren zwischen den Konferenzen von Medellín (1968) und Puebla (1979) inhaftiert, ausgewiesen, gefoltert oder ermordet[15]. Über die Opfer des letzten Jahrzehnts wurde meines Wissens ein zusammenfassender Bericht noch nicht veröffentlicht. Am meisten hatten in diesem Zeitraum wohl die Campesinos mit ihren Katecheten in Guatemala und im Norden Brasiliens zu leiden.

Das Beispiel der Märtyrer hat viele Gläubige ermutigt; dennoch wirken mehr noch als unmittelbare Verfolgung Abkehr und Haß vermögender Kreise gegenüber der Kirche auch im Blick auf die Zukunft furchterregend. Vielleicht erklärt die uneingestandene Furcht vor den unkalkulierbaren Risiken eines Wandels in der Kirche auch zum Teil die neuerlich zu beobachtenden restaurativen Tendenzen unter Klerikern, die auf betont priesterliches Auftreten besonderen Wert legen. Einer dieser Herren weigerte sich z. B. kürzlich in den peruanischen Anden, aus der Stadt auf das Land zu ziehen und dort eine Gemeinde zu übernehmen, weil die ihm dort gebotene Unterkunft „eines Priesters nicht würdig sei". Am selben Ort hört man sagen: „Vom Sozialen haben die Leute genug, ihnen fehlt das Spirituelle." Oder: „Das Elend ist kein Unrecht, es ist ein Unglück." Solche Anzeichen erinnern daran: Der Prozeß der Erneuerung in der lateinamerikanischen Kirche ist weder abgeschlossen noch irreversibel. Dennoch besteht begründete Aussicht, daß die Leiden und Mühen der letzten Jahrzehnte nicht vergebens waren. Einerseits läßt die Hinwendung der Armen zur Kirche in einem Maße, daß man von einem Hereinbrechen, von einer „irrupción de los pobres" spricht, hoffen. Und andererseits stimmt es zuversichtlich, wenn man beobachtet, wie sich in der von Johannes Paul II. am 30. 12. 1987 veröffentlichten Enzyklika *Sollicitudo rei socialis* der Kreis im Dialog zwischen der Kirche Lateinamerikas und der Kirche von Rom schließt. War einst die Theologie der Befreiung in Anwendung des Zweiten Vatikanischen Konzils auf die soziale Wirklichkeit Lateinamerikas entstanden, so werden nun nach langen Auseinandersetzungen in abgeklärter und ausgewogener Form die Grundanliegen der Theologie der Befreiung in die Sozialenzyklika Johannes Pauls II. aufgenommen und der Gesamtkirche vorgetragen[(16)].

Die Kraft der Theologie der Befreiung liegt in ihrer Spiritualität der Inkarnation und der Nachfolge Christi. Wenigstens partielle Teilhabe am Leben der Armen gehört zum Selbstverständnis der Vertreter dieser Theologie. Denn erst Teilhabe am Leben der Armen ermöglicht mit dem Wechsel des Standortes einen Wechsel der Perspektive. Teilhabe läßt den christlichen Glauben als Herausforderung erfahren und bewahrt davor, ihn leichtfertig zu verkünden. Die furchtbare Spannung zwischen Ohnmacht und Stärke des Glaubens, die ein Künder des Evangeliums empfinden muß, der zu Menschen spricht, die in äußerster Not, gleichsam vom Leben abgeschieden, ihr Dasein fristen müssen, hat Gustavo Gutiérrez in liebenswerter Weise zum Ausdruck gebracht: Ihn bedrängt die Vorstellung, es könnte einmal jemand aufstehen und sagen: „Wissen Sie, als Prediger sind Sie der größte Witzbold . . . Denn Sie sagen: Gott liebt Euch, und zugleich sehen Sie unser Leben, das ein Ausdruck der Liebe Gottes sein soll . . . Wir haben Schwierigkeiten, überhaupt leben zu können, das Lebensnotwendige für unsere Familien zusammenzubekommen – und angesichts dessen sagen Sie: Gott liebt Euch."[(17)] Es ist die bedrängende Frage Ijobs und des gekreuzigten Christus, die Frage nach dem Antlitz Gottes inmitten einer Welt des Todes.

Im Buch Ijob kann die Theorie der aufdringlichen Tröster, die einen Tun-Ergehens-Zusammenhang vertreten, nicht überzeugen. Doch darf am Ende der Leidende Gott schauen. Könnte es nicht sein, daß die Freunde Ijob deshalb so wenig ernst nahmen und ihm so hartnäckig unangemessene Theorien vortrugen, weil sie an seinem Unglück nicht teilhatten? In Ijob sehen die Christen seit jeher das Schicksal Jesu vorgebildet, der in seinem Leiden von Gott angenommen, d. h. auferweckt wurde. Im Glauben an die Auferstehung Christi begründen lateinamerikanische Theologen ihr Leben mit den Armen, für die sie Gerechtigkeit fordern. Das Evangelium „Gott hat uns zuerst geliebt" ist Offenbarung der Menschwerdung und Entäußerung Gottes. Ohne wenigstens zögernde Nachfolge Christi – mehr ist uns in der Regel nicht gegeben – ist diese Botschaft nicht vermittelbar.

Die Spiritualität der Menschwerdung und Nachfolge Christi bewahrt davor, Glauben zur Rechtfertigung eigener Besitzstände und zur Vertröstung der Menschen zu mißbrauchen, die in der Welt der Armut leben. Sie bewahrt aber auch davor, unmenschlich zu werden, in einen Radikalismus zu verfallen, der sich gegen die Menschen kehrt, denen zu dienen man ausgezogen war. Ihren Ausdruck findet die Spiritualität der Inkarnation in der Teilhabe am Leben der Armen, in der Freundschaft mit konkreten Menschen aus der Welt der Armut. Aus diesem Grund rief Gustavo Gutiérrez seine Hörer in Münster[18] im Herbst 1987 auf: Ein jeder sollte einen persönlichen Freund unter den Armen haben. Denn Freundschaft ist schwieriger als der unverzichtbare politische Einsatz. Freundschaft ist darum so wichtig, weil in ihr Gratuität zur Geltung kommt. „Wenn wir in der Welt der Armen engagiert sind, müssen wir uns klar sein über ihre ökonomische Lage, über die Gründe ihrer Situation, aber zugleich müssen wir diese Menschen ‚umsonst' lieben. Ohne Gratuität sind wir keine menschlichen Wesen. Die Befreiungstheologie versucht, diese beiden Wege zu gehen: den prophetischen Weg mit der prophetischen Sprache der Gerechtigkeit und den kontemplativen Weg mit der kontemplativen Sprache der Gratuität."[19]

Für unseren Teil der Welt könnte daher Spiritualität der Menschwerdung und Nachfolge Christi bedeuten, daß wir in unserem Denken und Handeln neu und verstärkt uns bemühen, die Balance zu suchen und zu wahren zwischen einem Verständnis des Lebens als Leistung und als Geschenk. Die Ausstrahlung einer christlichen Gemeinde beruht letztlich auf der Überzeugung ihrer Mitglieder, von Gott geliebt und daher unendlich beschenkt zu sein. Zwar ist in der Geschichte des Christentums der Glaube der Erwählung oft in Ausgrenzung oder gar Feindschaft gegen andere umgeschlagen. Solche Haltungen stellen aber eine Pervertierung des jüdisch-christlichen Glaubens dar. Denn nicht erst im Neuen Testament werden Leben und Sterben Jesu von den Christen als heilsbedeutend für die ganze Welt interpretiert, sondern schon in der israelitischen Glaubensgeschichte wird die Erwählung Abrahams als stellvertretend für die gesamte Menschheit gedeutet[20]. Erneuerung der alten Kirche wird nicht zuletzt aus dankbarer Besinnung auf unsere Erwählung erwachsen. Diese Besinnung fordert jedoch um der Sache willen große Umsicht und Redlichkeit, um den mit ziemlicher Sicherheit zu erwartenden, aber auf einem Mißverständnis beruhenden Zuspruch von Fundamentalisten entschieden zurückzuweisen.

Weiterhin könnte die Spiritutalität der Theologie der Befreiung als Spiritualität der Menschwerdung und Nachfolge Christi uns in die Lage versetzen, in unserer Welt ein feineres Gespür für Wahrnehmung und Achtung der Fremden zu entwickeln. Wenn heute die Kirche in Lateinamerika so lebendig erscheint, dann ist dies den vielen Frauen und Männern zu danken, die sich auf Menschen eingelassen haben, die ihnen nach Kultur und Lebensstandard fremd waren.

Spiritualität der Menschwerdung und Nachfolge Christi könnte auch in unserer stark zur Überalterung neigenden Gesellschaft ein neues Verhältnis zur Jugend begründen. Auf der Konferenz in Puebla trafen die lateinamerikanischen Bischöfe nicht nur eine „vorrangige Option für die Armen", sondern auch - in unserer Öffentlichkeit weniger beachtet - eine „vorrangige Option für die Jugend"[21]. Schaut man hingegen, zumal in einer Stadt wie Berlin, auf die Straße, so scheint unsere Gesellschaft in einem unerwartet neuen Sinn des Wortes „auf den Hund gekommen" zu sein. In Industriestaaten tendiert die Entwicklung „von der unsicheren zur sicheren Lebenszeit" dahin, lebenslange Einzelgänger hervorzubringen. „Der Mensch scheint gar nicht jenes soziale Wesen zu sein, für das wir ihn während Generationen gehalten haben." Zu diesem Schluß kommt Arthur E. Imhof in seinen historisch-demographischen Studien[22]. Ähnliche Entwicklungen sind auf dem lateinamerikanischen Kontinent erst andeutungsweise in reichen Schichten der Bevölkerung zu beobachten[23]. Im allgemeinen prägen dort junge Menschen das Bild. Die Geburtenraten sind hoch, aber auch die Kindersterblichkeit ist noch groß. Daher bemühen sich aufgeklärte Lateinamerikaner, die Rolle der Frau zu stärken und das vom Machismo geprägte unverantwortliche Verhalten vieler Männer einzudämmen. Dies erweist sich als besonders schwierig in Anbetracht der hoffnungslosen Lage auf dem Arbeitsmarkt, die nicht ohne negative Rückwirkungen auf das Verhalten der Männer gerade auch gegenüber den Frauen bleibt.

Die Präsenz einer großen Zahl junger Menschen wirkt sich, von Bereichen krasser Not abgesehen, insgesamt positiv auf die Lebenseinstellung in Lateinamerika aus. Demgegenüber begegnet man in Mitteleuropa vergleichsweise viel häufiger pessimistischen Grundstimmungen. Dies ist sicher nicht zuletzt auch auf den Verlust ausgeglichener Proportionen in der Altersstruktur und die daraus resultierende erschwerte Kommunikation zwischen den Generationen zurückzuführen. Wie jede Gesellschaft braucht auch die Kirche zu ihrer Erneuerung die Auseinandersetzung zwischen Älteren, die aufgrund von Erfahrungen und Verletzungen zur Beharrlichkeit neigen, und Jüngeren, die unbekümmerter zu Experimenten drängen. Eine neue Einstellung auf jüngere Menschen dürfte unserer Kirche ebensowenig wie unserer Gesellschaft schaden[24]. Unter den gegebenen Verhältnissen wird eine solche Umstellung nicht leicht geschehen. Ihr entgegenstehende verborgene Ängste könnten durch die Spiritualität der Menschwerdung und Nachfolge Christi überwunden werden.

Schließlich bleibt noch ein Aspekt der Theologie der Befreiung zu erwähnen, der gewöhnlich vorrangig genannt wird. Das Leben dieser Bewegung vollzieht sich vornehmlich in Basisgemeinden. Was Europäer an diesem Phänomen fasziniert, ist die Möglichkeit, dort Erfahrungsräumen der Gottsuche und des Gottfindens zu begegnen. Doch einfache Übertragung ist auch hier nicht möglich. Einerseits ist die religiöse Ansprechbarkeit hüben wie drüben nicht die gleiche. Zwar wenden sich mittlerweile manche unter uns von einer sich verabsolutierenden Aufklärung ab; sie bleiben aber dennoch von der Skepsis geprägt. Demgegenüber ist in ärmeren Schichten der Bevölkerung des lateinamerikanischen Kontinents häufig noch eine von der Aufklärung unangefochtene religiöse Disposition anzutreffen. Schwierigkeiten bereitet dort unter Umständen eher eine von äußerster Armut hervorgerufene Lethargie. Andererseits erscheint das, was sich in Lateinamerika infolge der dort gegebenen Weiträumigkeit und im Blick auf die Bevölkerungszahlen geradezu aufzwingt, unter den vergleichsweise engen europäischen Verhältnissen der Kirchenleitung eher als Konkurrenzmodell zur verfaßten Kirche. Die relativ gut organisierten und versorgten mitteleuropäischen Gemeinden werden jedoch mehr und mehr als unverbindliches Angebot verstanden und leiden daher zunehmend an Auszehrung. So könnte das Leben lateinamerikanischer Basisgemeinden bei uns dazu führen, den kommunitären Aspekt des Glaubens neu zu entdecken.

Es wird nicht leicht sein, in unserer Welt, in der alles funktional betrachtet und in Dienst genommen wird[25], Gemeinden in einer Weise zu führen, daß in ihnen Erfahrungen der Gottbegegnung, Selbstfindung und Solidarität möglich werden. Die lateinamerikanischen Bischöfe sprechen im Dokument von Puebla von „comunión y participación". Der brasilianische Franziskaner Leonardo Boff spricht provozierend von einer Enteignung der geistlichen Produktionsmittel[26], die in den Basisgemeinden rückgängig gemacht wird. Die Wahl des Ausdrucks wirkt irritierend, aber darum ist das Gesagte auch für unsere Welt nicht weniger bedenkenswert. Es geht darum, die Sprachlosigkeit wahrzunehmen und die Sprache wiederzufinden. Das Bemühen darum darf nicht aufgegeben werden. Andernfalls wird Kirche langfristig nicht einmal mehr die ihr in der modernen Gesellschaft verbliebenen Funktionen erfüllen können. Daß Caritas und abstrakte Moral von Spezialisten angeboten werden, mag erst spät als unzureichend erkannt werden. Die der Kirche übertragene Funktion, Restrisiken aufzufangen[27], wird sich ohne

Gemeinschaft von Glaubenden bald als unerfüllbar herausstellen. In einer Großstadt wird dies gelegentlich schon auf makabre Weise anläßlich einer Beisetzungsfeier deutlich, wo der Pfarrer so fremd wie ein Bestattungsredner erscheint. Vielleicht leiten die neuen religiösen Bewegungen eine Erneuerung ein. Im Vergleich zu den Basisgemeinden sind sie aber noch zu sehr nach innen gekehrt und zu wenig der Welt zugewandt. Möglicherweise wird sogar der Pfarrermangel zur Chance für eine Erneuerung der Kirche durch ein Volk Gottes, das seine Sprache wiederfindet[28].

Erneuerung der Kirche vollzieht sich immer in einer neuen Begegnung mit Christus. In Lateinamerika geschieht dies im Blick auf das Antlitz des geschundenen Christus, der – wie die Bischöfe in Puebla/Mexiko (1979) die prophetische Rede über das Gericht in Mt 25,31–46 ausdeutend formulieren[29] – uns fragend entgegentritt in den „Gesichtern der Kinder, die schon vor ihrer Geburt mit Armut geschlagen sind", in den „Gesichtern der jungen Menschen ohne Orientierung", in den „Gesichtern der Indios und häufig auch der Afroamerikaner, die am Rand der Gesellschaft in unmenschlichen Situationen leben und somit als die Ärmsten unter den Armen betrachtet werden können." Fragend schaut Christus aus den Gesichtern der Landbevölkerung, der Arbeiter, der Unterbeschäftigten und Arbeitslosen, der Randgruppen und der Alten. Indem die Kirche Lateinamerikas sich hinwendet zur Welt der Armen, die ihr fremd geworden waren, begegnet sie Christus, der sie in überraschender Weise mit Leben erfüllt.

Nicht anders als ursprünglich im Evangelium wird auch heute die Begegnung mit Christus als belebend, aber auch als furchterregend erfahren. Die Erfahrungen der lateinamerikanischen Christen sind nicht identisch mit unseren Erfahrungen. Sie sollten uns jedoch Mut machen, unsere Furcht zu überwinden. Wie die lateinamerikanische Kirche sich in Überwindung der Furcht vor dem Einbruch der Armen erneuert, so kann die mitteleuropäische Kirche sich erneuern in Überwindung ihrer Furcht vor den Herausforderungen der pluralen Welt. Ähnlich wie die lateinamerikanische Kirche herausgefordert wird, sich auf die Welt der Armen einzulassen, so ist uns die Aufgabe gestellt, der immer stärker auf uns zudrängenden pluralen Welt offen zu begegnen und der Versuchung zu widerstehen, mit Verfestigungen zu reagieren. In verbindlicher Auseinandersetzung mit der Welt findet die europäische Kirche eine Chance, ihre eigene Identität neu und tiefer zu erfahren. In dem Maße, wie es ihr dabei gelingt, ihre Einheit in der Vielfalt zu erkennen und zu wahren, wird sie ihrer Berufung zum Dienst an einer zusammenwachsenden Welt gerecht werden können. Erneuerung in Christus bedeutet Leben, erregt aber auch Furcht. Für die Kirche gilt wie für jeden Christen die beunruhigende Verheißung: „Wer sein Leben erhalten will, der wird es verlieren; und wer sein Leben verliert um meinetwillen und um des Evangeliums willen, der wird es erhalten.“[(30)]

Anmerkungen

(1) Die Zeit, 43. Jg., Nr. 23, 3. 6. 88, 8-9: Wenn der Geist weht, wo er darf . . . Kardinal König und der polnische Philosph Adam Schaff im Gespräch über Staatsatheismus und Religion. Zitat: 9.

(2) Vgl. John L. Phelan, The Millennial Kingdom of the Franciscans in the New World. 1956 u. ö. A. Flores Galindo, Buscando un inca. Lima 1987, 29–30, 34. Georges Baudot, Utopie et histoire au Mexique. Toulouse 1977.

(3) Vgl. David B. Barret (Ed.), World Christian Encyclopedia. Oxford 1982, 4, Global Table 2.

(4) Die Vermittlungen dieser Gegenwart Gottes im Verständnis der indigenen Campesinos bedürfen der Interpretation. Dem soll eine eigene Studie gewidmet werden.

(5) Vgl. Arthur E. Imhof, Von der unsicheren zur sicheren Lebenszeit. Darmstadt 1988.

(6) Vgl. Joseph W. Bastien, Quechua Religions: Andean Cultures: The Encyclopedia of Religion, Vol. XII, 134–141, New York & London 1987. Thomas Müller, Helga Müller-Herbon, Kinder der Mitte. Die Q'ero-Indianer. Bornheim 1986, 94.

(7) Vgl. den „Standpunkt der Minderheit“ der von Paul VI. eingesetzten Päpstlichen Kommission für Geburtenregelung, in: HerKorr 21 (1967) 429 ff.

(8) Vgl. Ex 15,25 und Ex 17,7: Das in der Wüste Durst leidende Volk wird von Gott auf die Probe gestellt und stellt seinerseits Gott auf die Probe. Vgl. auch den Gebrauch des Begriffs „Volk Gottes“ in Lumen gentium.

(9) Lk 12,16–21.

(10) Ein durchhaltendes biblisches Motiv. Vgl. z. B. das Gebet Davids um ein „ungeteiltes Herz“ für seinen Sohn Salomo: 1 Ch 29,19.

(11) Schon José de Acosta, De procuranda indorum salute, Lib. III, Cap. XXII, (1588) Madrid 1954, 499 f., forderte, man solle den Indios das Trinken in Gemeinschaft verbieten, da das Trinken zum Bestand ihres alten Kultes gehöre.

(12) Hinweis von Peter Hansen SJ.

(13) Johannes XXIII., Mater et magistra (1961) und Pacem in terris (1963); Pal VI., Populorum progressio (1967).

(14) Vgl. Instruktion der Kongregation für die Glaubenslehre über einige Aspekte der „Theologie der Befreiung“ vom August 1984.

(15) M. Lange, R. Iblacker, Christenverfolgung in Südamerika. Freiburg 1980, 13.

(16) Besonders deutlich erscheint dieser Zusammenhang z. B. in Sollicitudo rei socialis Nr. 46–48.

(17) Gustavo Gutiérrez, Theorie und Erfahrung im Konzept der Theologie der Befreiung, in: Lateinamerika und Europa. Dialog der Theologen. Hrsg. v. J. B. Metz und P. Rottländer. München, Mainz 1988, 57.

(18) Kongreß der Universität Münster „Europa und Lateinamerika im Dialog“ vom 28. 9. bis 2. 10. 1987. Vgl. Anm. 17.

(19) Gustavo Gutiérrez, Theorie und Erfahrung im Konzept der Theologie der Befreiung, in: Lateinamerika und Europa. Dialog der Theologen. Hrsg. v. J. B. Metz und P. Rottländer. München, Mainz 1988, 59-60.

(20) Gen 12,3. Vgl. z. B. auch das Motiv der Völkerwallfahrt oder die Sendung des Jona.

(21) Dokument der III. Generalkonferenz des lateinamerikanischen Episkopats in Puebla. Dt. Übers. hrsg. v. Sekretariat der Deutschen Bischofskonferenz, Bonn 1979. Teil IV, Kapitel II, Nr. 1166 ff.

(22) Vgl. Arthur E. Imhof, Von der unsicheren zur sicheren Lebenszeit. Darmstadt 1988.

(23) Vgl. ebd.

(24) Die Altersstruktur unserer Gesellschaft könnte auch durch geregelte Einwanderung verbessert werden.

(25) Von ihrem göttlichen Ursprung her kann sich die Kirche nicht rein funktional verstehen und ihr Handeln allein nach Kriterien der Funktionsgerechtigkeit ausrichten; dennoch muß sie sich dessen bewußt sein, daß sie de facto immer auch ihr zugewiesene Funktionen erfüllt.

(26) Leonardo Boff, Kirche: Charisma und Macht. Düsseldorf ^{4}1985, 202 f. und 248 f.

(27) Vgl. Franz-Xaver Kaufmann, Die Rolle der Religion in mitteleuropäischen Gesellschaften, in: Lateinamerika und Europa. Dialog der Theologen. Hrsg. v. J. B. Metz und P. Rottländer. München, Mainz 1988, 75-90. Diese Rollenzuweisung an die Kirche hat im übrigen schon Alexis de Tocqueville in der amerikanischen Gesellschaft des 19. Jahrhunderts beobachtet.

(28) Vgl. Paul M. Zulehner, Pfarrermangel als Chance der Kirche, in: StZ (1988) 567-569.

(29) Dokument der III. Generalkonferenz des lateinamerikanischen Episkopats in Puebla, Nr. 31-39. Dt. Übers. hrsg. v. Sekretariat der Deutschen Bischofskonferenz, Bonn 1979.

(30) Mk 8,35.

Autorenverzeichnis

- GRASMÜCK, Ernst Ludwig, geb. 1933, Dr. phil., Prof. für Kirchengeschichte an der Universität Bamberg
- KASPER, Walter, geb. 1933, Dr. theol., Prof. für Dogmatik an der Universität Tübingen
- KRÄMER, Peter, geb. 1942, Dr. theol., Prof. für Kirchenrecht an der Katholischen Universität Eichstätt
- LUTZ-BACHMANN, Matthias, geb. 1952, Dr. phil., Dr. theol., Privatdozent an der Universität Münster, Wiss. Assistent an der Freien Universität Berlin
- SCHATZ, Klaus, geb. 1938, Dr. theol., Prof. für Kirchengeschichte an der Phil.-Theol. Hochschule St. Georgen, Frankfurt
- SCHLEGELBERGER, Bruno, geb. 1934, Dr. phil., Prof. für Systematische Theologie an der Freien Universität Berlin
- SEEBER, David, geb. 1934, Dr. phil., Publizist, Chefredakteur der Zeitschrift „Herder-Korrespondenz“, Freiburg
- SIMON, Werner, geb. 1950, Dr. theol., Prof. für Religionspädagogik und Didaktik der Kath. Religionslehre an der Freien Universität Berlin

Bereits erschienene Titel in der Reihe
„Schriften der Katholischen Akademie in Berlin“

Auslegungen des Glaubens - Zur Hermeneutik christlicher Existenz
Herausgegeben von Ludger Honnefelder und
Matthias Lutz-Bachmann
261 Seiten, 38,– DM.

Zwischen Babylon und Jerusalem -
Beiträge zur einer Theologie der Stadt
Herausgegeben von Michael Theobald und Werner Simon
123 Seiten, 24,80 DM.